2014年度山西经济社会发展重大课题

2016年度山西省哲学社会科学规划课题

顾　　　问：申纪兰

编委会主任：李中元

编委会成员：（以姓氏笔画为序）

马志超　　王根考　　孙丽萍　　刘晓丽　　杨茂林
宋建平　　张章存　　赵双胜　　高春平　　郭雪岗

主　　　编：李中元　　杨茂林

执 行 主 编：刘晓丽

副 主 编：马志超

课题组成员：（以姓氏笔画为序）

王勇红　　刘晓丽　　张文广　　张侃侃　　李　冰　　陕劲松
柏　婷　　赵俊明　　郭永琴　　秦　艳　　董永刚

西沟口述史及档案史料
（1938—2014）

李中元　杨茂林　主编

刘晓丽　执行主编

村务经济卷

本卷编者　张侃侃

人民出版社

出版说明

　　《西沟口述史及档案史料（1938—2014）》是2014年度山西经济社会发展重大课题，2016年度山西省哲学社会科学规划课题，是山西省社会科学院"西沟系列研究"课题组历时3年的研究成果，从2013年3月至2014年6月，课题组核心团队经过了艰苦的田野调查、深度访谈与原始档案的拍摄及扫描，拿到了大量的极其宝贵的第一手资料，这些资料全面深刻地反映了山西省平顺县西沟村，怎样从太行山深处的一个偏僻小山村，凤凰涅槃般地成为互助合作化时期的中国名村、成为全国农业金星奖章获得者所在地、第一届至第十二届全国人大代表诞生地的历史图景；到2015年3月，经过课题组全体成员艰苦紧张的专业性努力，这些原始资料成为在乡村社会史、当代中国史、口述史学、妇女史学等研究领域具有很大价值的学术成果。再经过一年多的修改打磨，2016年7月，全套书籍正式交由人民出版社，又经过一年多的出版方与作者双方的多次沟通、协商、精细化打磨，现在，这项研究成果终于要与读者见面了！其间艰辛自不必说！

　　《西沟口述史及档案史料》涵盖两大内容：一是西沟村民群体性口述史成果，二是从1938年至2014年间西沟村完整原始档案的整理与发掘，它们与本课题另一重要成果——反映西沟专题人物的口述史著作《口述申纪兰》相互印证，在西沟这个小小山村范围内，集专题人物、村民群体、原始档案整理于一体，在相关学术领域内的意义是有目共睹的。

　　"西沟系列研究"课题是立体性学术研究成果，首先，它突破了书斋式研究范式，课题组成员走向田野，走进被研究者生活之中，走进鲜活的社会现实，将平生所学运用于广泛深刻的中国农村变迁。这种科研体验是全新的，有生命力的，课题组的每一位成员，都在这种科研体验中得到了成长；其次，"西沟系列研究"课题从开题到正式出版，得到了方方面面人士的关注，除课题组成员付出大量的艰辛的劳动之外，从申纪兰以下，本套书中出现的每一位工作人员，都从不同方面为它的成功出版作出了努力。

　　整套书除已经明确署名部分外，其他分工如下：西沟口述史部分，第一章、第五章、第七章由赵俊明编撰，第二章由刘晓丽编撰，第三章、第四章、第六章由郭永琴编撰，第八章、第九章、第十章由张文广编撰。整套书由刘晓丽最后统稿。

本套书不足之处：口述访谈部分过于碎片化、一些提问缺乏深度，显示访谈者前期功课不足；档案史料部分，注重了史料的内容，忽视了拍摄清晰度，由于重新拍摄难度太大，只能对清晰度加以调整。这两个不足，既有主观原因，也有客观原因，不能不说是一大遗憾。

编　者

2017年7月29日

凡例二

一、本档案史料为《西沟口述史及档案史料（1938—2014）》的子课题，内容涵盖西沟村经济、土地林权、农林牧业、政治活动、人口、养老、青年工作、科教文卫、民事调解、人物手稿、照片、锦旗等。

二、本档案史料涵盖1938年到2014年的历史阶段。

三、本档案史料按不同专题分卷出版，有一个专题一卷，也有多个专题一卷，共分八卷。

四、所选档案史料一般以同一内容为一类别，或彼此有直接联系的组成一类别，同一类别内按照年代先后排序。

五、档案史料中涉及个人隐私部分，如姓名、证件号码等，一律作屏蔽处理。

六、所选档案史料如需注释，则在页下作注。

七、文中数字用法：

使用阿拉伯数字的情况：说明中的公历年月日、年龄等，一般用阿拉伯数字；一般有精确统计概念的十位以上数字用阿拉伯数字；一组具有统计意义的数字中，为照顾段落格式统一，个位数有时也使用阿拉伯数字。

使用汉字的情况：一个数值的书写形式照顾到上下文，不是出现在一组表示有统计意义数字中的一位数字，使用汉字，如一个人、三本书等；数字作为词素构成定型的词、词组或具有修辞色彩的语句用汉字。如：十来岁、二三十斤、几十万等；星期几一律使用汉字，如星期六等。

八、正文之后附录两篇：

附录一：西沟大事记述。简略记述从1938年至2014年间西沟重要历史事件及人物活动轨迹。

附录二：课题组采访编撰纪事。时间为2013年3月16日至2016年7月，即课题组的工作日志，从中可以了解本课题研究的基本脉络，成为重要的补充资料。

总　序

一

　　人类文明的演进经历了原始文明、农业文明和工业文明三个阶段。在历时上百万年原始文明阶段，人们聚族而居，食物完全依靠大自然赐予，必须依赖集体的力量才能生存，采集和渔猎是主要的生产活动。大约距今一万年前，人类由原始文明进入到农业文明，通过创造适当的条件，使自己所需要的物种得到生长和繁衍，不再依赖自然界提供的现成食物，农耕和畜牧成为主要的生产活动。在这一阶段，以畜牧为生的草原游牧民族逐水草而居，经常性地迁徙流动，居无定所；以农耕为生的农耕民族通过开荒种地，居住地逐步固定下来，在此基础上形成了农耕文明的重要载体——村庄。纵观历史，不论是社会生产关系的变革还是国家方针政策的调整，作为地缘和血缘关系组成的共同体，村庄始终能够保持一种较为稳定的结构。

　　放眼中华文明发展的历史长河，农业文明时代经历的时间漫长，在中华民族的形成和发展过程中具有不可替代的作用。中华民族创造了灿烂辉煌的农耕文明。历经几千年的发展，农耕文明成为中华民族的珍贵文化遗产之一，是中华文明的直接源泉和重要组成部分。农耕时代，特别是原始农耕时代，由于生产工具简陋，单个的人难以耕种土地，需要多人合作，甚至是整个部落一起耕种，由此产生了人与人之间的合作共存。可以说农耕时代是人和人关系最为密切的时代，也是人和自然关系最为密切的时代。

　　随着社会生产力的发展，人类征服和改造自然的能力日趋提高，随着铁器、牛耕的运用，单个的农户逐渐成为农业生产的核心，村庄成为组织农业生产最基本单元，在农业生产和农耕文明发展过程中起了重要作用。作为族群集聚地的村庄同时也是中华传统文化形成和发生的主要载体。村庄的历史，可以看成是一个民族一个时代的历史缩影。与时代发展有着特殊紧密联系的村庄，它的历史可以说代表着那个时代的历史，蕴含着那个时代的缩影。

西沟，一个深藏于太行山深处的小山村，是数十万中国村庄中的一个典型代表。她是中国第一个互助组的诞生地，她曾被毛泽东称赞为边区农民的方向，她是全国第一批爱国丰产金星奖章获得者。在相当长的一段时间里，她是共和国版图上唯一被标出名字的行政村。

清代理学家李渔在《闲情偶寄》中说过"辟草昧而致文明"，意即"文明"与"野蛮"是相对的，越是文明的社会，社会的进步程度就越高。马克思认为："文明是改造世界实践活动的成果，他包括物质和精神两个方面"。西沟人用自己的实践，不仅创造出了丰富的物质财富，创造出了更为丰富的精神财富。由于西沟的典型性和特殊性，村庄中留存有丰富的历史文化信息，保存下了大量的珍贵的档案史料。这些都极具价值，因而引起了我们的关注。

二

西沟是一个什么样的村庄呢？

明代以前的西沟，人烟稀少，还没有形成真正意义上的村落。明代洪武至永乐年间的大移民后，当地人口逐渐增多，村落渐趋形成。清代咸同年间以后，河南省林县（今林州市）的大量移民迁居当地，李顺达便是其中之一，今日西沟的村庄基本形成。在这几百年的历史进程中，西沟和当地的众多村庄一样，始终默默无闻。

历史更迭白云苍狗、风云际会，从上世纪三十年代末开始，西沟这个小山村与中国960万平方公里国土上发生的许多重大事件开始产生千丝万缕的联系。伴随着中国革命、建设和改革的历程，这里出了两位在共和国历史上有着相当影响的人物李顺达和申纪兰，西沟的历史也由于这两位人物的出现而发生了翻天覆地的变化。

山连山，沟套沟，山是光头山，沟是乱石沟，冬季雪花卷风沙，夏天洪水如猛兽。这就是民谣中所唱的过去的西沟。这样一个自然条件非常恶劣的穷地方，由于一个人物的出现而发生了根本改变。李顺达朴实、憨厚、善良，是中国农民的典型代表，在他的带领下，西沟的历史掀开了崭新的一页。在抗日战争最艰苦的岁月里，李顺达响应太行区边区政府"组织起来，自救生产"的号召，组织贫苦农民成立了全国第一个互助生产组织——李顺达互助组，组织群众开荒种地，度过饥荒。互助组通过组织起来发展生产，通过合作生产度过困难，在发展生产、支援前线的斗争中做出了突出的成绩，李顺达因此被评为民兵战斗英雄、生产劳动模范，西沟被评为劳武结合模范村。1944年，李顺达出席太行区召开的群英会，被评为一等劳动模范，晋冀鲁豫边区政府授予李顺达"边区农民的方向"的光荣称号，西沟成为中国农民发展的方向。

新中国成立后社会主义建设初期，西沟李顺达互助组向全国农民发出了爱国增产竞赛倡议，得到全国农民的热烈响应，极大地带动了全国农业生产的发展。1952年，中央人民政府农业部给李顺达颁发了爱国丰产金星奖状，他的模范事迹开始在国内外广为传播。1951年到1955年4年间，西沟农业生产合作社农林牧生产和山区建设都取得了显著成就。合作社的公共积累由120元增加到11000多元。1955年，社员每人平均收入粮食884斤，比抗日以前增加77%，比建社之前增加25.1%。这一成就得到了毛泽东主席的充分肯定。合作社副社长申纪兰动员妇女下田参加集体生产劳动，并带领西沟妇女争得了男女同工同酬。《劳动就是解放，斗争才有地位——李顺达农林牧生产合作社妇女争取男女同工同酬的经过》通讯1953年1月25日在《人民日报》发表后，在全国引起轰动，申纪兰由此名扬天下。1950年和1953年，李顺达和申纪兰先后成为全国劳动模范；1954年，李顺达、申纪兰当选第一届全国人民代表大会代表，两人双双出席了第一届一直到第四届全国人代会；李顺达于1969年和1973年分别当选为中共九届、十届中央委员。在20世纪50年代至60年代，西沟村成为共和国版图上唯一被标名的行政村。这期间，西沟的社会经济有了长足的发展。1971年，全村总收入达到33.64万元，粮食亩产533公斤，总产量达73.9万公斤，交售国家公粮15万公斤。为了改变恶劣的生态环境，在李顺达和申纪兰的带领下，西沟人开始大面积植树造林，70年代末，有林面积达10000余亩，零星植树100多万株，恶劣的生态环境逐步趋好。西沟成为那个时期太行山区农村建设中的一刻璀璨明珠。

党的十一届三中全会以来，农村发生了举世瞩目的变化，在这场伟大变革中，农村始终处于最活跃的状态。改革开放使得村庄这个社会经济细胞更具活力，成为家庭经营为基础、统分结合为特征的双层经营体制的主要载体，在农村经济中发挥着日益显著的作用。西沟在全国人大代表申纪兰为核心的领导班子带领下，把工作重点转移到调整产业结构、发展市场经济上来。村集体先后兴办了铁合金厂、饮料公司、"西沟人家"及房地产开发公司等企业，西沟初步形成了建筑建材、冶炼化工、农副产品加工等外向型企业为主的新格局。2008年，西沟经济总收入达到1.5亿元，实现利税1000万元，农民人均纯收入达到4000余元，是平顺县农民人均纯收入最高的村庄。此后，为了开展爱国主义教育和生态环境旅游，建设了金星森林公园，修复扩建了西沟展览馆，修建了金星纪念碑和互助组纪念雕塑。在改善生态方面，继续不断地植树造林，现今已有成林15000多亩，幼林10000多亩。光头山都变得郁郁葱葱，乱石沟到处都生机勃勃。

如今的西沟，已经由过去的农业典型变为绿色园林生态村、老有所养的保障村、西沟精神的红色村、平安敦厚的和谐村。西沟是一个缩影，它浓缩了新中国成立以来中国农村的发展和变迁，承载了中国几亿农民几代人追求富裕生活的梦想。今天，在西沟这种梦想正在一步步变为现实。

随着人类社会的发展，一个个自然村落的消失，从某种意义上讲，可以说是时代的必然，但从另一个方面而言，消失的又是一种传统和记忆。我们就是要传递和记载西沟这样一个村庄的变迁，把这种消失变为历史的存照，把传统和记忆原原本本地留给后人，原汁原味地展示在世人面前。代代相传的不仅是生活，更重要的是精神。建设一个新西沟，让村民一起过上幸福舒心的生活，是西沟人世世代代追求的梦想。望得见山水，记得住乡愁；梦想不能断，精神不能忘。

三

为了能够将西沟这样一个记录中国乡村几十年变迁的村庄的历史真实而详尽地展示给读者，研究选择通过口述史的方式来进行。以山西省社科院历史所研究人员为主体的研究团队，先后编撰出版了《山西抗战口述史》和《口述大寨史——150位大寨人说大寨》两部口述史著作，得到了学术界乃至全社会的认可，在口述史研究方面有着丰富的经验。让西沟人说话，让老百姓讲述，他们是西沟历史的创造者和见证人。通过他们的集体记忆，以老百姓原汁原味的口述来最大限度地还原真实的历史。课题组进行口述访谈的过程中，发现了西沟建国后至今的各种档案资料保存极为完整，为了弥补口述历史的不足，课题组从西沟现存的档案资料中选取价值较高的部分将其整理出版。经过课题组成员三年多的辛勤工作，《西沟口述史及档案史料（1938-2014）》（十卷本）终于完成了。

希望这套书能够真实、立体、全面地展现西沟的历史，并且希望通过课题组成员的辛勤工作，通过书中的访谈对话，通过对过去时代的人物、事件的生动、详细的描述，并且对照留存下来的档案资料，展现出西沟这个中国村庄几十年的历史变迁。同时力求能够为学界提供一批新的研究资料，为合作化时代的农村研究贡献一份力量，也为今天的新农村建设提供更多有益的借鉴。

由于课题参与者专业与学识积累的不同，编撰过程中遗漏、讹传甚至谬误之处，肯定难免，虽然竭尽全力去查实考证，去粗取精、去伪存真的任务很难全部完成。衷心希望社会各界众多有识之士提出宝贵的批评意见。

本套书出版之际，特别感谢西沟村民委员会、西沟展览馆，是他们为访谈活动、收集资料提供了诸多便利条件；感谢所有接受过课题组访谈的人们，正是他们的积极配合和热情支持，才使课题研究能够顺利完成；同时，也要特别感谢接受过课题组访谈的专家学者、作家记者以及曾经担任过领导职务的老同志们的热情支持。可以说，这套书是他们与课题组集体合作的结晶。

是为序。

山西省社会科学院院长、党组书记、研究员

李中元

2017年7月11日

序二

　　众所周知，乡村文化是中国文化的依托和根基，乡村又是连接过去和未来的纽带。在中国这样的农业大国，研究乡村就是寻找我们的根脉和未来发展的方向。

　　关于乡村的研究早在20世纪20年代就已开展，当时学者们已经将社会学和人类学的研究方法应用到村落研究当中，对中国乡村社会的政治、经济、文化、习俗和社会结构，以及其中的权力关系进行分析和综合。比较有代表性的论著有李景汉的《定县社会概况调查》、费孝通的《江村经济》和《乡土中国》、林耀华的《义序的宗教研究》和《金翼》、李玠的《中国农村政治结构的研究》等。在实证性资料收集方面，为了侵略中国，日本在我国东北设置了"南满洲铁道株式会社"，其庶务部的研究人员于1908年至1945年间在我国的东北、华北和华东进行了大规模的乡村习俗和经济状况调查，记录了大量的一手资料。

　　与学院式研究的旨趣完全不同，中国共产党人的乡村研究，是在大规模开展农民运动的同时展开的。他们更关注对乡村社会政治权力关系的改造，并写出了大量的社会调查报告。其中，毛泽东的《中国农民中各阶级分析及其对于土地革命的态度》《湖南农民运动考察报告》和彭湃的《海丰农民运动报告》最为著名。

　　学术界大范围多角度地对中国乡村社会进行深入细致的研究是从20世纪80年代才开始的。这一时期学者们收集资料的方式开始多元化，研究的角度也越来越丰富，从而诞生了一大批有影响的村落研究著作。如马德生等人通过对广东陈村26位移民的多次访谈而写成的《陈村：毛泽东时代一个农村社区的现代史》和《一个中国村落的道德与权力》等著作，侧重探讨了社会变革与中国传统权力结构的关联性，以及"道德"和"威严"等传统权力结构与全国性政治权力模型的联系。美国学者杜赞奇运用华北社会调查资料写成的《文化、权力和国家》，提出了"权力的文化网络"概念，用以解释国家政权与乡村社会之间的互动关系。萧凤霞在《华南的代理人和受害者》一书中通过对华南乡村社区与国家关系的变化过程的考察提出，本世纪初以来，国家的行政权力不断地向下延伸，社区的权力体系已完成了从相对独立向行政"细胞化"的社会控制单位的转变。90年代以后，张厚安等人系统地论述了研究中国农村政治问题的重要性，并出版了《中国农村基层政权》这部当代较早系统研究农村基层政权的专著。王沪宁主持的《当代中国村落家族文化》的课题研究，揭示了中国乡村社会的本土特征及其对中国现代化的影响。王铭铭和王斯福主编的《乡土社会的秩序、公正与权威》等著作，通过对基层社会的深入考察，关注了中国乡土社会的文化与权力问题。徐勇在《非均衡的中国政治：城市与乡村比较》这部专著中，从城乡差别的历史演进出发，运用政治社会学和历史比较分析等方法，对古代、近现代和当代城市与乡村政治社会状况、特点、变迁及历史影响进行了系统的比较分析。黄宗智的《华北的小农经济与社会变迁》及《长江三角洲小农家庭与乡村发展》从社会学和历史学的视野，分析了近一个世纪以来村庄与国家之间的相互关系。中国社会科学院农村发展研究所主持编写的《当代中国的村庄经济与村落文化丛书》对乡村社会结构及权力配置问题也给予了一定的关注。其中，胡必亮在《中国村落的制度变迁与权力分配》一书中对制度创新与乡村权力的关系进行了实证分析。

毫无疑问，这些研究成果对我们认识中国村落经济社会政治关系和权力结构提供了许多相关性结论和方法论启示。但是，这些从不同的理论视野及不同的理性关怀所得出的研究成果，或是纯理论的推论而缺乏实证考察，或者是在实证研究中简单地论及乡村问题，而没有将村落问题作为一个专门的领域来进行全面而系统的实证研究，缺乏在观念、制度和政策层次上进行深入、精致、系统的分析，尤其是对村落社会整体走向城市变迁过程中村落经济、社会、政治、文化结构的连续转换缺乏细致的研究。之所以出现这些不足，除了我们需要新的理论概括和更高层次的综合外，还在于我们对于基本资料的掌握不够完善，无论是在区域的广度上，还是个案资料的精度上，都有继续探寻和整理的必要。

如前所述，早在20世纪上半叶，在乡村研究进入学者视野之时，资料搜集工作便已开始。到了20世纪80年代以后，随着学术视野的开阔和多学科研究方法的引入，学者们资料搜集的方式也日趋多元化，口述访谈、田野调查、文本收集等方法都被普遍采用。这一时期，乡村档案资料受到了学者更多的关注。

相比口述史料，档案资料有其先天的优势。所谓档案："是指过去和现在的国家机关、社会组织以及个人从事政治、军事、经济、科学、技术、文化、宗教等活动直接形成的对国家和社会有保存价值的各种文字、图表、声像等不同形式的历史纪录。"[1]也有学者指出："档案是组织或个人在以往的社会实践活动中直接形成的清晰的、确定的、具有完整记录作用的固化信息。"[2]简言之，档案是直接形成的历史纪

---

① 《中华人民共和国档案法》（1988年1月1日执行）。

② 冯惠玲、张辑哲：《档案学概论》，中国人民大学出版社2006年第二版。

录。它继承了文件的原始性和记录性，是再现历史真实面貌的原始文献。原始性、真实性和价值性是档案的基本属性。而这些属性也恰恰反映出了档案资料对于历史研究的重要意义。可见，乡村社会研究若要更加深入决然离不开这些宝贵的乡村档案资料。

西沟村位于山西省平顺县的太行山区，与现在的生态环境相比，曾经是山连山，沟套沟，山是石头山，沟是石头沟，冬季雪花卷风沙，夏季洪水如猛兽，真可谓是穷山恶水，不毛之地。西沟土地贫瘠，最适合种植的经济作物是当地人称之为地蔓的土豆，土地利用率也很低，一般只有三年时间，即第一年种土豆，第二年种谷子，第三年种些杂粮，到第四年地力基本就耗尽了。历史上这里的常住人口除少量为本地居民外，大多为河南迁移来的难民。而今的西沟甫入眼中的却是一片郁郁葱葱，天然氧吧远近闻名。而西沟人也住进了将军楼，吃上了大米白面，过上了衣食无忧的生活。可以说，西沟人的生存环境和生活状态都有了天翻地覆的变化。纵观西沟村的形成和发展史，无不与中国共产党的领导紧密相连。西沟村发迹于中国共产党领导下的农业生产互助合作组，成长于农业合作化和新农村建设时代。在新中国建立的最初十几年中西沟代表了中国农村发展的方向，在中国农村发展史上具有里程碑式的地位。

西沟是典型的金木水火土五行俱缺的穷山沟，西沟人在中国共产党人的带领下用艰苦奋斗、自力更生、顽强拼搏的精神，以无比坚强的意志坚持互助合作、科学建设，用自己的劳动改变了穷山恶水的生态环境。改变自己的境遇虽是人性最深处对生存的渴望和作为社会的人的一种追求的体现，但是必须肯定的是中国共产党的领导是这种境遇得以改变的关键。从西沟的发展过程来看，党的领导在西沟发展的各个时期都发挥着主导的作用，西沟党支部在任何时候都是人们的主心骨，党的领导催发了西沟人锐意进取、奋发向上的精神。现在的西沟是平顺县最富裕的村庄，在许多老人眼里，村里提供的福利待遇在整个平顺县都是"头等"水平，村集体的实力也是最强的。然而我们还必须正视西沟在历史上和当下遇到的问题。它既是中国共产党领导下的代表了中国农村方向十余年时间的一面旗帜，同时也是改革开放后中国农村中发展缓慢的村庄之一。如此大的差距，应当如何理解？从更广的层面来看，当下中国农村社会发展同样出现了不平衡问题，而且差距越来越大，这一难题又应当如何破解？可以说小到一个个体村落，大到全中国的所有农村，都面临着严峻的发展问题。这是我们国家发展的全局性、根本性问题和难题。我们认为要破解这一难题需要回到历史中去寻找它的根源。

我们无法还原历史的真实，只能无限地接近历史的真实，那么原始资料可谓是实现这一愿望的最好选择。西沟村在这一方面便有着得天独厚的优势。从李顺达执掌西沟村开始，西沟村的档案管理工作就开始有条不紊地展开。直到20世纪80年代，随着社会形势的改变，长期积累的档案资料面临散失的危险。这时西沟村党总支副书记张章存在村两委的支持下，组织人手对20世纪30年代到80年代的档案资料进行归类整理，完整地保留了西沟村在集体化时代的档案资料。此后，村两委又建立了规范的档案存放体制，延续至今。可以说，西沟档案资料无论在保存的完整性，数量的众多性和内容的丰富性上，都是其他地方保存的同时期档案资料无法比拟的。现在呈现在大家面前的《西沟档案史料》，正是从山西省社会科学院"西沟系列研究"课题组于2014年4月16日到5月29日期间，历时一个半月在西沟村搜集的原始资料中抽取的精华部分汇编而成。这批内容丰富且极具研究价值的档案资料，不仅是典型村庄生产生活全景的详细记录，也是研究山西乃至中国农村历史珍贵的原始文献资料，对于重新认识当时的历史具有重要的价值与意义，也可为新农村建设和破解当前中国农村遇到的发展难题提供有益的借鉴。

《西沟档案史料》共分为八卷，即《西沟口述史及档案史料（1938—2014）》的第三卷至第十卷，包括村政、村务经济、社会人口、土地林权、单据、历史影像等六个专题。

《西沟档案史料》基本上每个专题单独成卷。由于村政类和单据类档案资料内容最为丰富，因此选择的资料较多，将其各分为两卷。

村政类档案资料收录在第三卷和第四卷。此类资料时间跨度很长，从1938年至2014年，历时70余年。其内容非常丰富，涉及政治、经济、科教文卫、社会救助、村民矛盾调解、精神文明建设等各个方面，几乎覆盖了西沟村发展的方方面面。村政卷虽名为村政，但由于西沟村的特殊性，其内涵实则极为丰富，不仅是西沟社会管理工作的汇编，其实更是西沟村级事务的综合。通过村政卷的资料，人们不仅能够了解西沟的社会管理和村级事务变迁，也能了解中国近现代基层农村的发展历程。

单据类档案资料是西沟村档案资料中保存最多的一类。此次呈现给大家的主要是1970年和1975年部分月份的会计凭证，分别收录在第八卷和第九卷。为保证单据的原始性，我们保留了单据保存时期的初始状态，按原档案保存形式，整体收录。这就造成了一个年份分布在两卷资料中，而且月份也未能按照顺序排列的缺憾。但是这些单据之间有着天然的相关性，不仅可以进行统计分析，而且也能够给我们提供20世纪70年代有关西沟村产业结构、生产经营、收入水平、商业贸易等集体经济活动方面的诸多信息。其中有关收入和支出的财务单据客观反映出了西沟村集体经济生产、经营、流通、销售的情况，西沟村商业贸易活动所覆盖的地区以及西沟村民当时的生存状态。

第五卷为村务经济卷。该卷成分单一，主要反映的是20世纪50年代到70年代西沟村经济活动的详细情况，包括财务状况和经营成果。包括分配表、工票领条表、记工表、粮食结算表、粮食分配表、金额分配决算表、参加分配劳动日数统计表、预分表、包产表、任务到队（初步计划）表、固定资产表、账目、小队欠大队粮登记表、历年各项统计表等十四类。这些财会信息保存完整，内容丰富，是研究中国农村生产生活难得的资料。

第六卷为社会人口卷。该卷分为人口和社会保障两大部分。人口部分以西沟村二十世纪七、八十年代的常住人口和劳动力及青壮年人口统计表为主，能够反映不同阶段男女劳动力比例和工分分配情况。社保服务的内容主要为2011-2013年的村民医疗和参保的部分数据，反映出西沟近年来在社保服务这一方面所做的工作和取得的成绩。

第七卷为土地林权卷。该卷涵盖了20世纪50年代到21世纪初期西沟村重要的林木入股、林权证、土地入股、土地所有证和宅基地申请、审批等资料。该卷是对我国农村土地、山林等生产资料进行四次确权过程的鲜活例证，反映了我国农村土地制度由农民私有制发展到土地合作社、人民公社，再到农村村民自治的村民委员会所有的集体所有制的演变过程。

第十卷为历史影像卷。该卷收录的资料从图像和文本的角度反映了西沟七十余年的发展历程，不仅生动体现了西沟人改天换地的战斗精神，再现了西沟进行社会主义农村建设的生动画面，而且也显示出了西沟对于中国农村发展的影响，是深入研究中国农村历史的重要依据。本卷根据资料的相关性将其分为书信手稿、领导题词、照片资料、锦旗、会议记录以及工作笔记等六大类。这些资料真实的体现了西沟村为探索中国农村的发展道路做出的卓越贡献。

保持西沟档案资料的原始性是我们进行此次资料汇编坚持的重要原则。此次收入的资料全部原图拍摄，不进行任何加工，档案排序也遵照原有序列不做任何调整。同时由于篇幅有限，我们还会对收录的资料进行一些选择，力争收录内容有代表性且相对完整的材料，这样就可能将一些零散的资料剔除，因此会出现一本档案不能全部收录的情况。由此给大家带来的不便，我们深表歉意。尽管我们在资料的选择和编辑上进行了多次的讨论和修改，但是由于学识有限，其中一定还存在不少问题，衷心希望资料使用者能提出宝贵的批评意见。

在本书出版之际，我们特别感谢西沟村两委，尤其是西沟村党总支书记王根考、原党总支副书记张章存、村委办公室主任周德松、村支委委员郭广玲的大力支持。在他们的积极配合和热情支持下，我们才得以将这些尘封的档案资料搜集、整理、选择，并汇编成册，奉献在大家的面前。

杨茂林

2017年4月

目　　录

本卷序

西沟是中国农业战线的一面旗帜，西沟是新中国农村发展的一个缩影。这里，走出了全国著名劳动模范李顺达、全国著名劳动模范、全国惟一的一至十二届人大代表申纪兰；这里，是中国第一个互助合作组的诞生地；这里，有全国第一批爱国丰产金星奖章获得者。

一系列的荣誉都突显了西沟的不平凡，它在全国的农村发展建设史中，占据了重要的位置。课题组成员在西沟采访、调研发掘的这些珍贵档案资料，可以从不同的角度反映建国初期西沟这个农村建设佼佼者的发展历程，具有典型意义。

本册为账簿资料的汇编。账簿是由具有一定格式而又互相联系的账页所组成，用以全面、系统、连续记录各项经济业务的簿籍，是编制财务报表的依据，也是保存会计资料的重要工具，还是研究村史非常重要的内容和渠道。通过账簿的设置和登记，记载、储存会计信息，可以完全反映会计主体在一定时期内所发生的各项资金运动，储存所需要的各项会计信息。账簿由不同相互关联的账户所组成，通过账簿的设置和登记，分类、汇总会计信息，一方面可以分门别类地反映各项会计信息，提供一定时期内经济活动的详细情况；另一方面可以通过发生额、余额计算，提供各方面所需要的总括会计信息，反映财务状况及经营成果的综合价值指标。通过账簿的设置和登记，检查、校正会计信息，可以确认财产的盘盈或盘亏。

本册中收录的西沟账簿包括十四类：分配表、工票领条表、记工表、粮食结算表、粮食分配表、金额分配决算表、参加分配劳动日数统计表、预分表、包产表、任务到队（初步计划）表、固定资产表、账目、小队欠大队粮登记表、历年各项统计表。各类账簿具体内容如下：

1. 分配表。一类为分配表，制表时间为1955年1月，内容为1955年9月的分配情况，以生产队的生产小组分页，按户统计。统计内容包括数目、项目、应分金额、已分数（以麻子、小麦等计）、结余、后补实际分配（以劳力分谷、黍子、谷子、玉茭、豆子、高粱、负担、菜蔬、党参、稗草、壳秸、副业等计）。一类为分配长欠表，制表时间为1955年10月13日，按户统计。统计内容包括应分数、已分其他金额、谷子、玉子（茭）、合计、扣负担金额、结算金额、欠分谷、欠分玉茭、长分谷、长分玉茭、备小麦、黍子、豆子数目等。

2. 工票领条表。制表时间为1955年3月，以分社分页。统计内容包括数目、类别、项目、农业包工、农业不包工、林业、牧业、建设、杂业等；其中数目又分为一分、二分、四分、五分、八分、十分、三十分、五十分八档。

3. 记工表。制表时间为1954年9月29日，以生产队分页。统计内容包括农业、耕畜、牧畜、副业、林业、建设、社务、肥包、农包；时间分为七至一月份、八月份、九月份、十月半月四档。

4. 粮食结算表。制表时间为1967年，以生产队分页，按户统计。统计内容包括每户人数、小麦、谷子、玉子（茭）、豆子、薯类、黍子、小豆、粮食合计、豆角、瓜、菜蔬、油料、菜蔬款合计、乡总计等。

5. 粮食分配表。制表时间为1970年1月31日，以生产队分页，按户统计。统计内容包括每户人口、小麦、谷子、玉茭、豆子、薯类、黍子、红谷、豆角、瓜、菜蔬、油、核桃等。

6. 金额分配决算表。记录时间段为1969年至1970年1月3日，以生产队报表，按户统计。统计内容包括收入、支出、结果三大项；收入包括劳动日分配、投资款、往来、其他；支出包括粮款、菜款、油款、预借、往来、加工费、其他、保险费；结果包括得款和欠款。

7. 参加分配劳动日数统计表。制表时间为1969年12月，按个人统计，有个人参加分配劳动日数表、其他工分配粮食、现金表两类。统计内容包括劳动日数、评工、折工、劳动日化数、劳动日代粮、均粮、分粮、均元等。

8. 预分表。制表时间为1965年8月12日，以生产队分页，按户统计。统计内容包括每户人数、男女人数、实做劳动日数、每人扣数、共扣数、借款、分配小数等。

9. 包产表。制表时间为1966年2月，按队统计。统计内容包括粮食分配计划、金额分配计划，耕地、非耕地、粮田、林业、蔬菜、副产品包产表，分别统计不同类型作物的产量、折款数等。

2

10. 任务到队（初步计划）表。制表时间为1968年3月21日，按队统计。统计内容包括耕地、非耕地、副业、各行业的产品产量及折款数。

11. 固定资产表。一类为账面及实有数统计表，制表时间为1970年1月18日，没有正规的形式，只是简单记录各类资产的数目。一类为各科目明细表，有两本，一本的制表时间为1954年5月1日，另一本时间不详，但记录用表的格式是一致的。统计内容包括房屋、建设用具、生产用具、基本建设、现金、备用肥料、库存食物、下年农业投资、林园投资、副业投资、往来、公积金、公益金、贷款、经来、农业收支、牧畜收支、副业收支、各项费用、书报费等的科目或子目、摘要、借方余额、贷方收入。

12. 账目。制表时间为1960年，按户统计，共有66户的明细分类账，统计内容包括总账登记号、摘要、借方、贷方、余额情况。

13. 小队欠大队粮登记表。制表时间不详，按队统计1965-1969年各类作物的欠粮数及年度欠粮总数。

14. 历年各项统计表。制表时间不详，但根据内容的时间跨度（1919-1963年），其制表时间应为1963年底。按西沟大队年度数据统计，包括基本情况、农业产量变化情况、粮食作物分类产量变化情况、农林牧业收入、林业发展情况、水利水保发展情况、各业投工、自然面积变化情况等，是多年连续数据的系统呈现。

以下几方面是把握此账簿的前提性信息：

1. 相关主体。就本册收集的资料范围来看，账簿统计主体为西沟农林牧生产合作社。1943年成立全国第一个农业生产组织"李顺达互助组"；1951年，命名为"平顺西沟乡李顺达农林牧生产合作社"，1952年李顺达和郭玉恩获得中央人民政府农业部颁发过的唯一的一次全国最高奖"爱国丰产金星奖章"，之后于1954年易名为"西沟金星农林牧生产合作社"。次级主体有的按照合作社进行统计，如基本情况表；有的按照生产小队进行统计，如粮食结算表；有的按照户主进行统计，如账目。

2. 统计内容。按照当时农村、农业发展水平及政策导向，统计内容横向包括粮、工、固定资产、任务计划等方面；纵向一般以生产小队或户为单位。

3. 统计形式。根据各类账簿所记录的经济业务不同，账簿格式丰富多样，多数账簿的统计项目与名称体现了鲜明的时代特征和地域特征。主要具备下列形式：

（1）封面。写明账簿名称和记账单位名称，有的还记录制表时间。比较特殊的是西沟任务到队表封面（图10-3），制于1969年，手绘"抓革命，促生产"以及"最高指示：农业学大寨"艺术字，体现了时代特征。

（2）扉页。本册中仅有账目类是具有扉页的，记录有经管账簿人员一览表和账户目录等信息。

（3）账页。账页的格式，因反映经济业务内容的不同，有不同格式，其基本内容包括：账户的名称（总账科目、二级或明细科目）；登账日期栏；凭证种类和号数栏；摘要栏（记录经济业务内容的简要说明）；金额栏（记录经济业务的增减变动）；总页次和分户页次等。不同的账簿类型，其内容有所增减，有的还会以红字进行校正或补充说明。

4. 统计周期。基本按年度为单位进行统计，在上年年末会对下一年的任务和分配做计划，到9-10月份，即对本年度的收成进行分配登记。

5. 存续年代。本册资料主要记录的年代从1949年持续到1970年。在"平顺县西沟生产大队自然面积变化表"中，将1949年到1963的15年分为了建国前、互助组时期、初级社、高级社、公社化、大三年底六个时期。年代最近的一份账簿为固定资产表，记录于1970年。

正是西沟人认真做事的工作态度，使得其账簿保存得较为完整，成为今人了解和研究建国初期农村生产生活的一个难得的窗口。

本卷内容简介

　　根据课题组成员在西沟长期调研得到的档案资料进行分类和整理分析，可以从不同的角度反映建国初期西沟在农村建设、农业发展、农村生活等方面的历程。

　　本册为账簿资料的汇编，可以反映会计主体在一定时期内所发生的各项资金运动，储存所需要的各项会计信息。账簿由不同的相互关联的账户所组成，通过账簿的设置和登记，分类、汇总会计信息，一方面可以分门别类地反映各项会计信息，提供一定时期内经济活动的详细情况；另一方面可以通过发生额、余额计算，提供各方面所需要的总括会计信息，反映财务状况及经营成果的综合价值指标。通过账簿的设置和登记，检查、校正会计信息，可以确认财产的盘盈或盘亏。

　　本册中收录的西沟账簿包括十四类：分配表、工票领条表、记工表、粮食结算表、粮食分配表、金额分配决算表、参加分配劳动日数统计表、预分表、包产表、任务到队（初步计划）表、固定资产表、账目、小队欠大队粮登记表、历年各项统计表。

本卷编者简介

　　张侃侃，女，1983年12月出生，山西省太原市人。2002-2006年在太原师范学院学习，获地理科学专业学士学位；2006-2009年在山西师范大学学习，获人文地理学专业硕士学位；2009-2012年在西北大学学习，获人文地理学专业博士学位。现为太原师范学院城镇与区域发展研究所副教授，主要从事区域发展与城乡规划方面的科研与教学工作。

村务经济卷

一、分配表

（一）西沟乡南赛队金星农林牧生产合作分配表（一九五五年元月立）

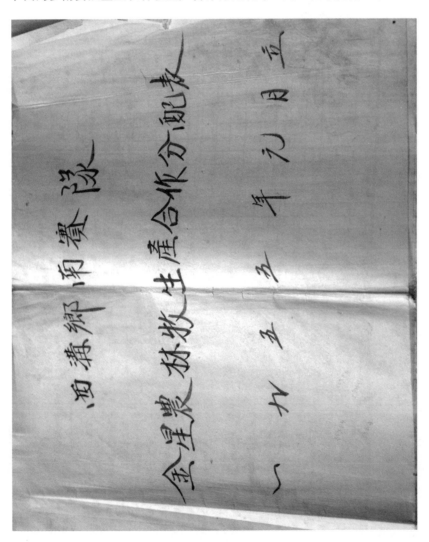

图1-1-1　封面

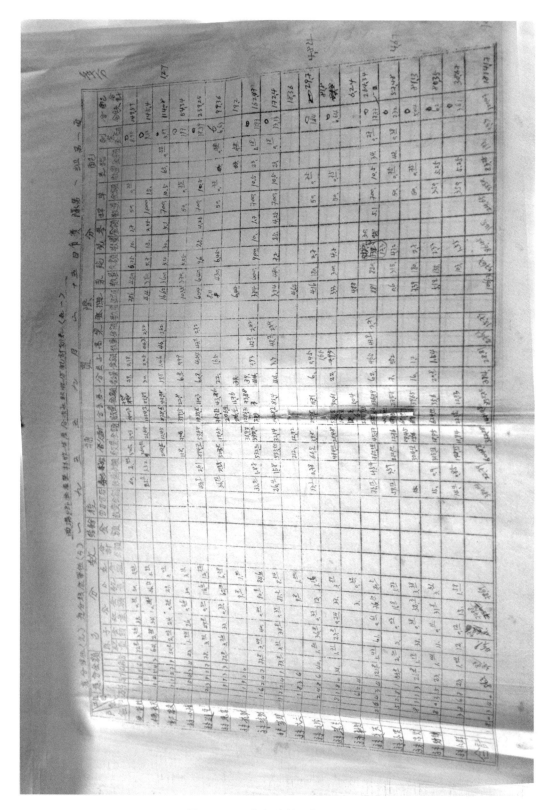

图1-1-2　南赛队第一组

2

注：统计内容包括数目、项目、应分金额、已分数（麻子、公、小麦、合计）、结余、后补实际分配（劳力分谷、黍子、谷子、分玉茭、分豆子、高粱、负担、菜蔬、党参、稗草、壳秸、副业、分配金额合计），按户统计，本章其他表内容相同。

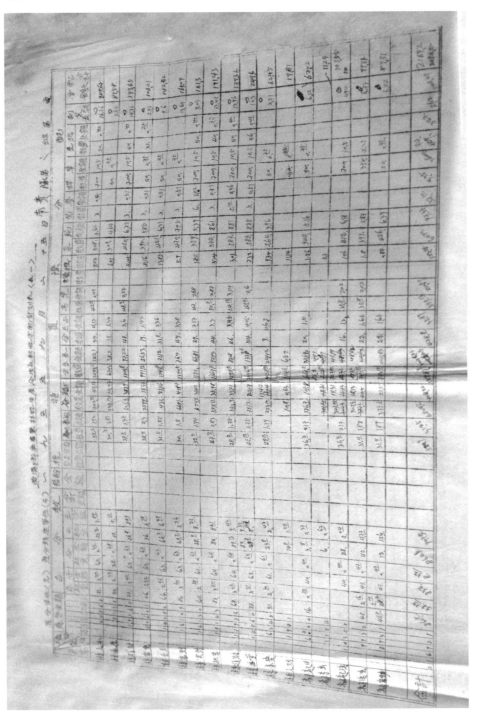

图1-1-3 南赛队第二组

3

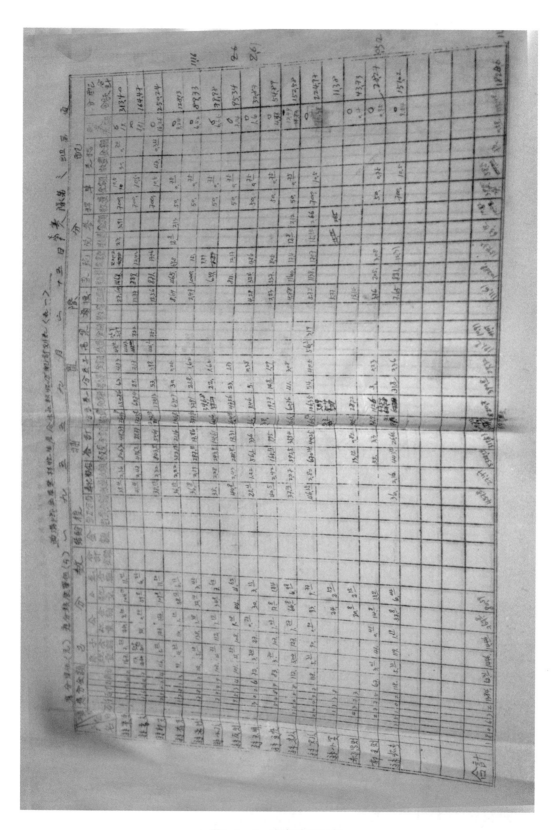

图1-1-4　南赛队第三组

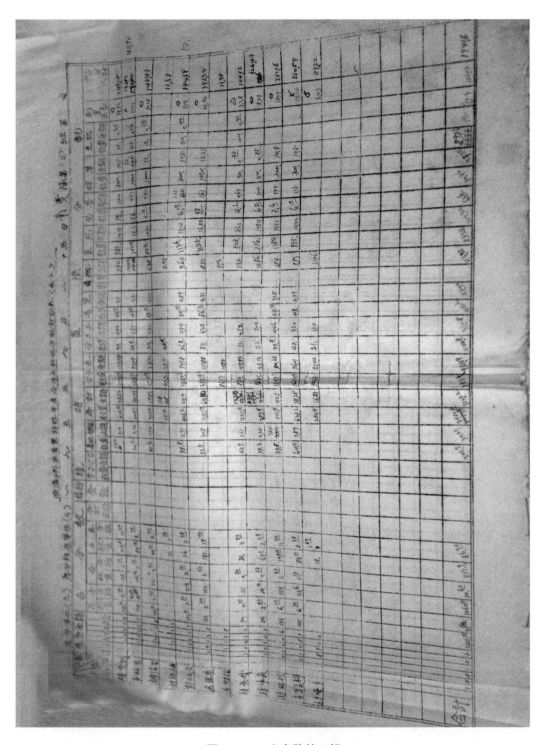

图1-1-5　南赛队第四组

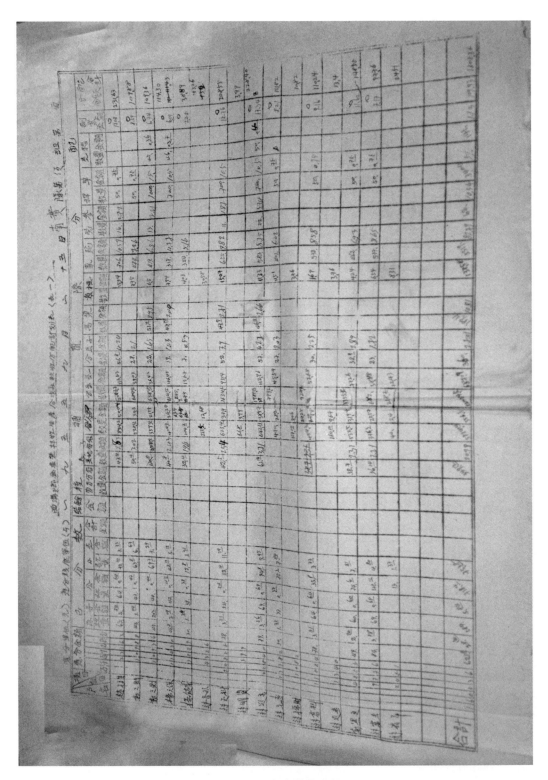

图1-1-6 南赛队第五组

6

（二）西沟乡西沟队金星农林牧生产合作秋收分配表（一九五五年元月立）

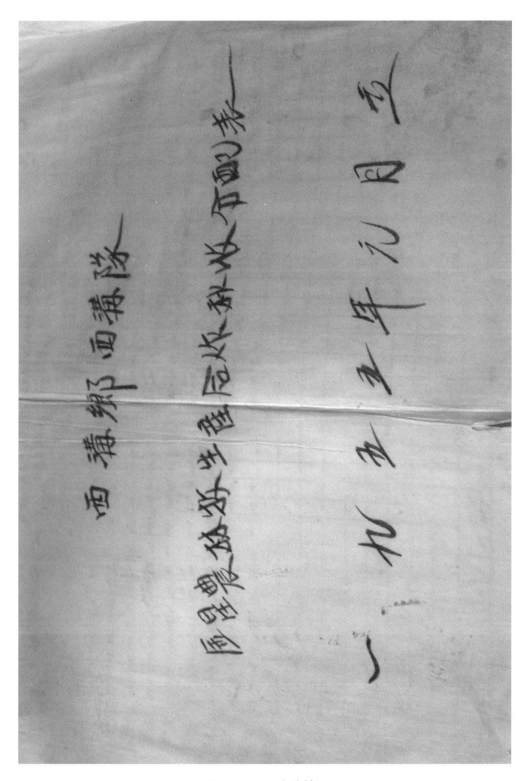

图1-2-1 西沟队封面

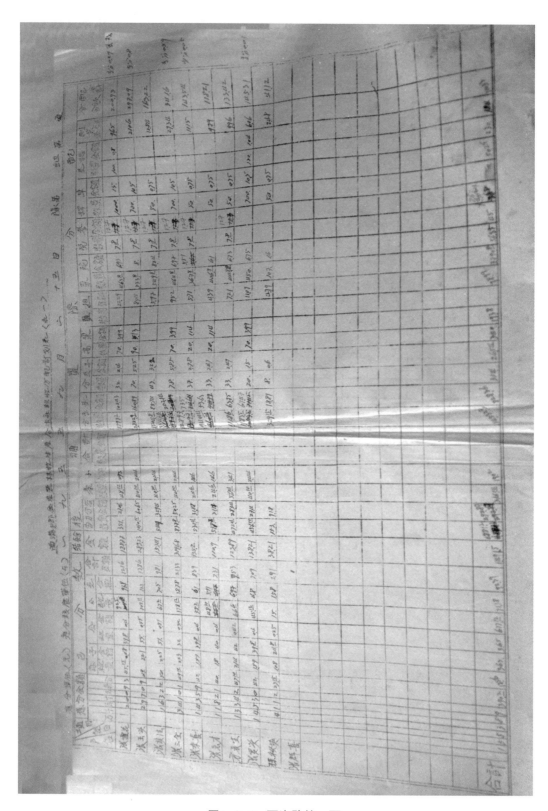

图1-2-2 西沟队第一页

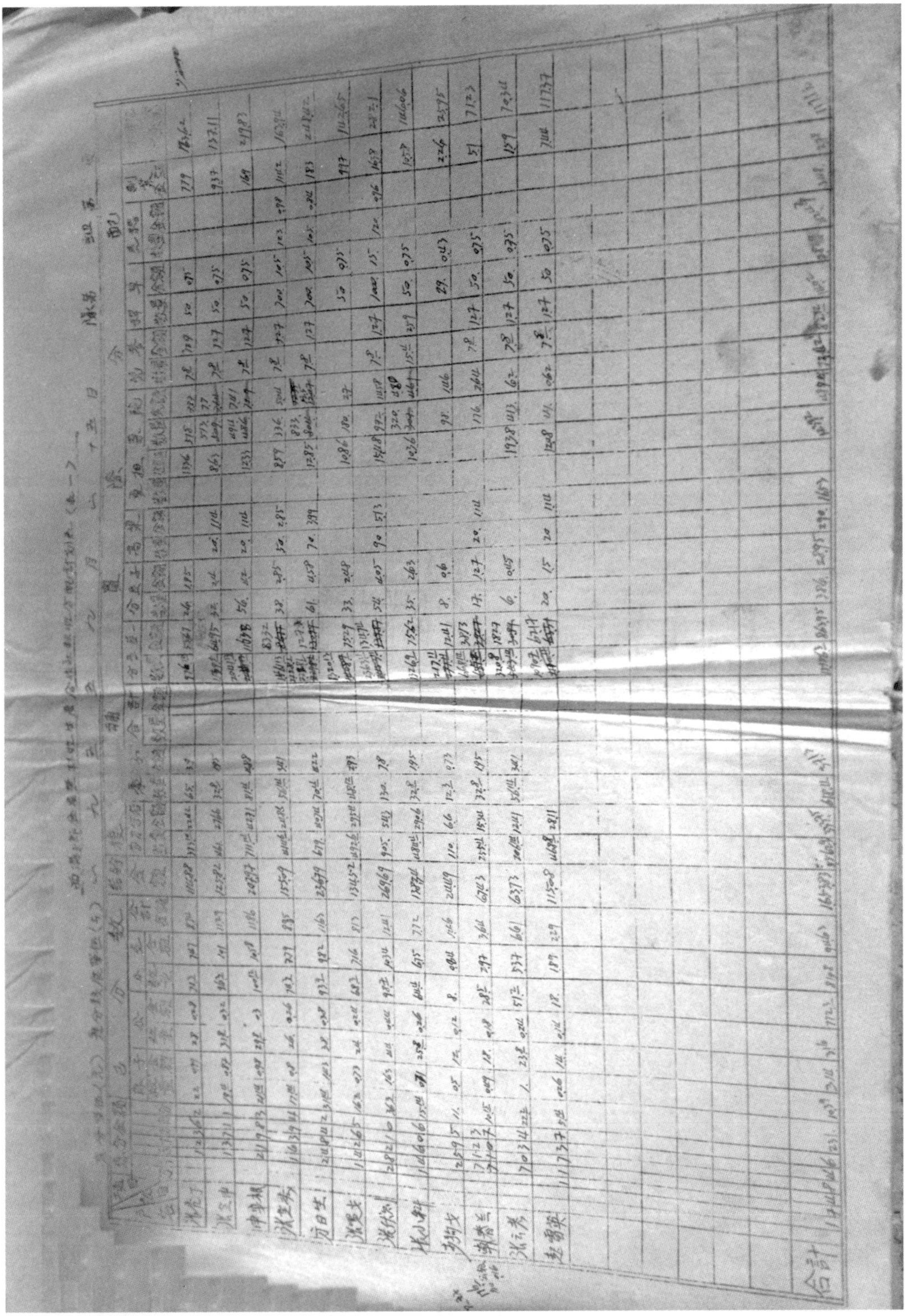

图1-2-3　西沟队第二页

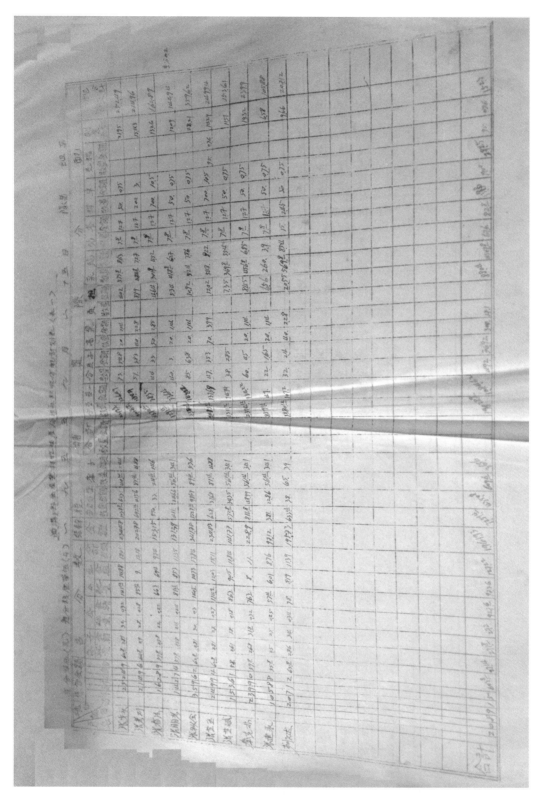

图1-2-4 西沟队第三页

10

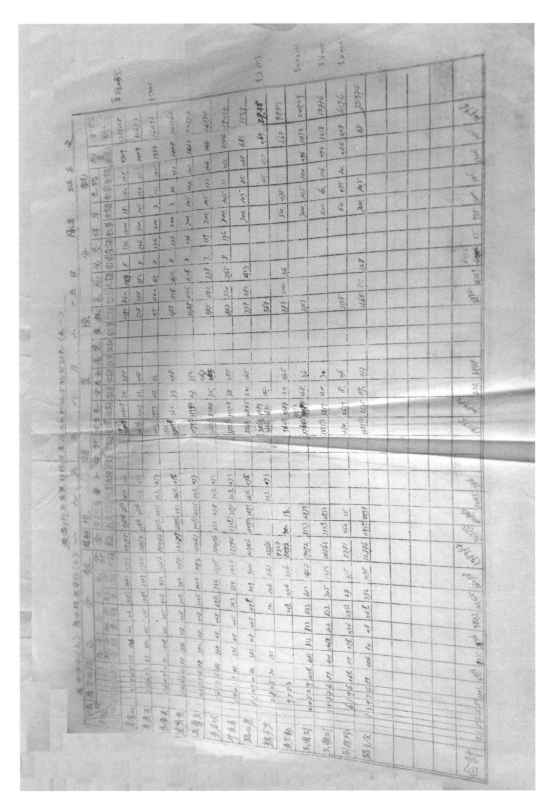

图1-2-5 西沟队第四页

11

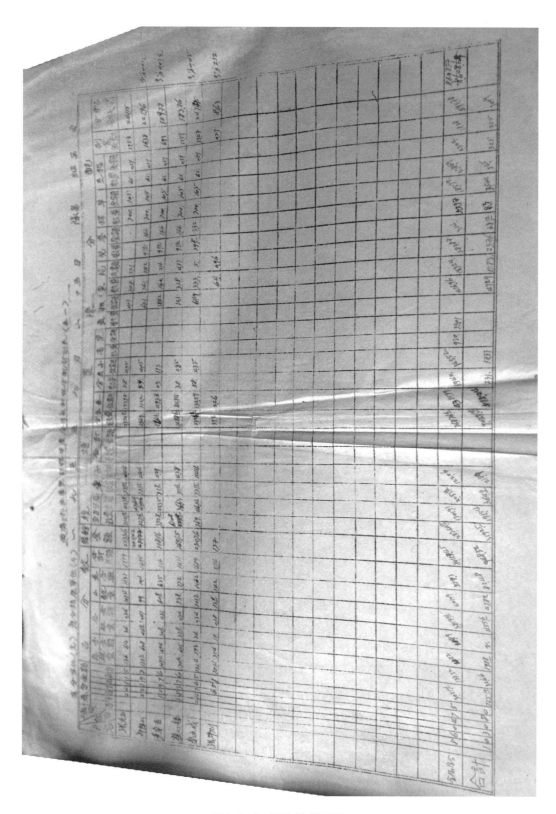

图1-2-6 西沟队第五页

（三）西沟乡古罗队金星农林牧生产合作社分配表（一九五五年元月立）

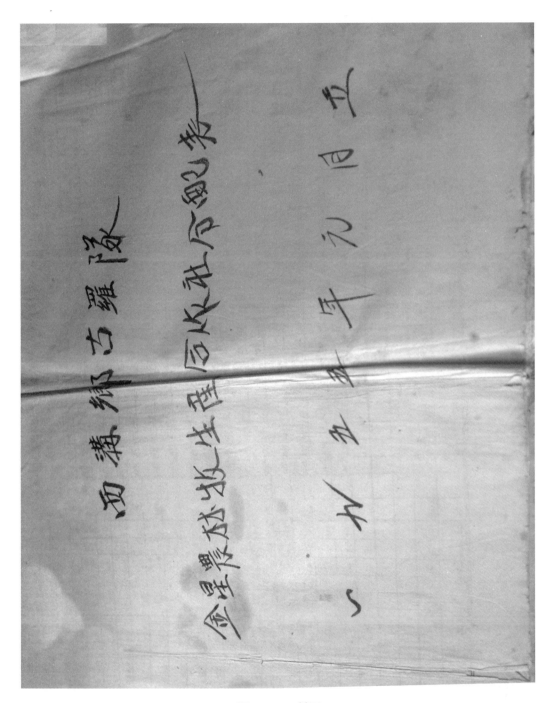

图1-3-1　封面

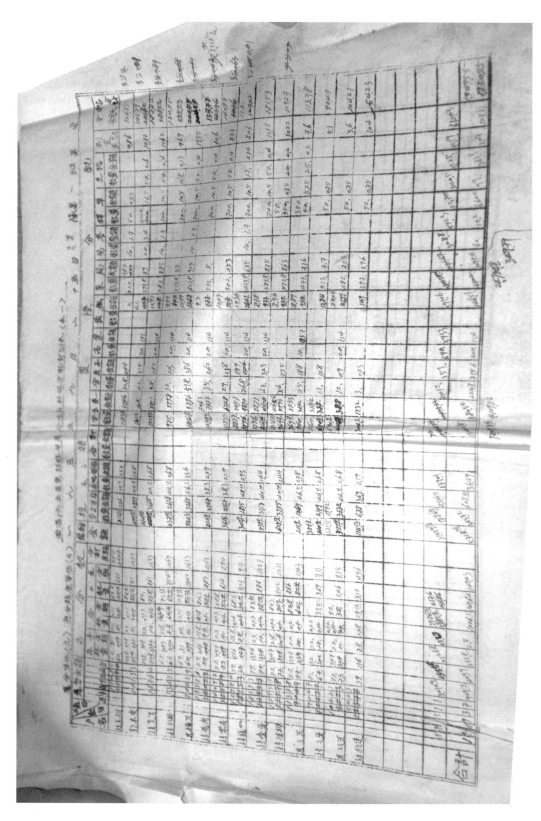

图1-3-2 古罗队第一组

14

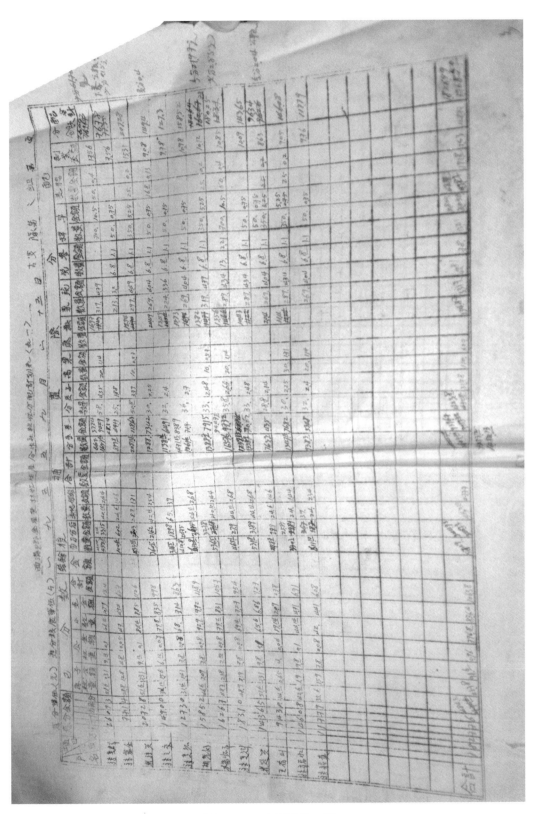

图1-3-3　古罗队第二组

15

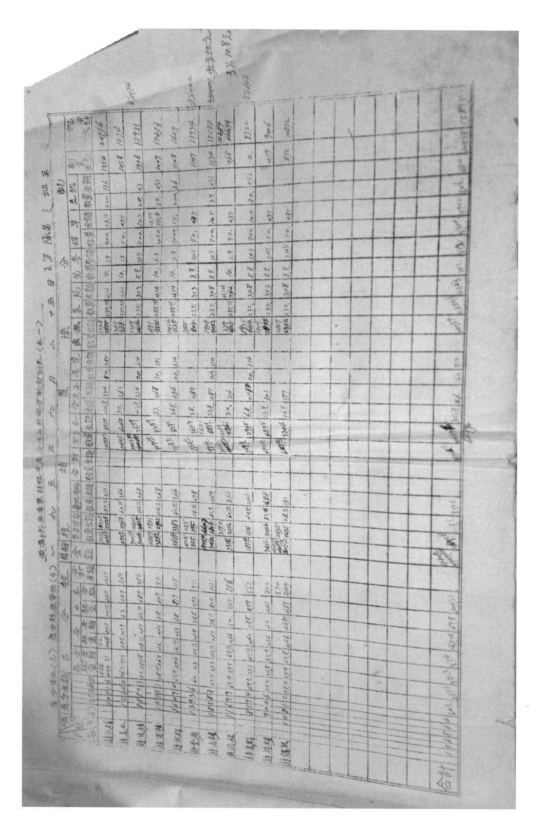

图1-3-4　古罗队第三组

16

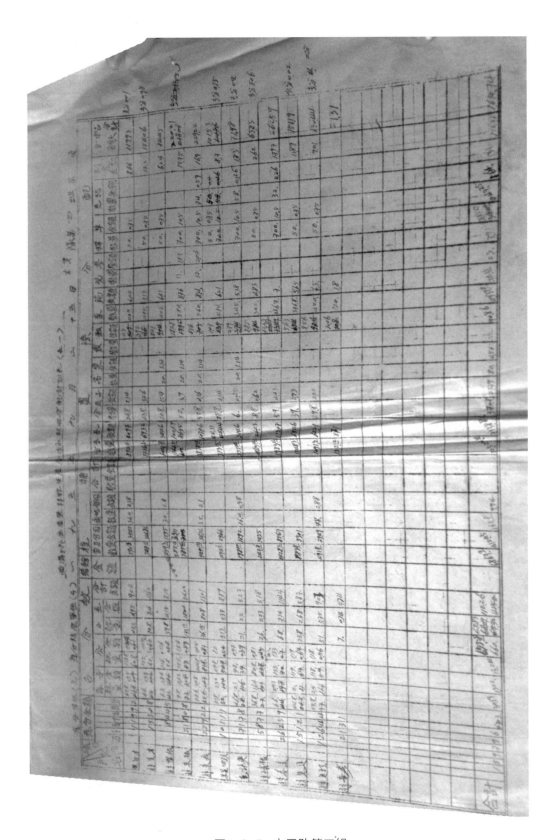

图1-3-5 古罗队第四组

17

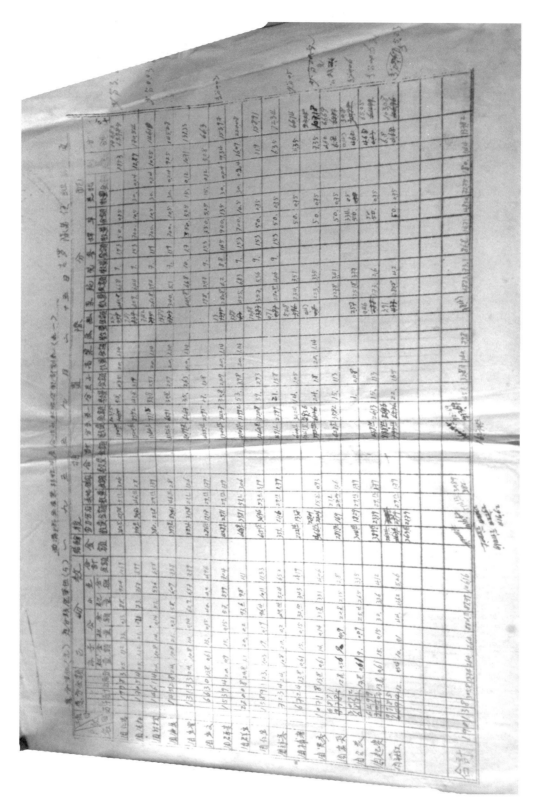

图1-3-6 古罗队第五组

18

（四）西沟乡池（底）队金星农林牧生产合作社分配表（一九五五年元月立）

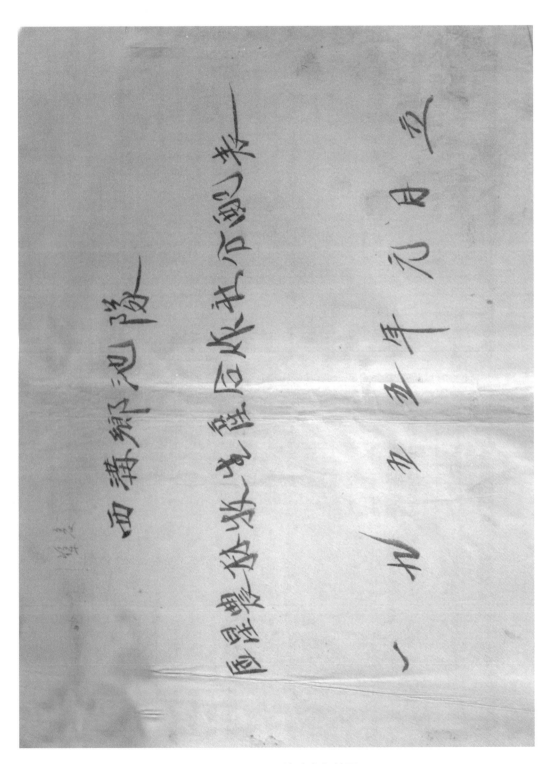

图1-4-1 池（底）封面

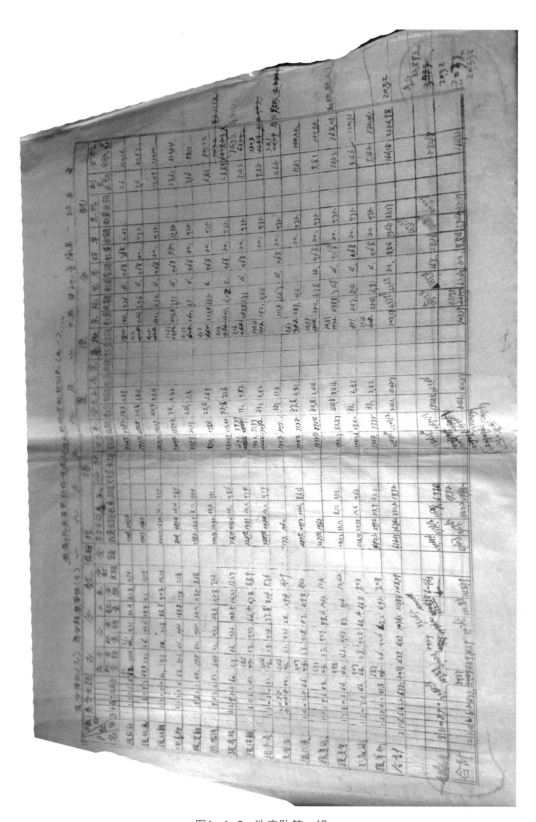

图1-4-2　池底队第一组

20

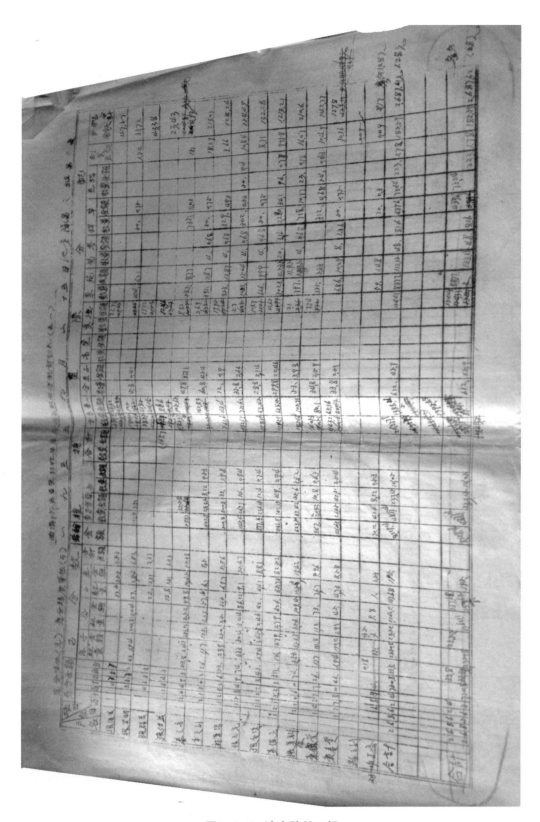

图1-4-3 池底队第二组

21

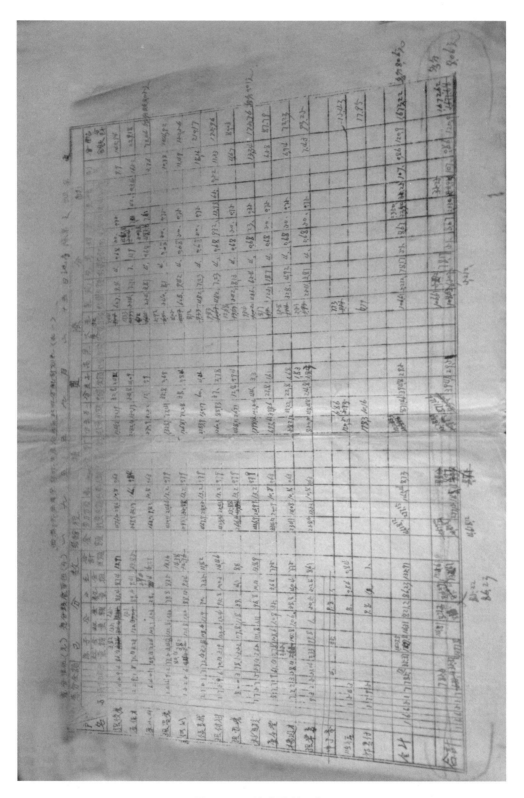

图1-4-4　池底队第三组

22

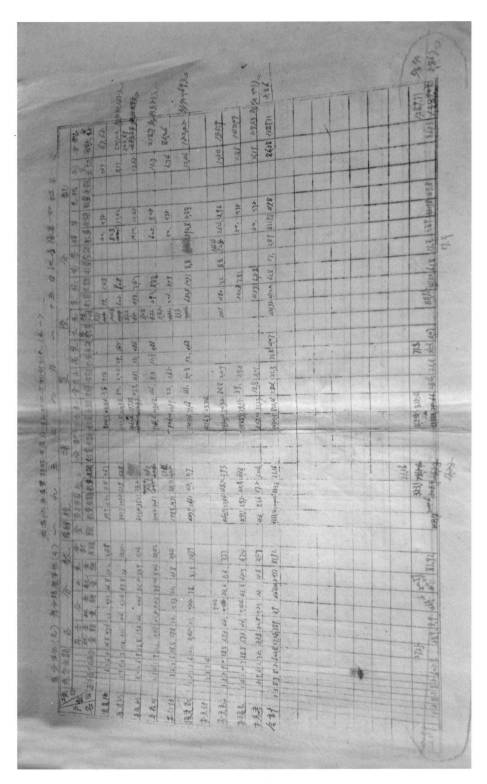

图1-4-5　池底队第四组

23

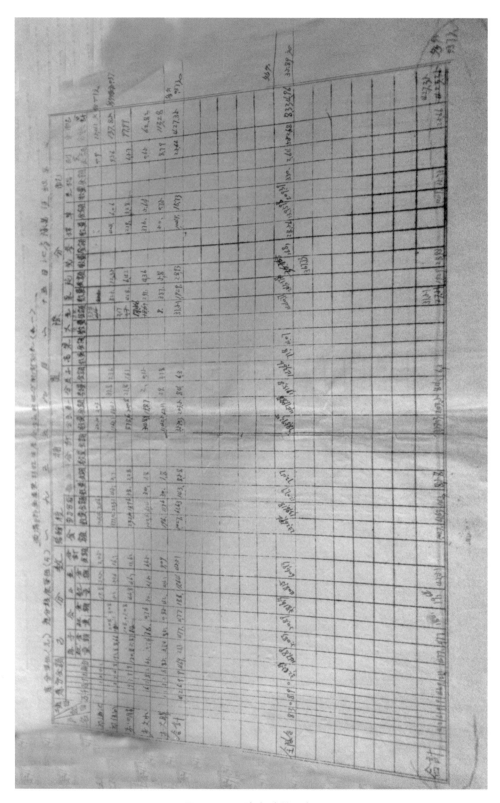

图1-4-6 池底队第五组

24

（五）西沟乡农林牧生产合作社秋收分配长欠表（1955.10.13）

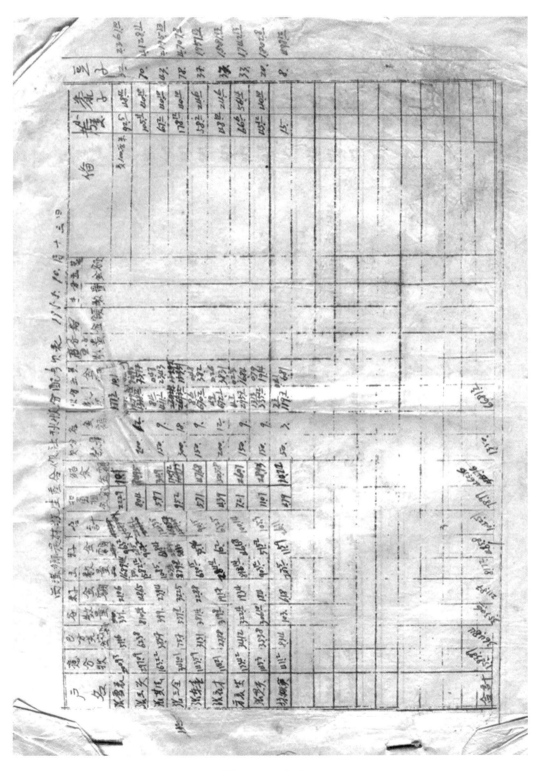

图1-5-1　欠表一

注：统计内容包括应分数、已分其他金额、谷子、玉茭、合计、扣负担金额、结算金额、欠分谷、欠分玉茭、长分谷、长分玉茭、备小麦、黍子、豆子等，按户统计，下同。

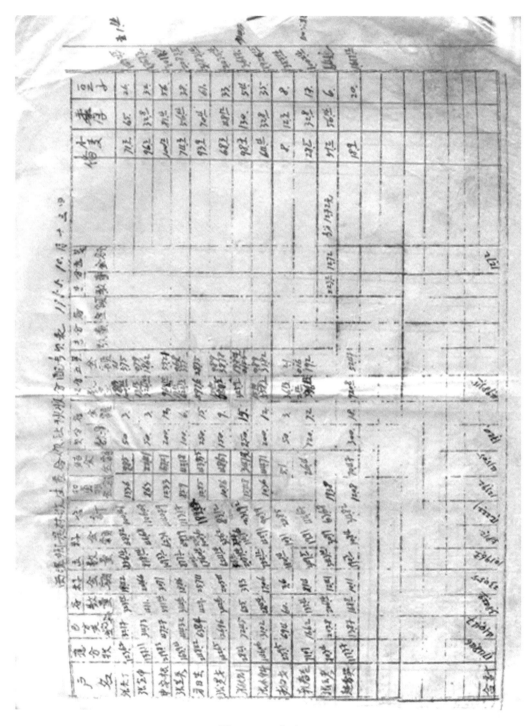

图1-5-2 欠表二

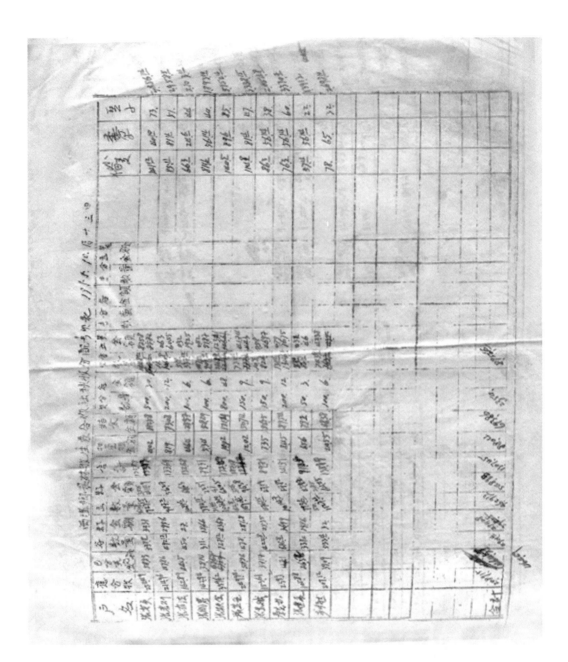

图1-5-3 欠表三

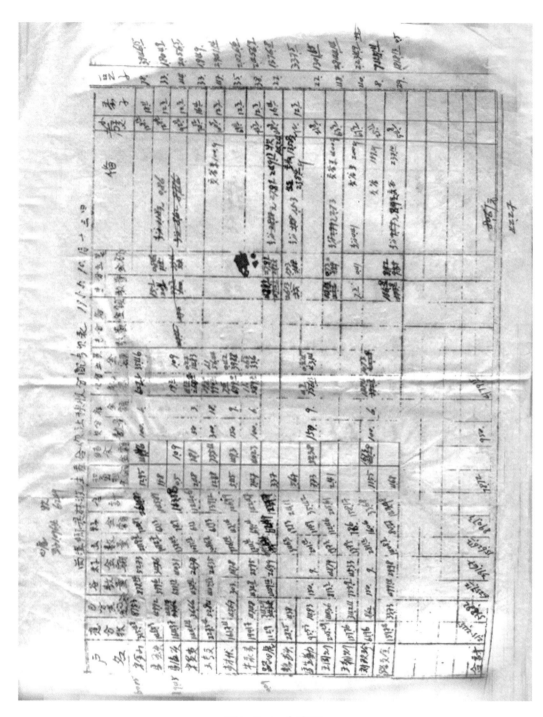

图1-5-4 欠表四

28

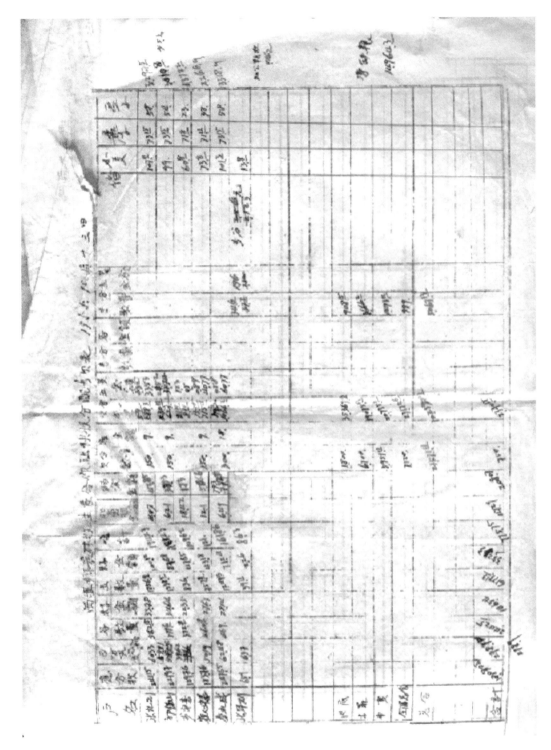

图1-5-5 欠表五

注：除按户统计外，本页最后还有池底、古罗、南赛、全队综合几项合计。

二、工票领条表

图2-1　西沟乡农林牧生产合作社各分队领工票存根各种工票封面（一九五五年三月份）

注：本封面加盖有"平顺县西沟乡财务股农林牧合作社"的公章

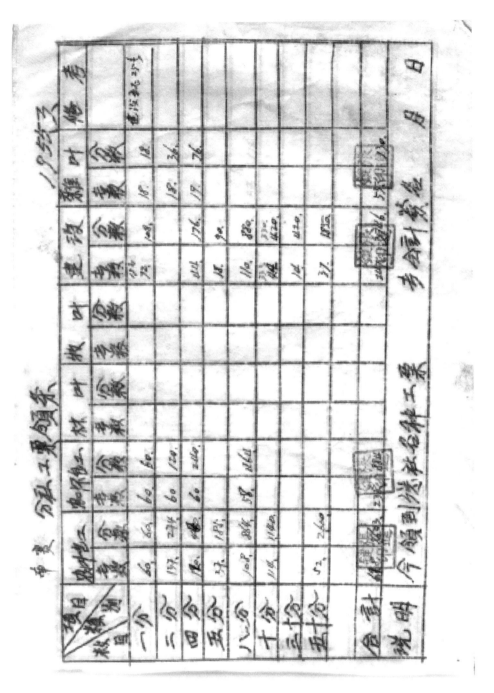

图2-2　南赛分社工票领条（1955.3）

注：统计内容包括数目、类别、项目、农叶（业）包工、农叶（业）不包工、林叶（业）、牧叶（业）、建设、杂叶（业）、备考。其中数目下分为一分、二分、四分、五分、八分、十分、三十分、五十分、合计、注（本类账簿其他页面统计内容相同）。合计一栏盖有"张进键印"。

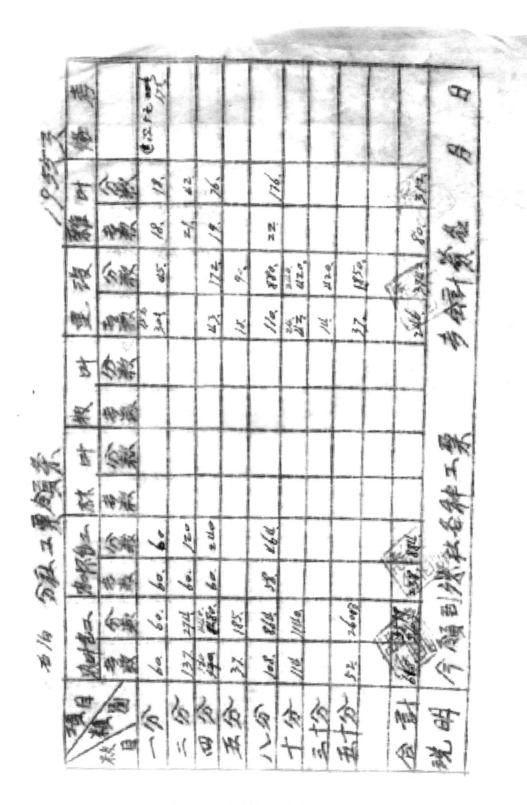

图2-3 西沟分社工票领条（1955.3）

32

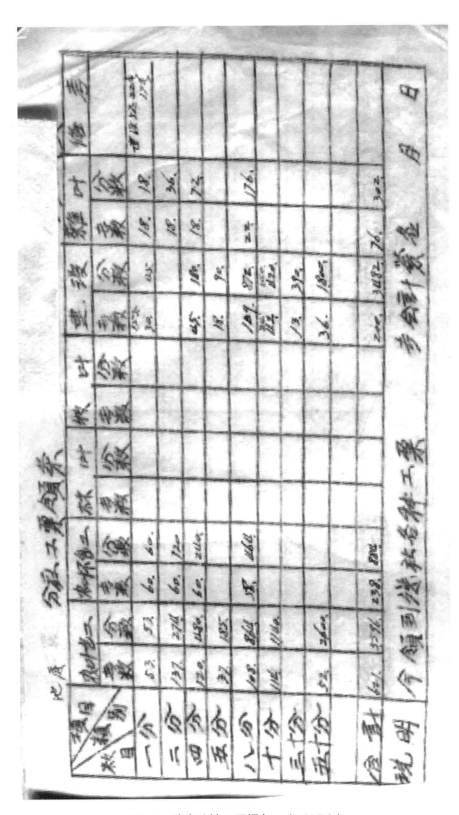

图2-4　池底分社工票领条一（1955.3）

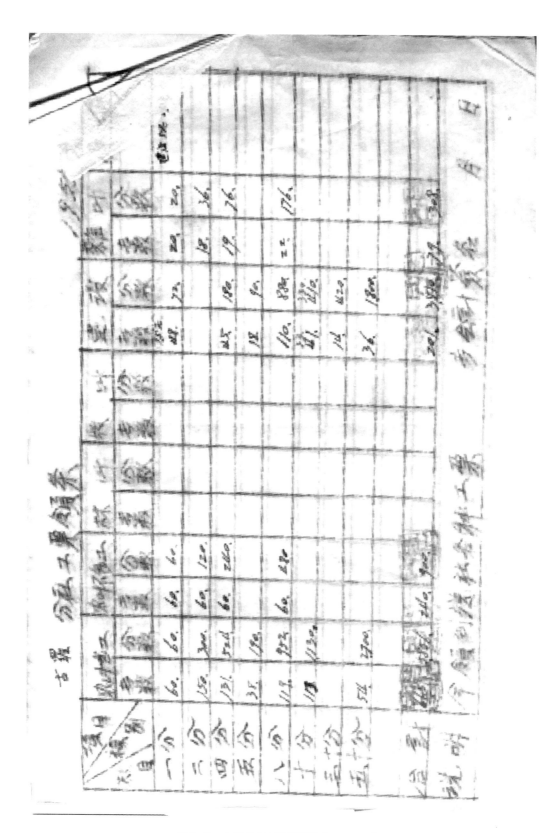

图2-5 古罗分社工票领条（1955.3）

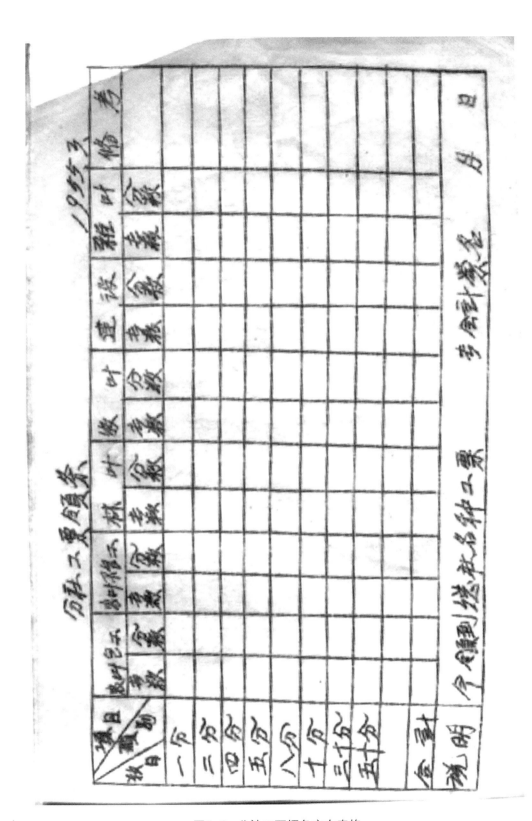

图2-6　分社工票领条空白表格

三、记工表

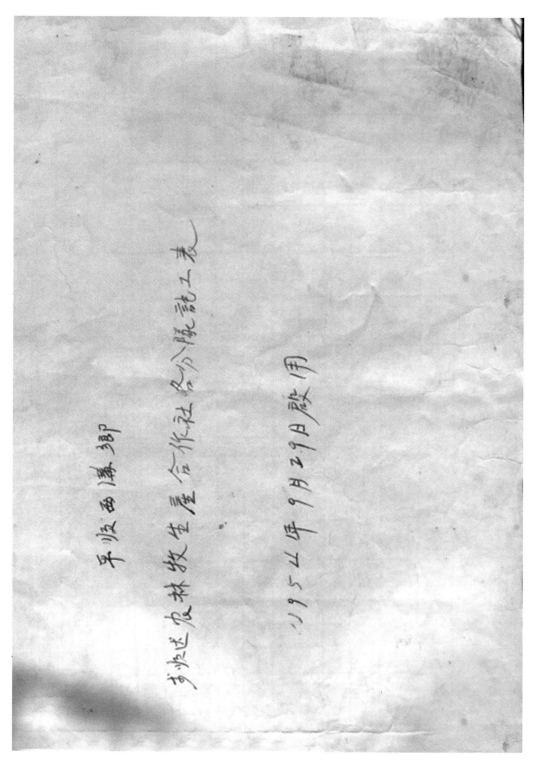

图3-1 平顺西沟乡李顺达农林牧生产合作社各分队记工表（1954年9月29日启用）封面

36

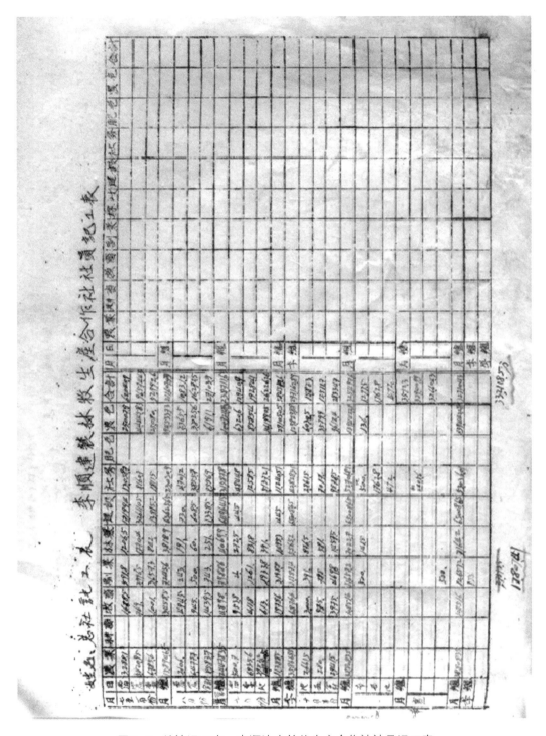

图3-2　总社记工表－李顺达农林牧生产合作社社员记工表

注：统计内容包括日期、农业、耕畜、牧畜、副业、林业、建设、社务、肥包、农包（下同）。把西沟、池底、南赛队按照时间段不同，统计七至一月份、八月份、九月份、十月半月等各项总额。

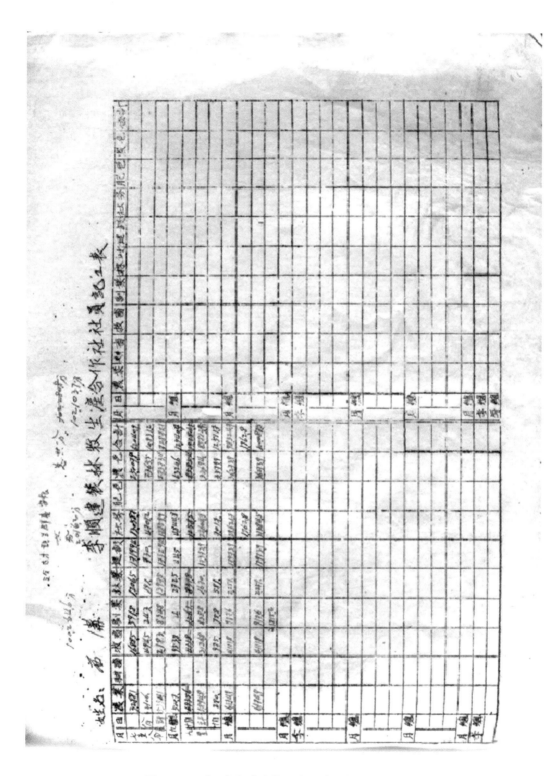

图3-3　西沟–李顺达农林牧生产合作社社员记工表

注：仅记录各项总额，并非按人头记录，下同。

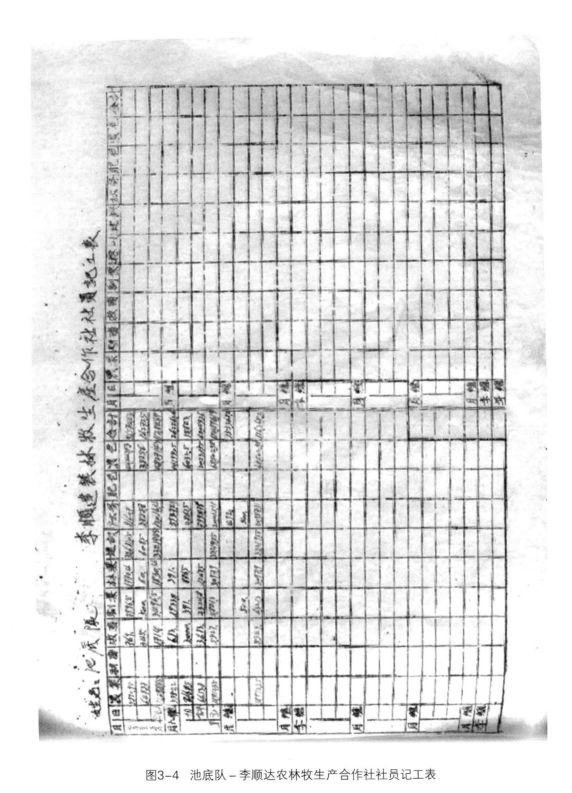

图3-4 池底队－李顺达农林牧生产合作社社员记工表

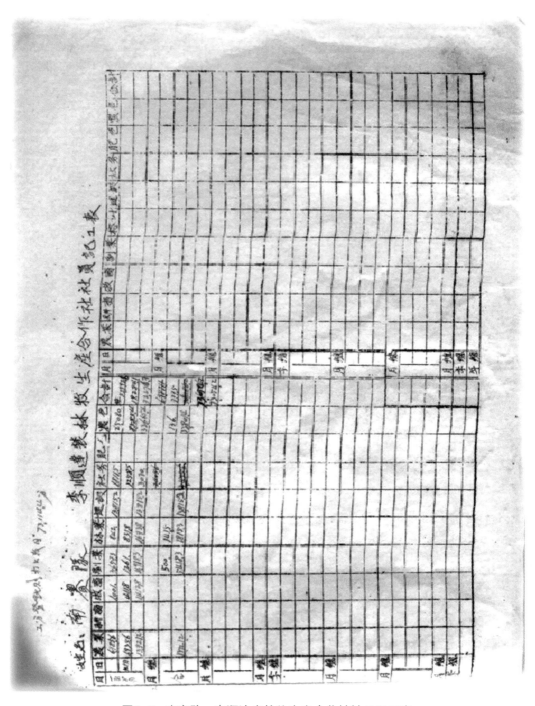

图3-5　南赛队－李顺达农林牧生产合作社社员记工表

四、粮食结算表

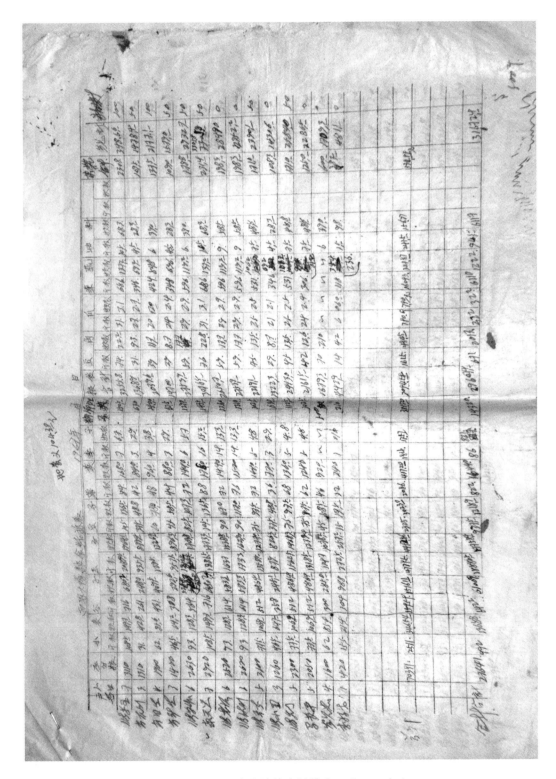

图4-1 西沟大队粮食结算表一（1967年）

注：统计内容包括人数、小麦、谷子、玉茭、豆子、薯类、黍子、小豆、粮食合计、豆角、瓜、菜蔬、油料、菜蔬款合计、乡总计，按户统计，下同。

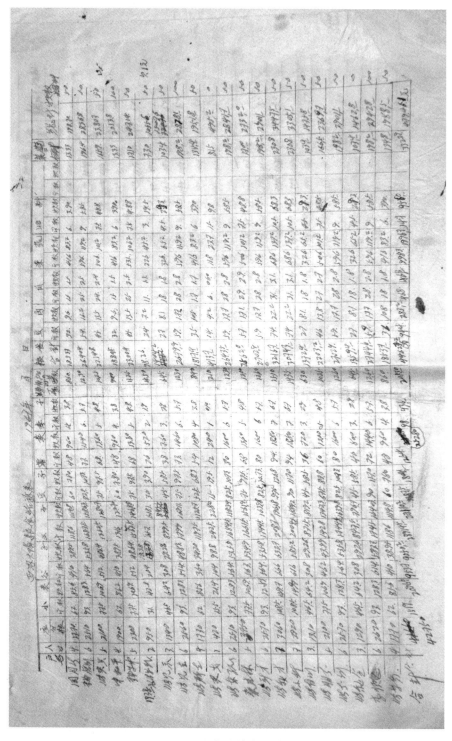

图4-2 西沟大队粮食结算表二

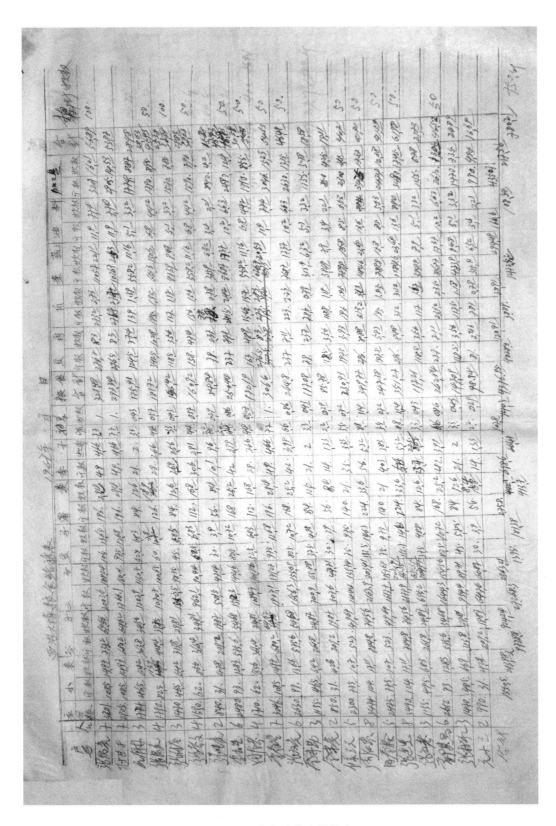

图4-3　西沟大队粮食结算表三

43

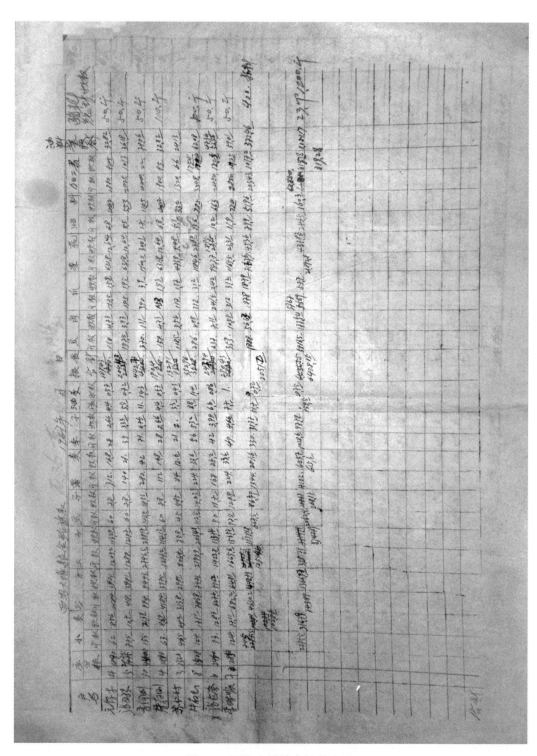

图4-4　西沟大队粮食结算表四

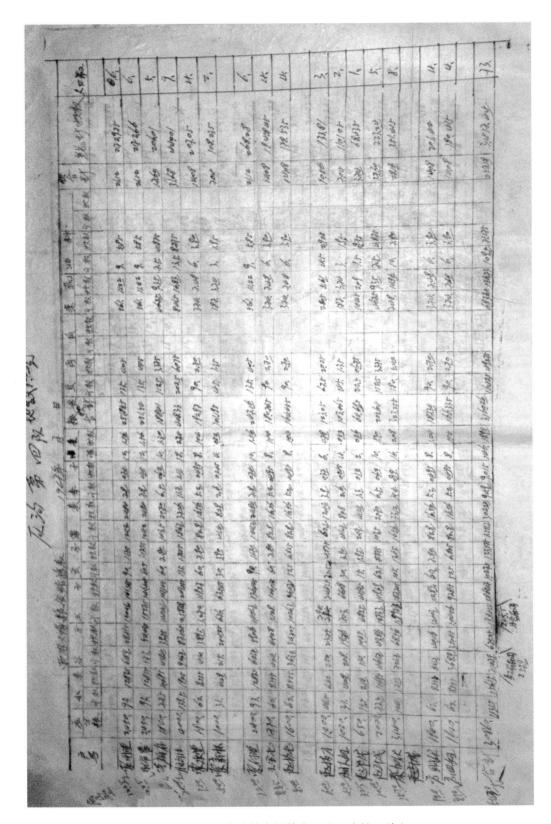

图4-5 西沟大队粮食结算表五（西沟第四队）

45

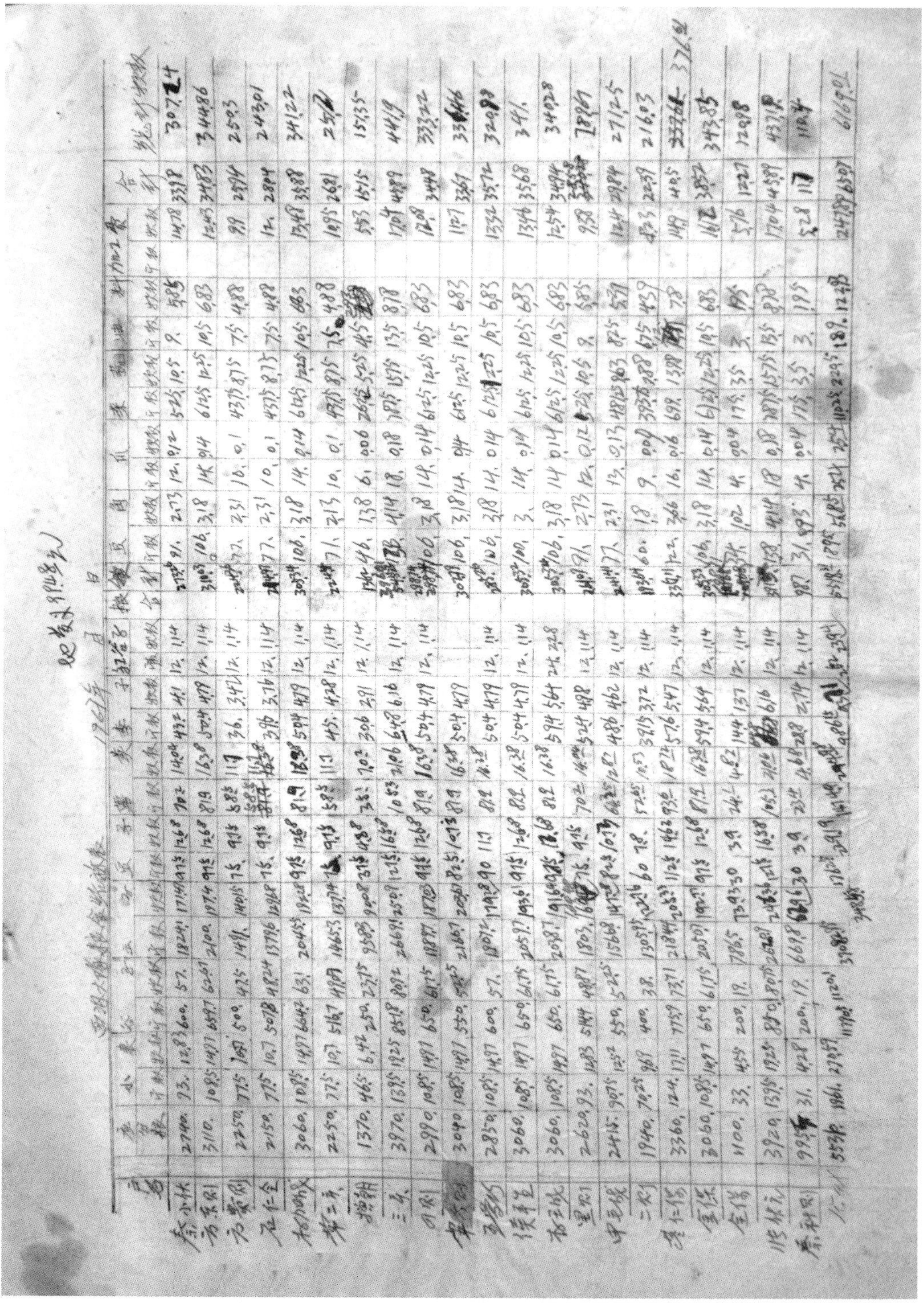

图4-6 西沟大队粮食结算表六

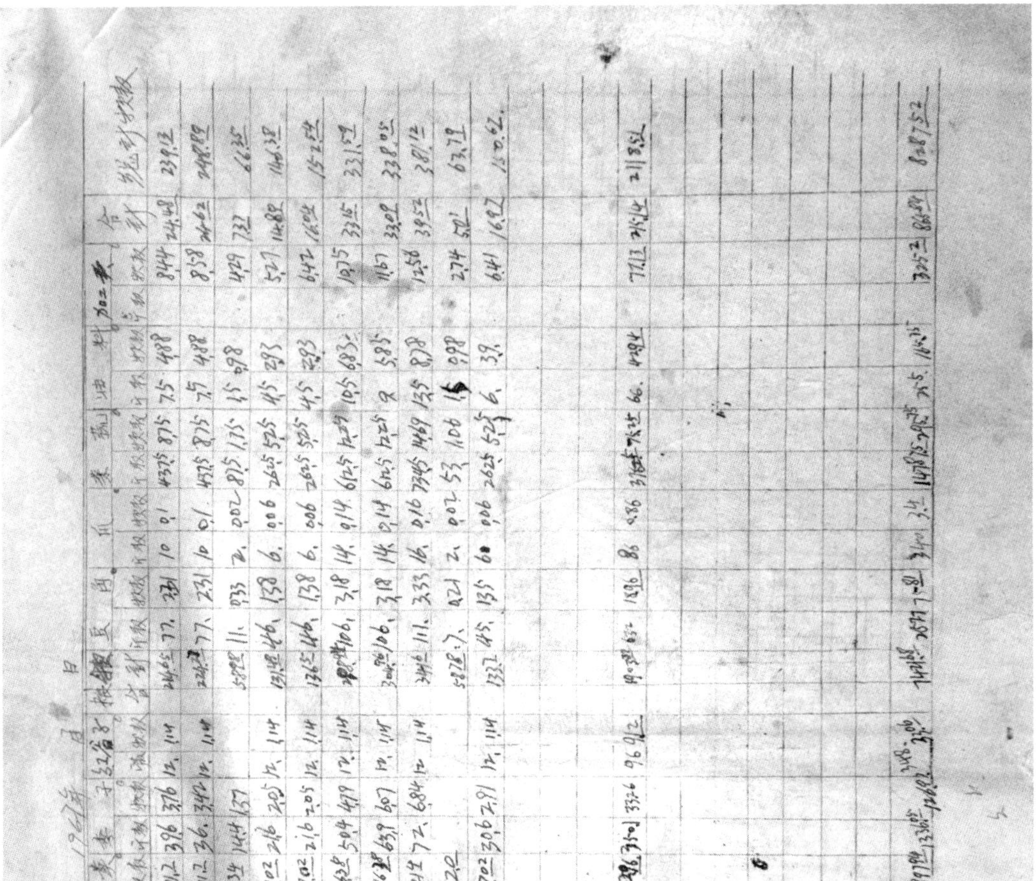

图4-7　西沟大队粮食结算表七

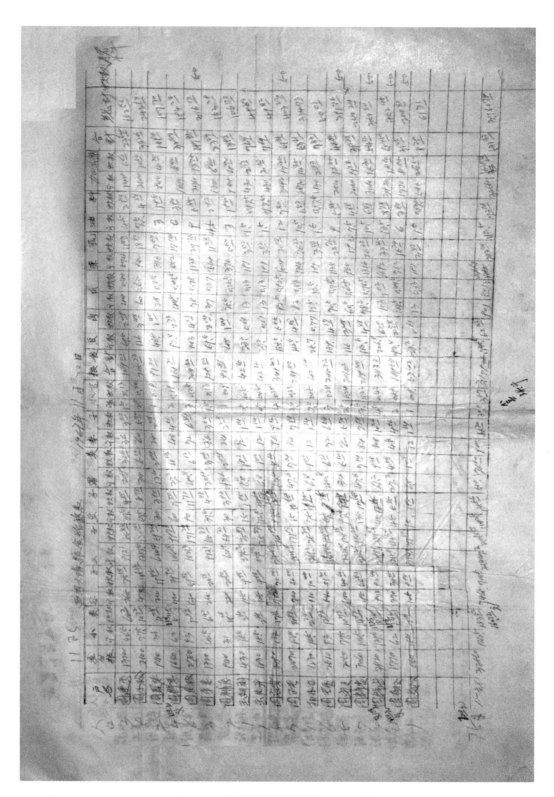

图4-8 西沟大队粮食结算表八（11队）

48

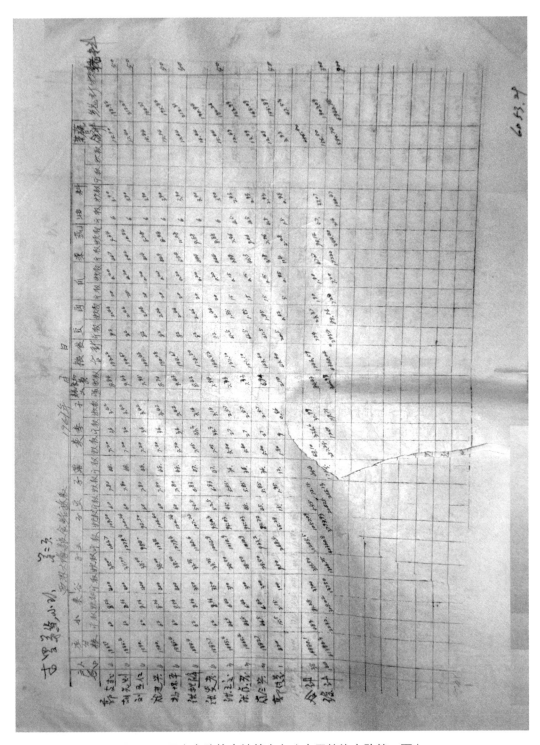

图4-9　西沟大队粮食结算表九（古罗第柒小队第一页）

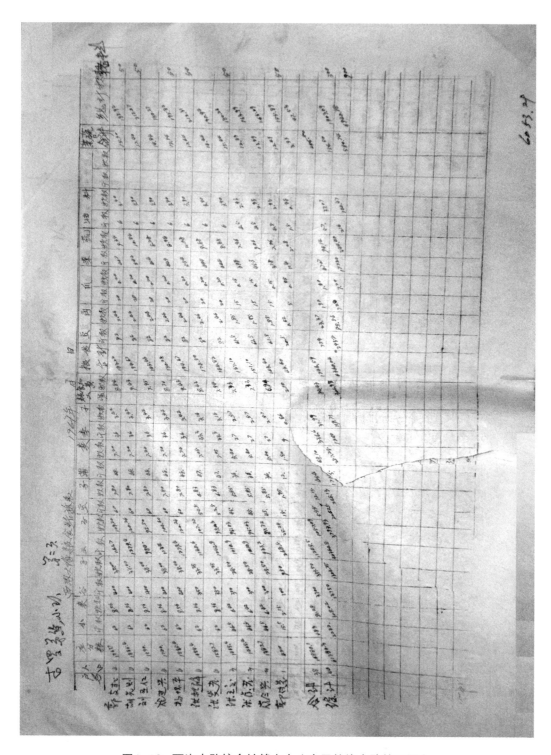

图4-10　西沟大队粮食结算表十（古罗第柒小队第二页）

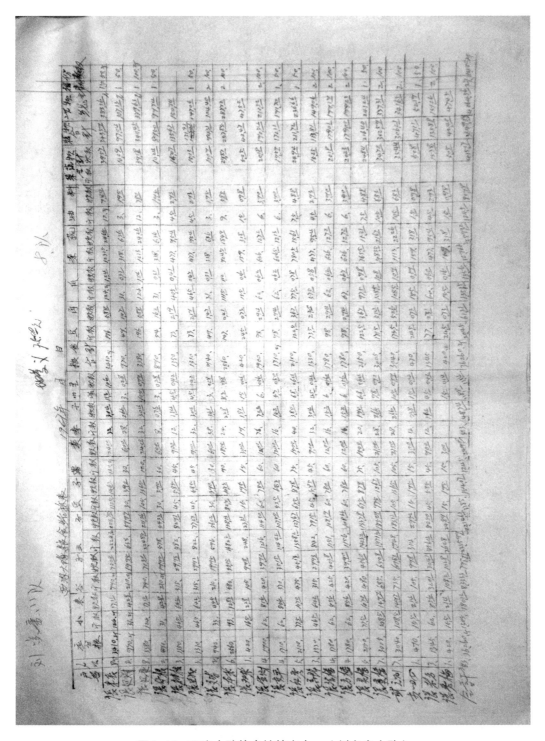

图4-11　西沟大队粮食结算表十一（刘家底小队）

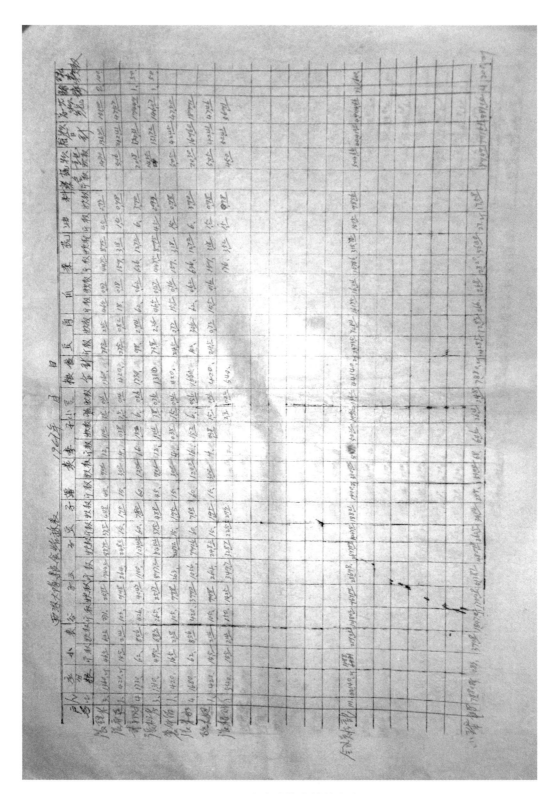

图4-12　西沟大队粮食结算表十二

52

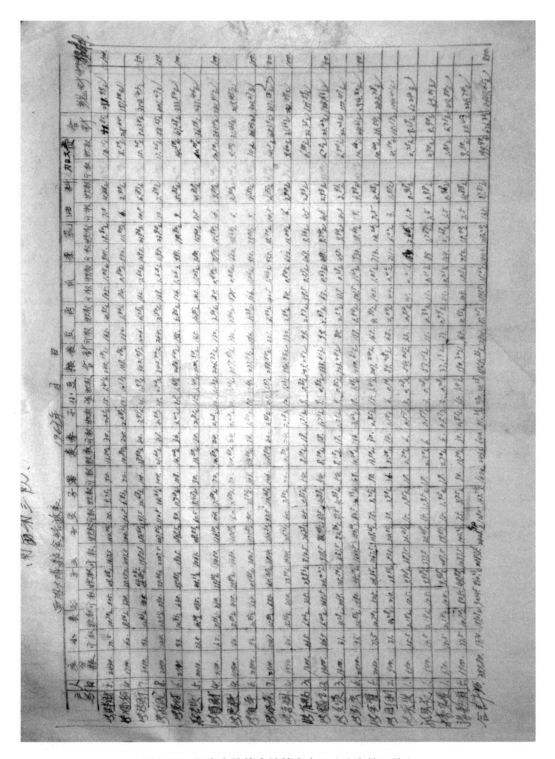

图4-13　西沟大队粮食结算表十三（南赛第三队）

53

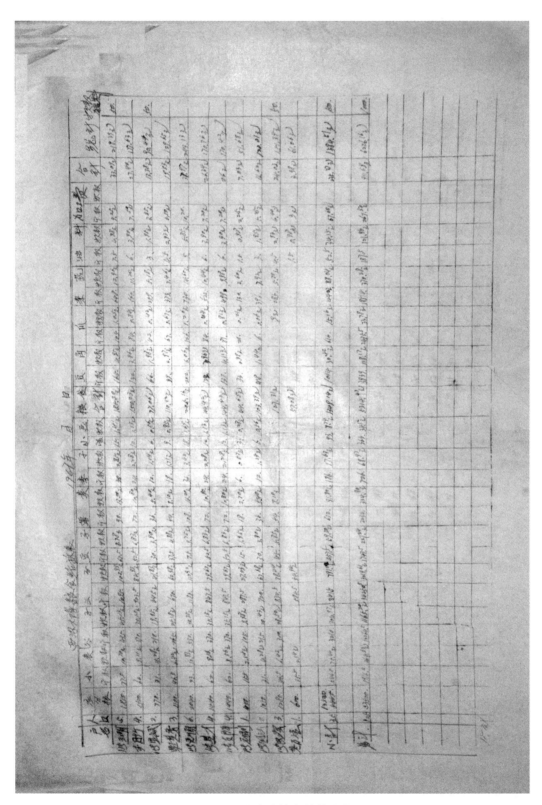

图4-14 西沟大队粮食结算表十四

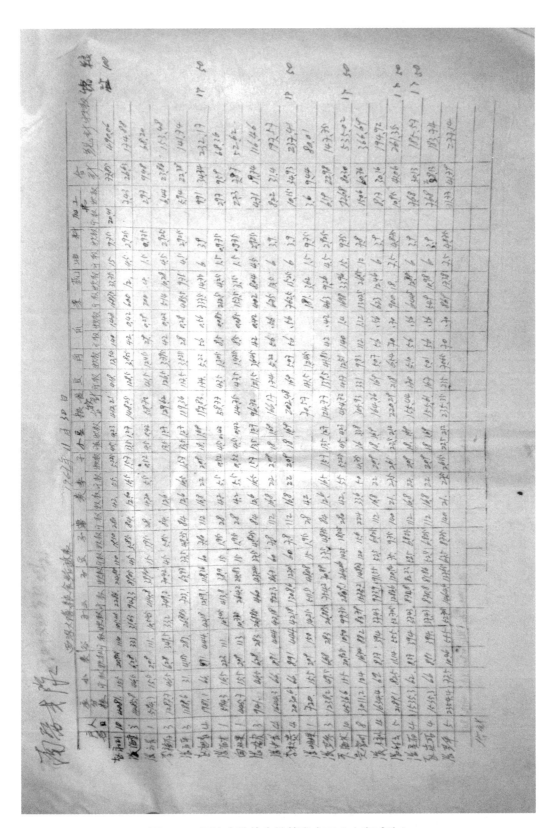

图4-15 西沟大队粮食结算表十五（南赛贰队）

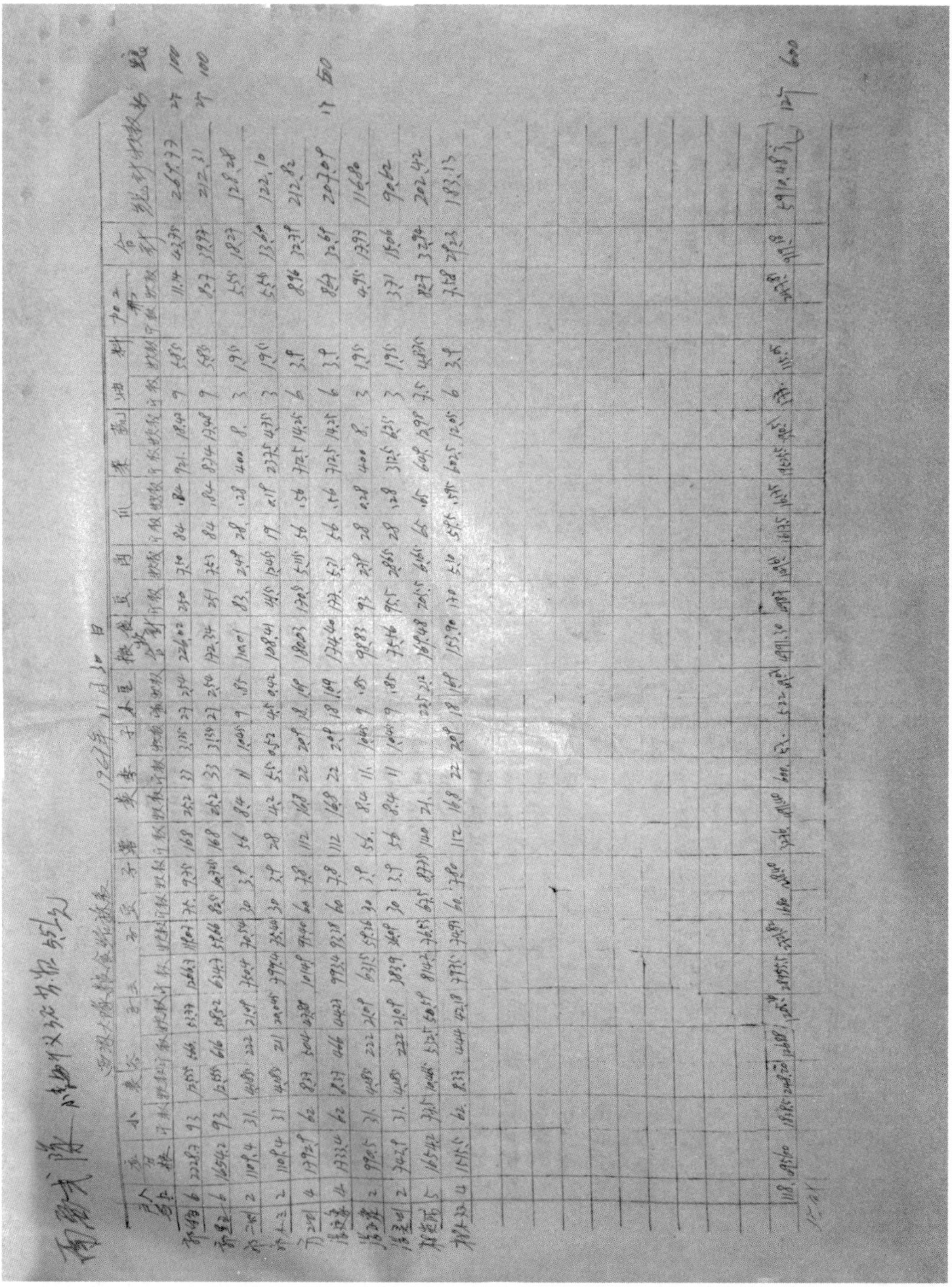

图4-16 西沟大队粮食结算表十六（南赛贰队）

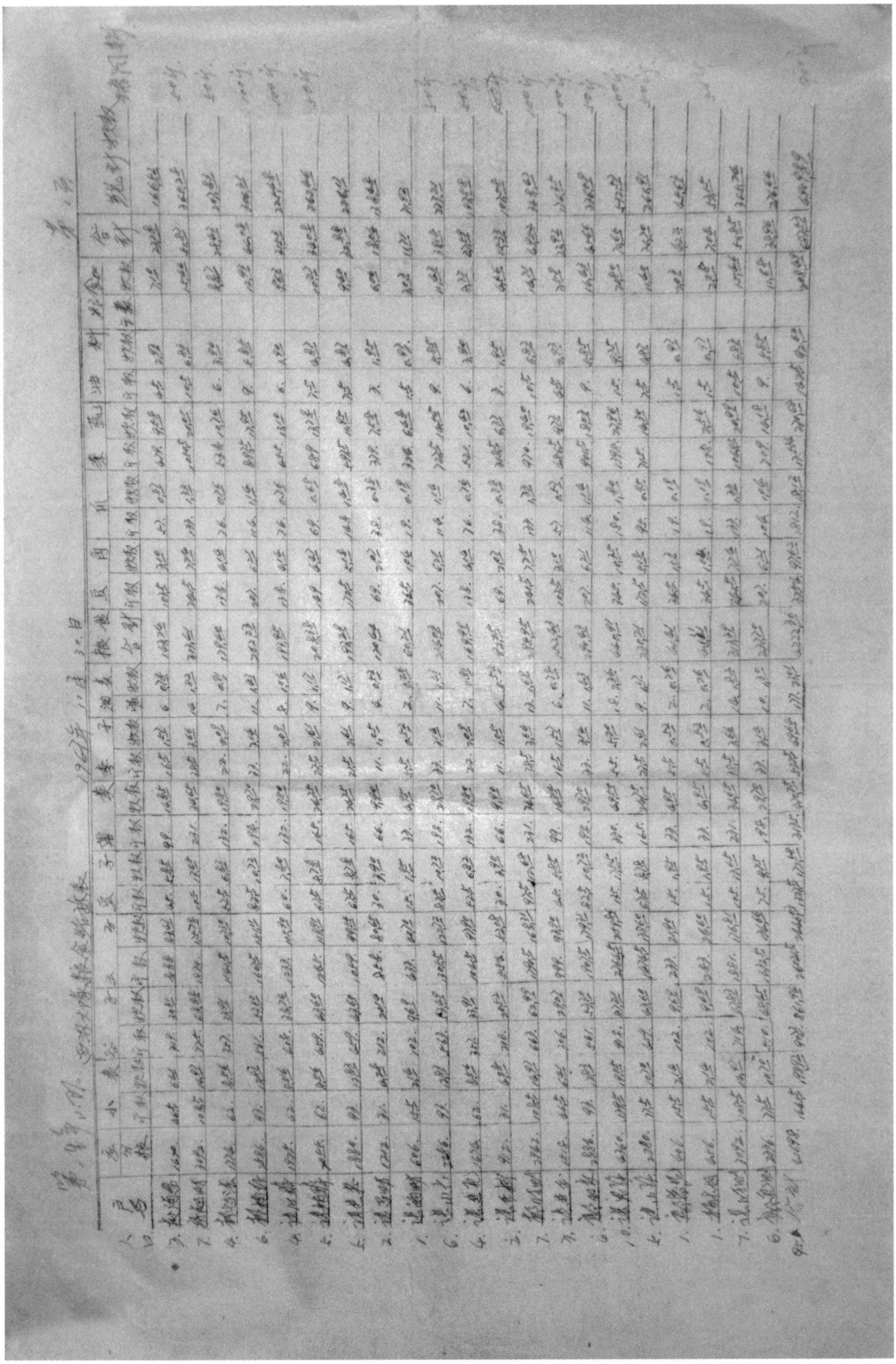

图4-17　西沟大队粮食结算表十七（第一生产小队第1页）

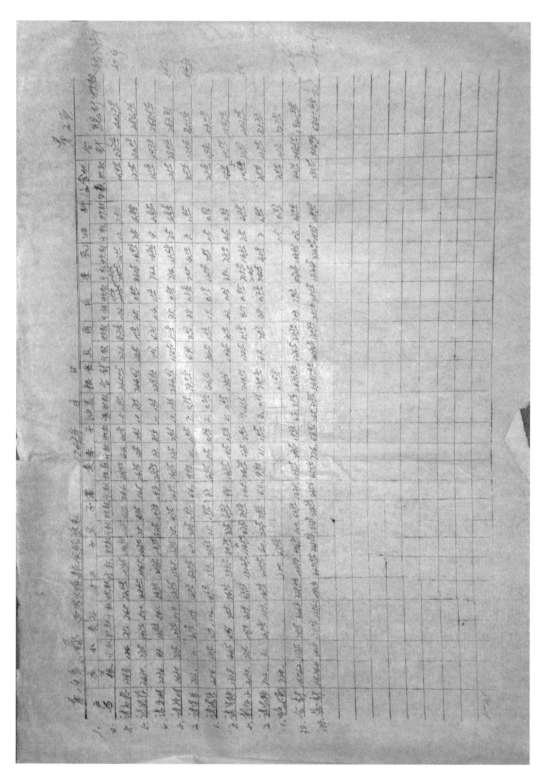

图4-18　西沟大队粮食结算表十八（第一生产小队第2页）

五、粮食分配表

图5-1 西沟大队1969年粮食分配表（70年1月31号）封面

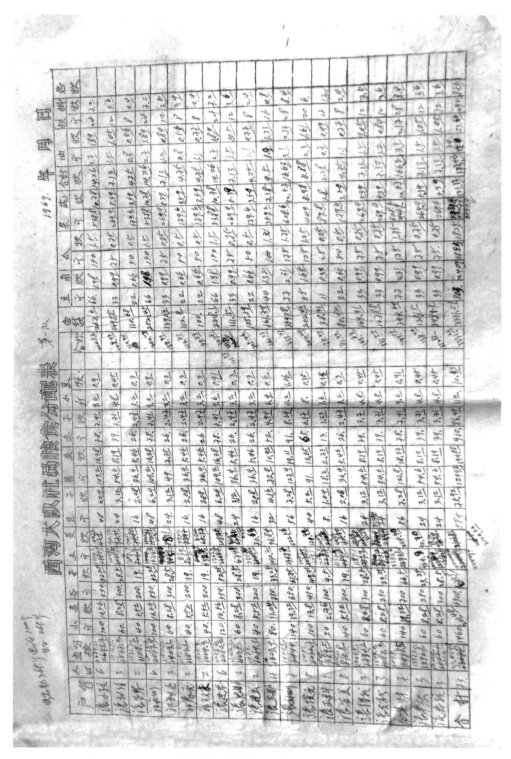

图5-2 西沟大队社员粮食分配表一（第一队第一页）

注：统计内容包括人口、小麦、谷子、玉茭、豆子、薯类、黍子、红谷、豆角、瓜、菜蔬、油、核桃，按户统计，下同。

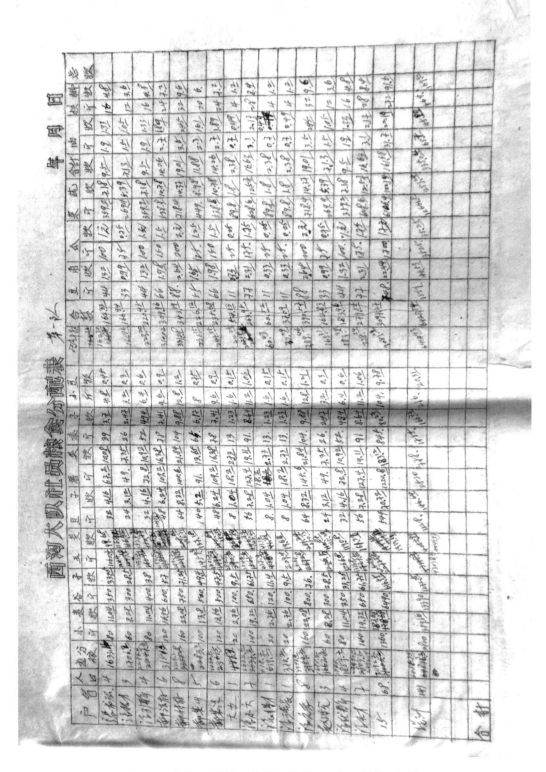

图5-3 西沟大队社员粮食分配表二（第一队第二页）

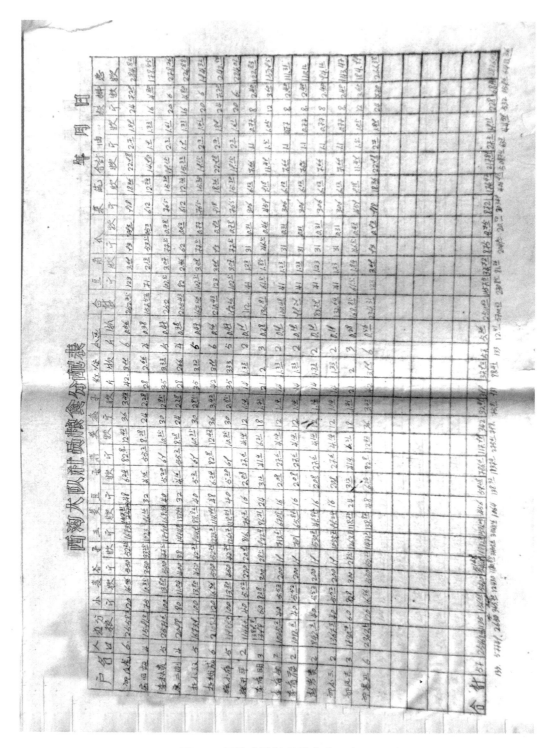

图5-4　西沟大队社员粮食分配表三

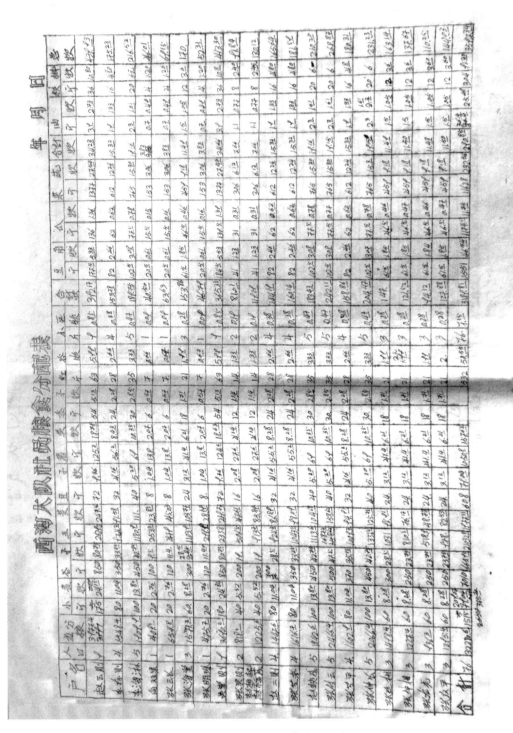

图5-5　西沟大队社员粮食分配表四

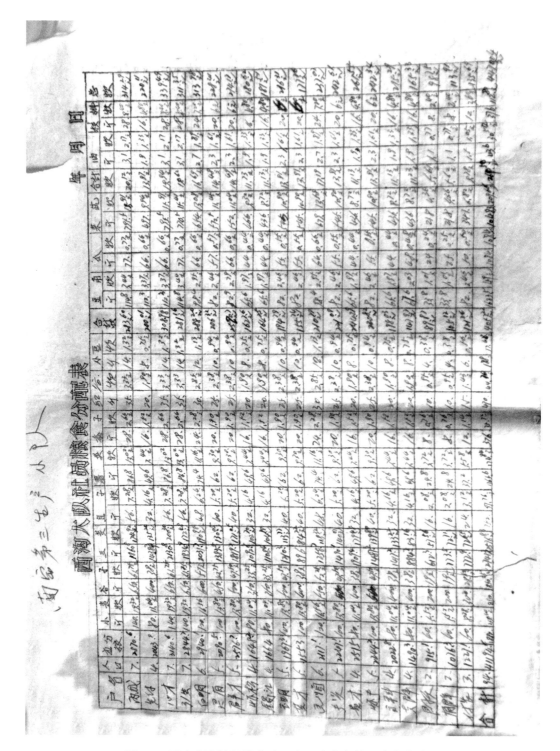

图5-6 西沟大队社员粮食分配表五（南赛第三生产小队）

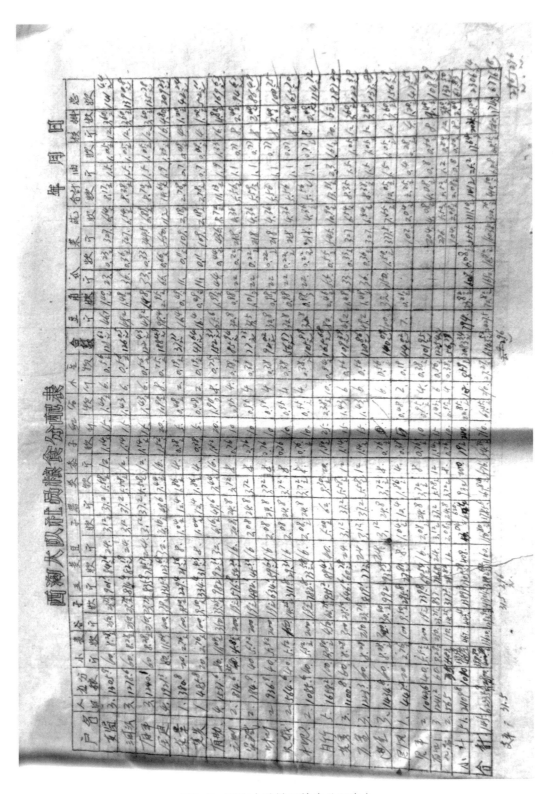

图5-7　西沟大队社员粮食分配表六

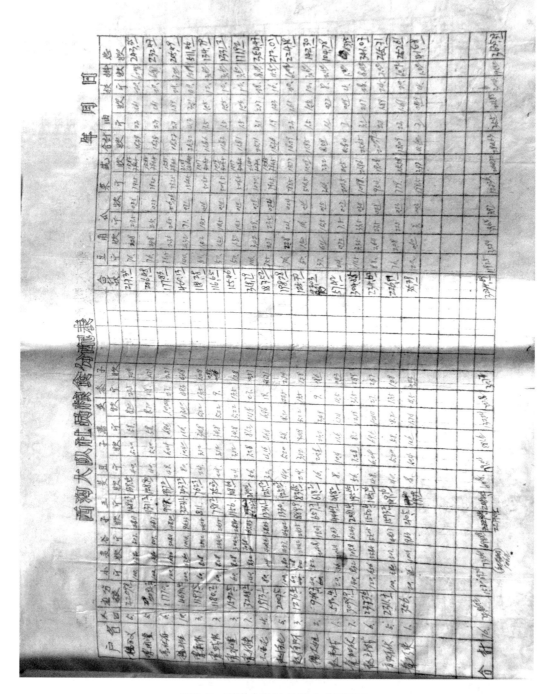

图5-8　西沟大队社员粮食分配表七

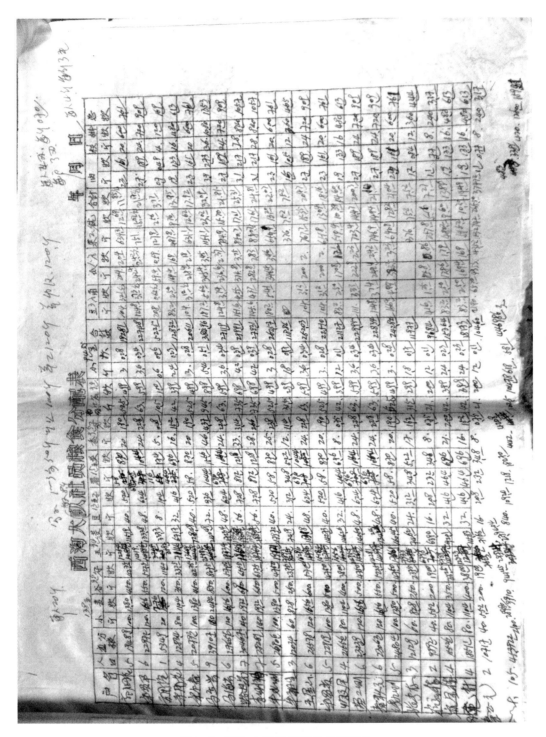

图5-9　西沟大队社员粮食分配表八

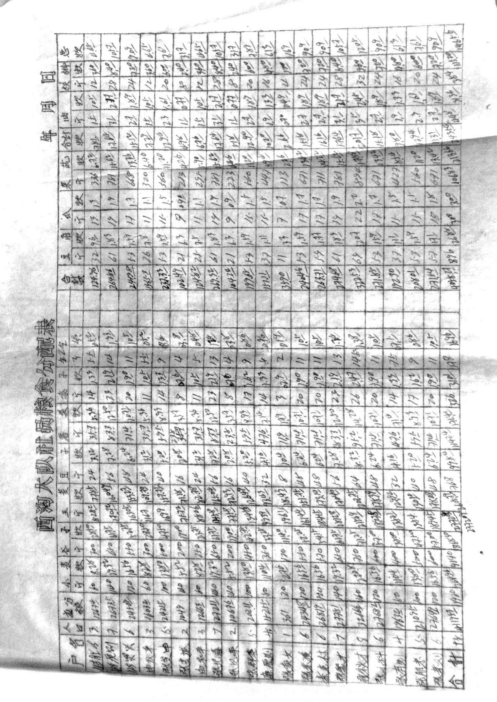

图5-10　西沟大队社员粮食分配表九

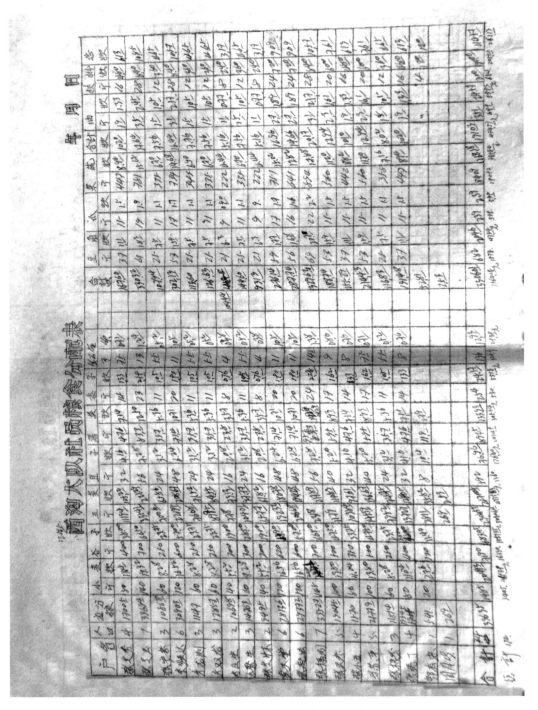

图5-11　西沟大队社员粮食分配表十

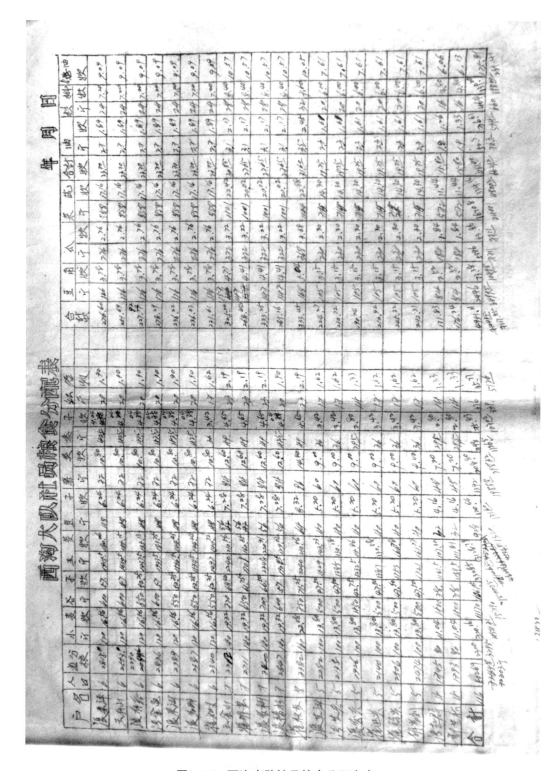

图5-12 西沟大队社员粮食分配表十一

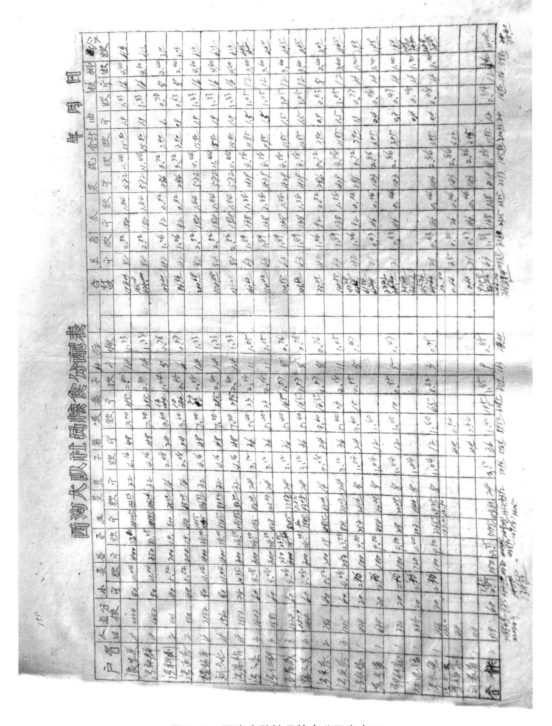

图5-13 西沟大队社员粮食分配表十二

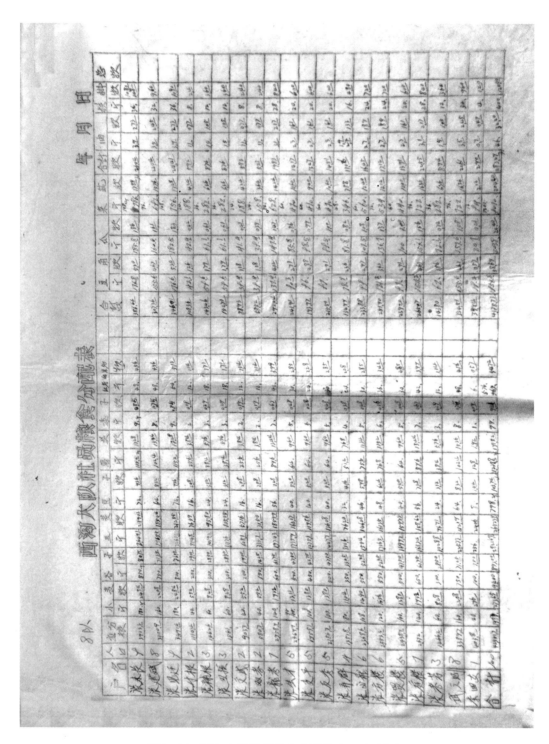

图5-14　西沟大队社员粮食分配表十三（8队）

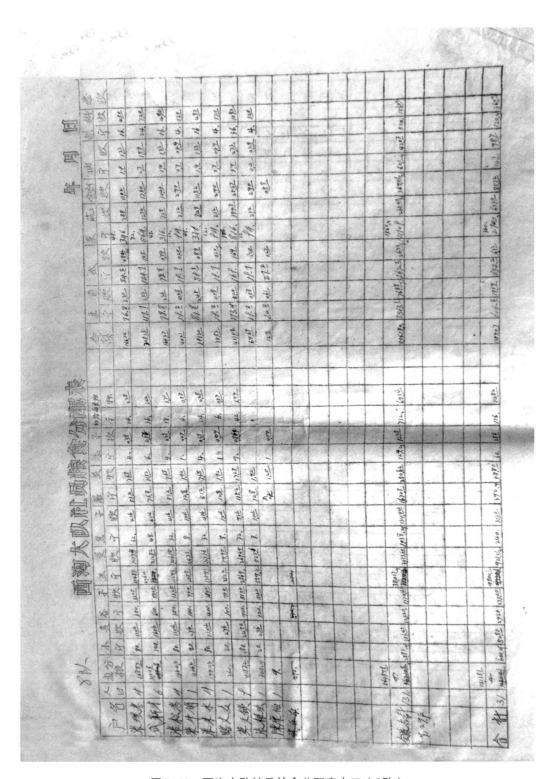

图5-15 西沟大队社员粮食分配表十四（8队）

73

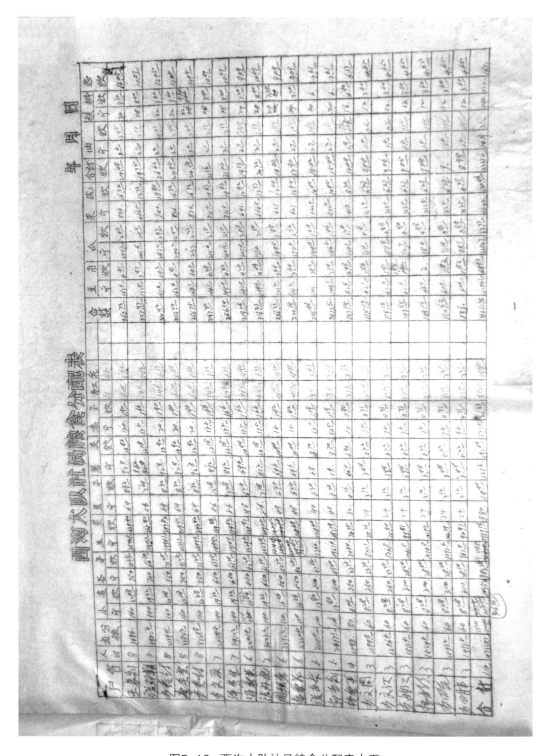

图5-16　西沟大队社员粮食分配表十五

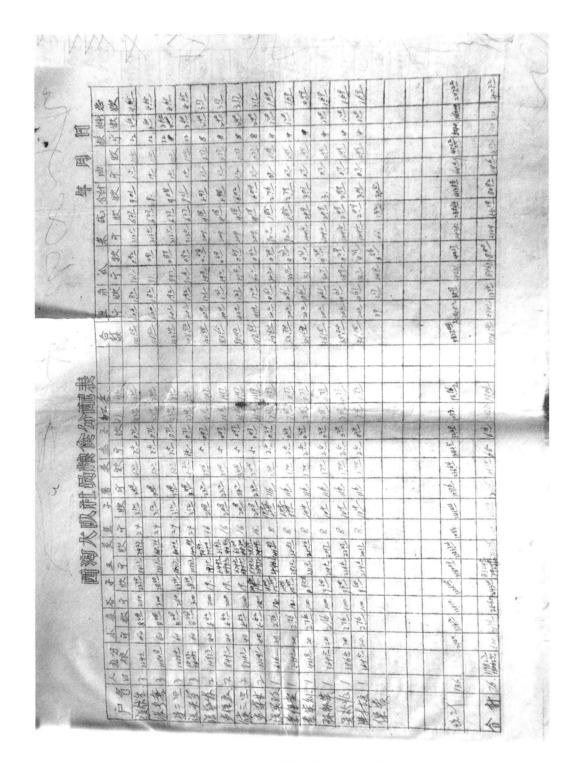

图5-17 西沟大队社员粮食分配表十六

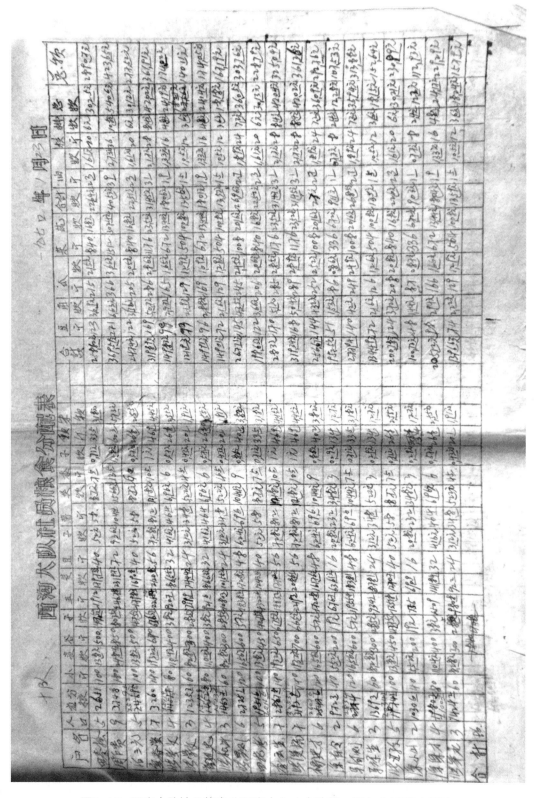

图5-18　西沟大队社员粮食分配表十七（十队第一页）（1970.1.23）

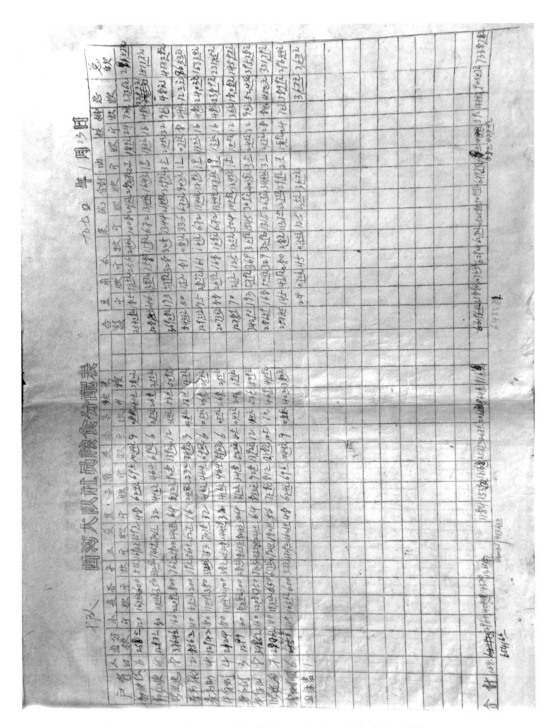

图5-19　西沟大队社员粮食分配表十八（十队第二页）

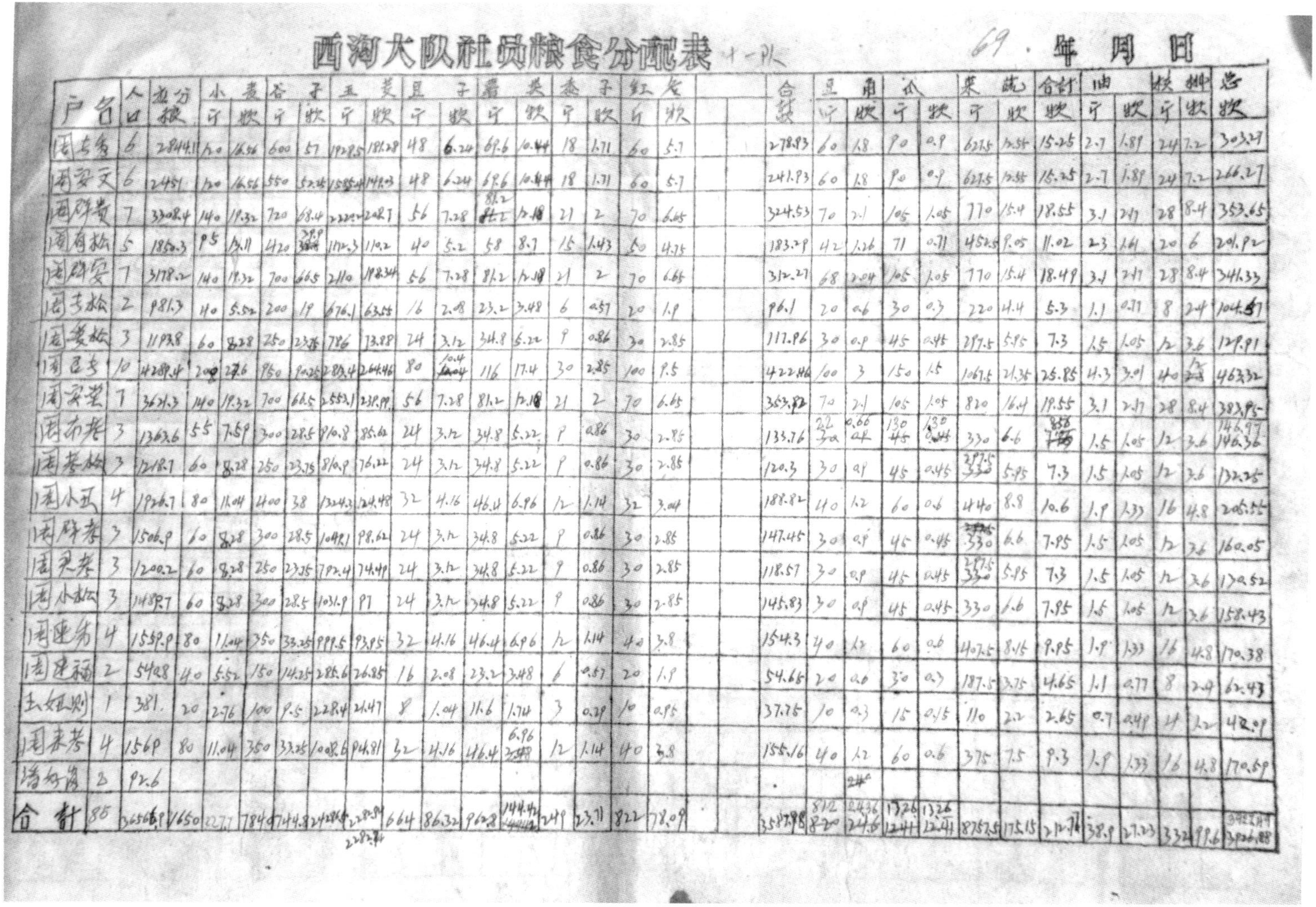

西沟大队社员粮食分配表 十一队 69 年 月 日

户名	人口	基分粮	小麦 斤	小麦 收	谷子 斤	谷子 收	玉茭 斤	玉茭 收	豆子 斤	豆子 收	薯类 斤	薯类 收	黍子 斤	黍子 收	红[illegible] 斤	红[illegible] 收	合计款	豆角 斤	豆角 收	瓜 斤	瓜 收	菜蔬 斤	菜蔬 收	合计 收	油 斤	油 收	棉花 斤	棉花 收	总收
周书贵	6	2844.11	120	16.56	600	57	1928.5	181.28	48	6.24	69.6	10.44	18	1.71	60	5.7	278.83	60	1.8	90	0.9	627.5	12.55	15.25	2.7	1.89	24	7.2	303.27
周安文	6	2451	120	16.56	550	52.25	1585.4	149.03	48	6.24	69.6	10.44	18	1.71	60	5.7	241.93	60	1.8	90	0.9	627.5	12.55	15.25	2.7	1.89	24	7.2	266.27
周群贵	7	3308.4	140	19.32	720	68.4	2229.2	208.7	56	7.28	81.2	12.18	21	2	70	6.65	324.53	70	2.1	105	1.05	770	15.4	18.55	3.1	2.17	28	8.4	353.65
周有松	5	1850.3	95	13.11	420	39.9	1172.3	110.2	40	5.2	58	8.7	15	1.43	50	4.75	183.29	42	1.26	71	0.71	452.5	9.05	11.02	2.3	1.61	20	6	201.92
周群安	7	3178.2	140	19.32	700	66.5	2110	198.34	56	7.28	81.2	12.18	21	2	70	6.65	312.27	68	2.04	105	1.05	770	15.4	18.49	3.1	2.17	28	8.4	341.33
周书松	2	981.3	40	5.52	200	19	676.1	63.55	16	2.08	23.2	3.48	6	0.57	20	1.9	96.1	20	0.6	30	0.3	220	4.4	5.3	1.1	0.77	8	2.4	104.57
周爱松	3	1193.8	60	8.28	250	23.75	786	73.88	24	3.12	34.8	5.22	9	0.86	30	2.85	117.96	30	0.9	45	0.45	297.5	5.95	7.3	1.5	1.05	12	3.6	129.91
周良秀	10	4289.4	200	27.6	950	90.25	2813.4	264.46	80	10.4	116	17.4	30	2.85	100	9.5	422.46	100	3	150	1.5	1067.5	21.35	25.85	4.3	3.01	40	12	463.32
周安堂	7	3621.3	140	19.32	700	66.5	2553.1	239.99	56	7.28	81.2	12.18	21	2	70	6.65	353.92	70	2.1	105	1.05	820	16.4	19.55	3.1	2.17	28	8.4	383.95
周书老	3	1363.6	55	7.59	300	28.5	910.8	85.61	24	3.12	34.8	5.22	9	0.86	30	2.85	133.76	22	0.66	130	1.30	330	6.6	8.56	1.5	1.05	12	3.6	146.97
周秀松	3	1218.7	60	8.28	250	23.75	810.9	76.22	24	3.12	34.8	5.22	9	0.86	30	2.85	120.3	30	0.9	45	0.45	297.5	5.95	7.3	1.5	1.05	12	3.6	132.25
周小五	4	1926.7	80	11.04	400	38	1324.3	124.48	32	4.16	46.4	6.96	12	1.14	32	3.04	188.82	40	1.2	60	0.6	440	8.8	10.6	1.9	1.33	16	4.8	205.55
周群秀	3	1506.9	60	8.28	300	28.5	1049.1	98.62	24	3.12	34.8	5.22	9	0.86	30	2.85	147.45	30	0.9	45	0.45	330	6.6	7.95	1.5	1.05	12	3.6	160.05
周灵秀	3	1200.2	60	8.28	250	23.75	792.4	74.49	24	3.12	34.8	5.22	9	0.86	30	2.85	118.57	30	0.9	45	0.45	297.5	5.95	7.3	1.5	1.05	12	3.6	130.52
周小松	3	1489.7	60	8.28	300	28.5	1031.9	97	24	3.12	34.8	5.22	9	0.86	30	2.85	145.83	30	0.9	45	0.45	330	6.6	7.95	1.5	1.05	12	3.6	158.43
周进秀	4	1559.9	80	11.04	350	33.25	999.5	93.95	32	4.16	46.4	6.96	12	1.14	40	3.8	154.3	40	1.2	60	0.6	407.5	8.15	9.95	1.9	1.33	16	4.8	170.38
周进福	2	540.8	40	5.52	150	14.25	285.6	26.85	16	2.08	23.2	3.48	6	0.57	20	1.9	54.65	20	0.6	30	0.3	187.5	3.75	4.65	1.1	0.77	8	2.4	62.43
王妞则	1	381.	20	2.76	100	9.5	228.4	21.47	8	1.04	11.6	1.74	3	0.29	10	0.95	37.75	10	0.3	15	0.15	110	2.2	2.65	0.7	0.49	4	1.2	42.09
周来秀	4	1569	80	11.04	350	33.25	1008.6	94.81	32	4.16	46.4	6.96	12	1.14	40	3.8	155.16	40	1.2	60	0.6	375	7.5	9.3	1.9	1.33	16	4.8	170.59
潘好海	3	92.6																											
合计	85	36568.9	1650	227.7	7849	744.8	24286	2282.94	664	86.32	962.8	144.42	249	23.71	822	78.09	3587.98	812 / 820	24.36 / 24.6	1326 / 1241	13.26 / 12.41	8757.5	175.15	212.76	38.9	27.23	332	99.6	3921.84 / 3926.88

图5-20 西沟大队社员粮食分配表十九（十一队）（69）

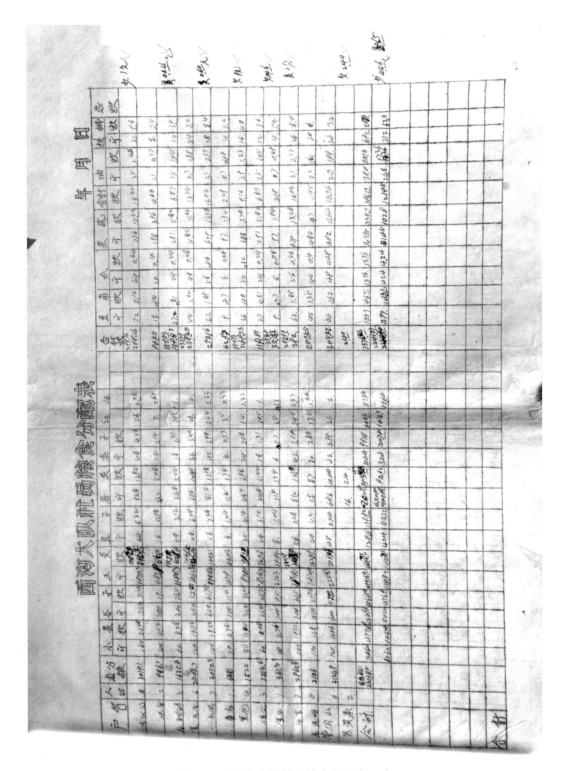

图5-21　西沟大队社员粮食分配表二十

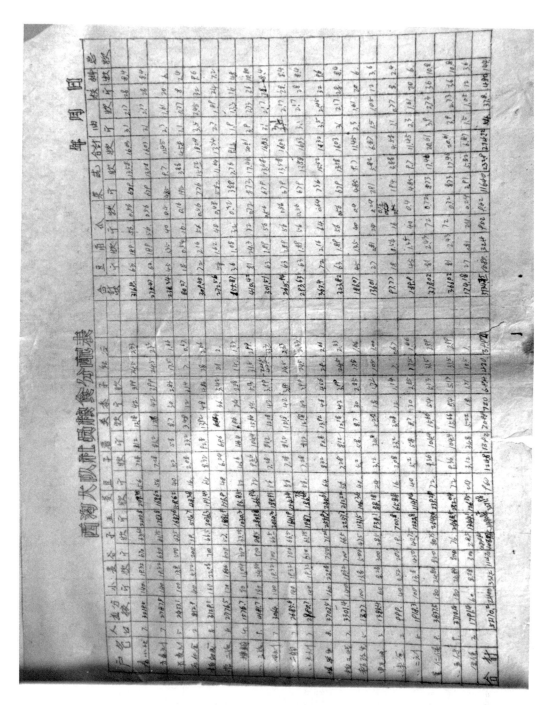

图5-22　西沟大队社员粮食分配表二十一

图6-1 西沟大队金额分配决算表封面（1969年至1970年1月3号）

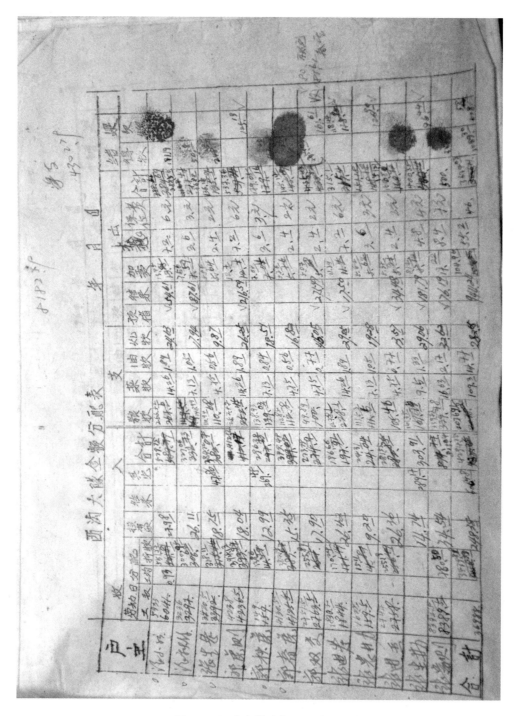

图6-2　西沟大队金额分配表一

注：统计内容包括收入、支出、结果三大项；收入包括劳动日分配、投资款、往来、其他；支出包括粮款、菜款、油款、预借、往来、加工费、其他、保险费；结果包括得款和欠款，按户统计。根据后面的内容，图6-2至图6-4，应为一队的表格。

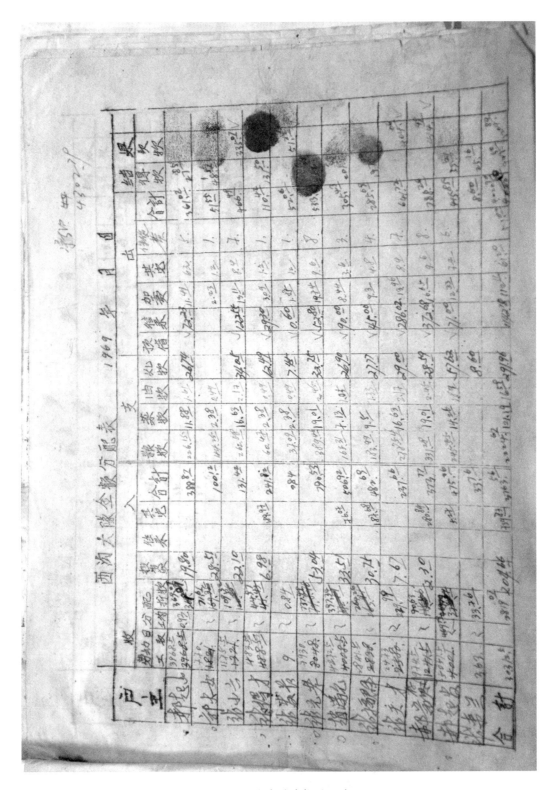

图6-3 西沟大队金额分配表二

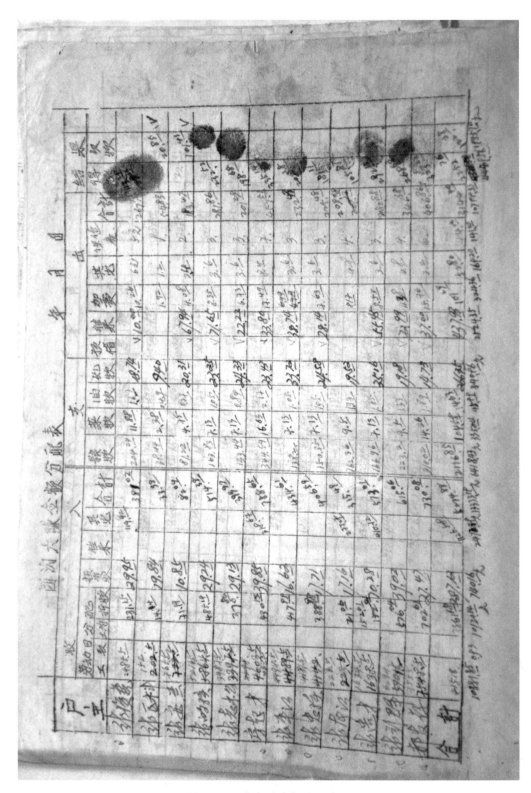

图6-4　西沟大队金额分配表三

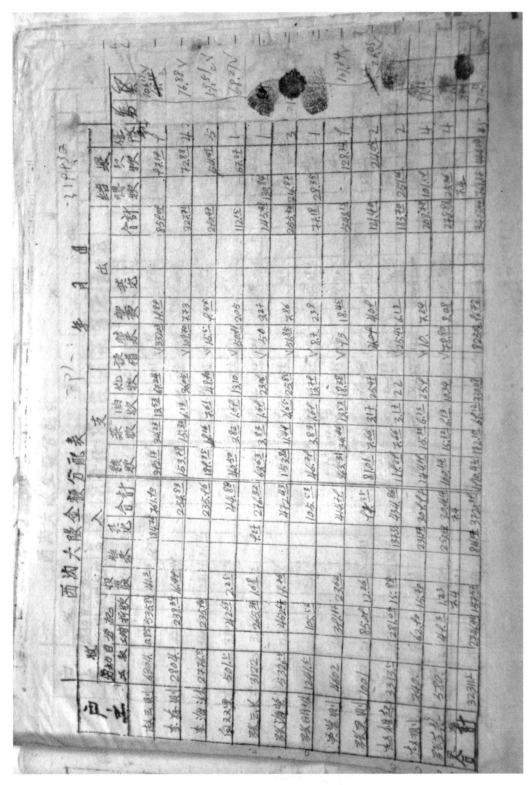

图6-5 西沟大队金额分配表四（二队）

注：图6-5至图6-7应为二队的表格

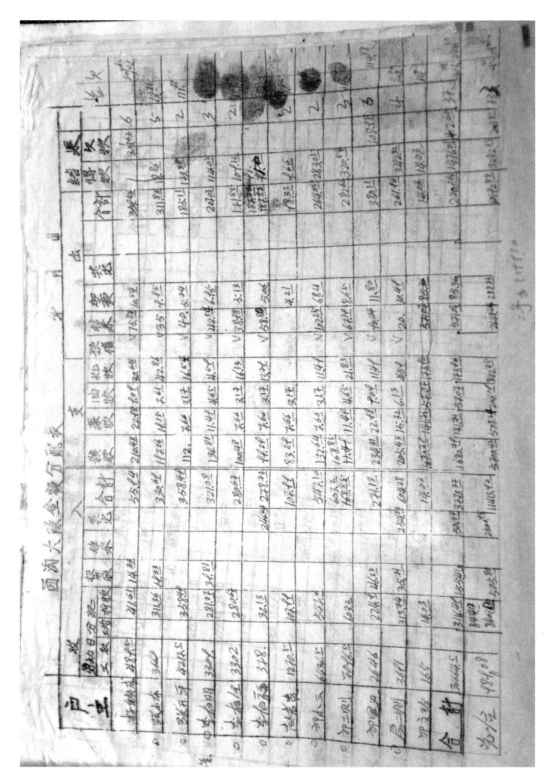

图6-6 西沟大队金额分配表五

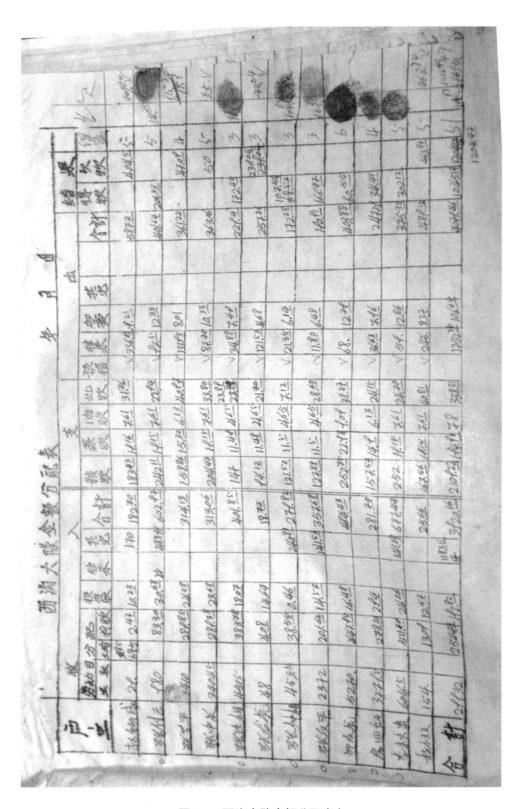

图6-7 西沟大队金额分配表六

87

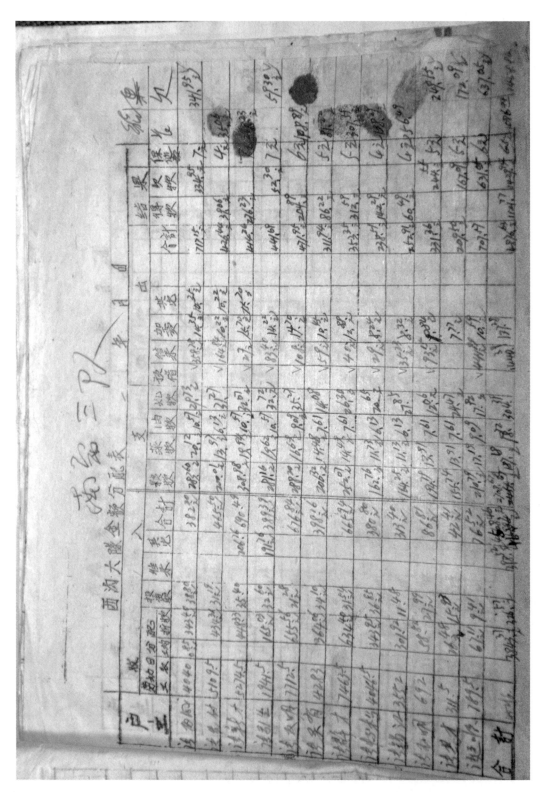

图6-8 西沟大队金额分配表七（南赛三队）

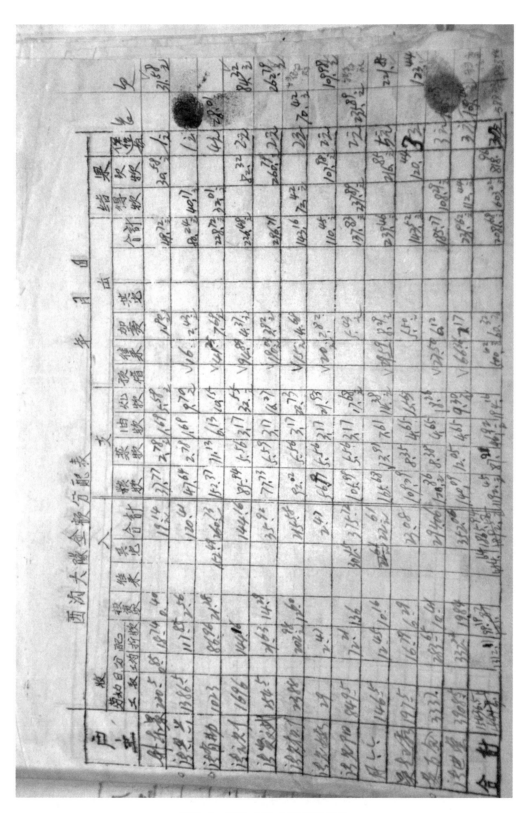

图6-9　西沟大队金额分配表八

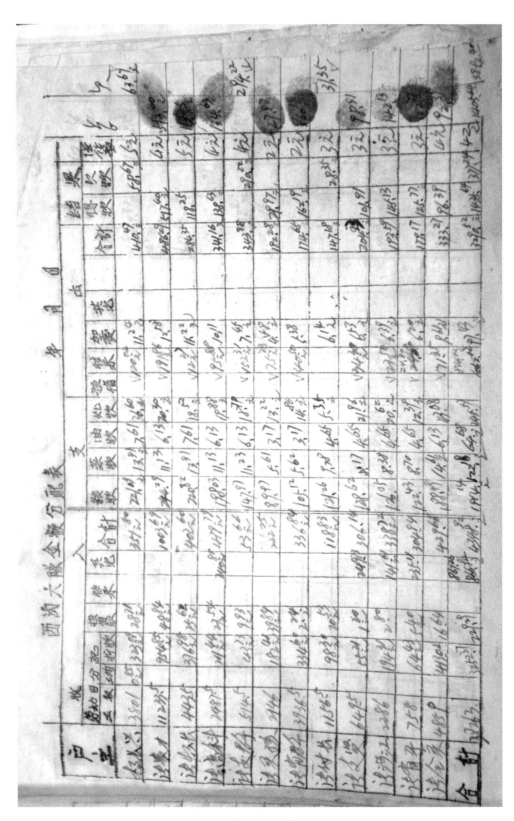

图6-10　西沟大队金额分配表九

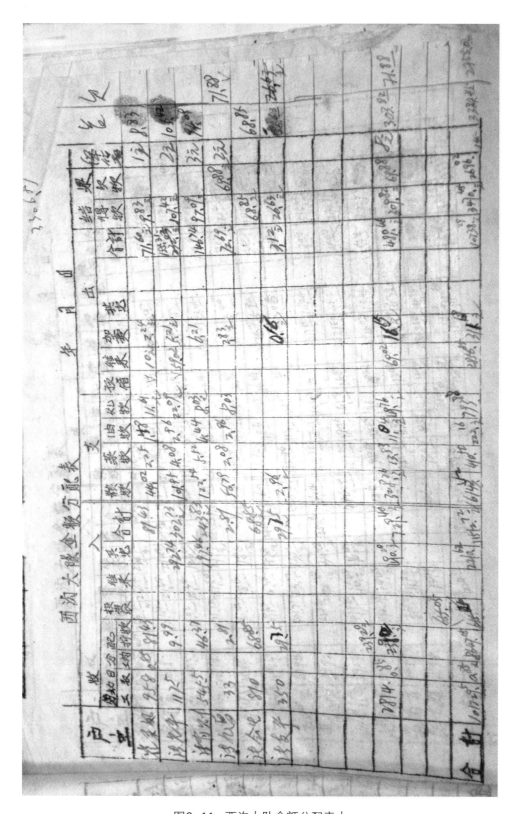

图6-11　西沟大队金额分配表十

91

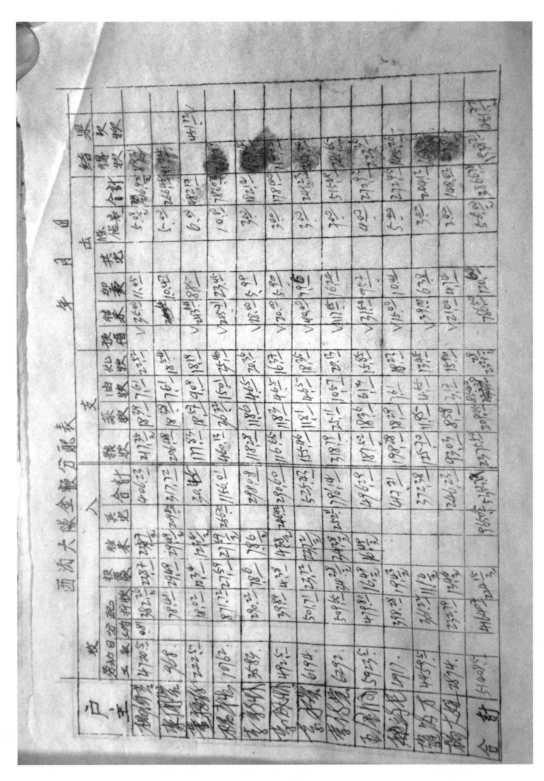

图6-12　西沟大队金额分配表十一

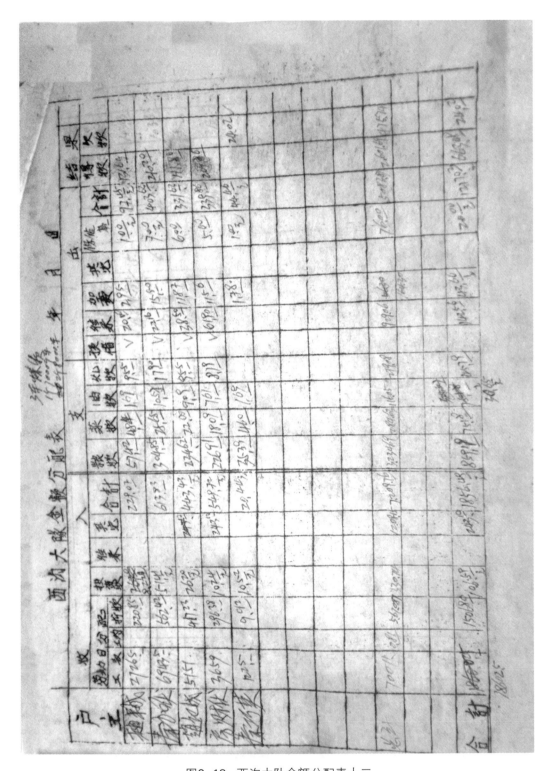

图6-13 西沟大队金额分配表十二

93

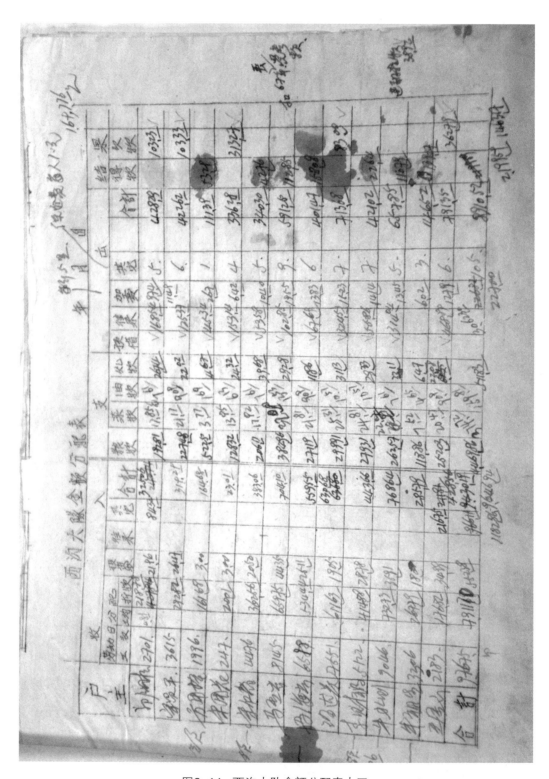

图6-14　西沟大队金额分配表十三

94

图6-15 西沟大队金额分配表十四

95

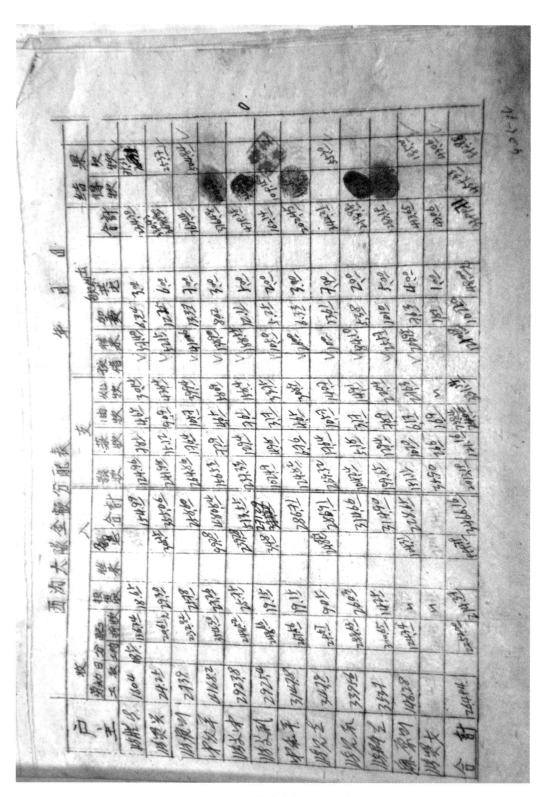

图6-16　西沟大队金额分配表十五

96

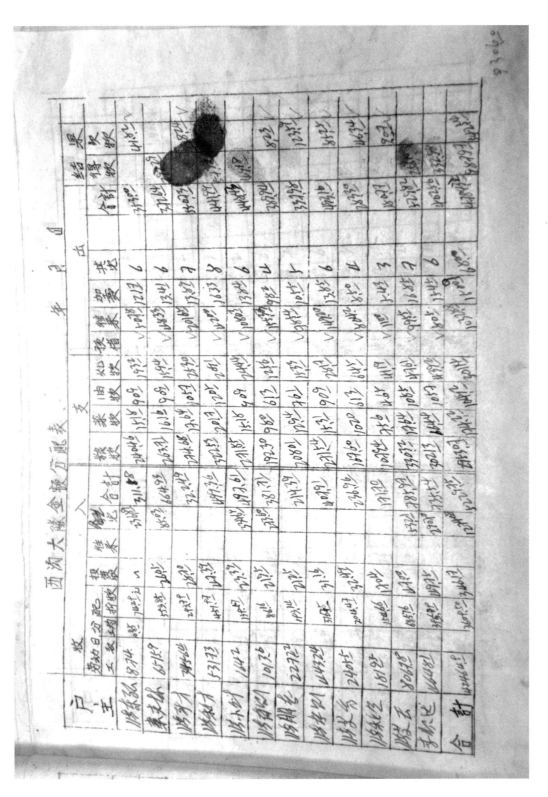

图6-17 西沟大队金额分配表十六

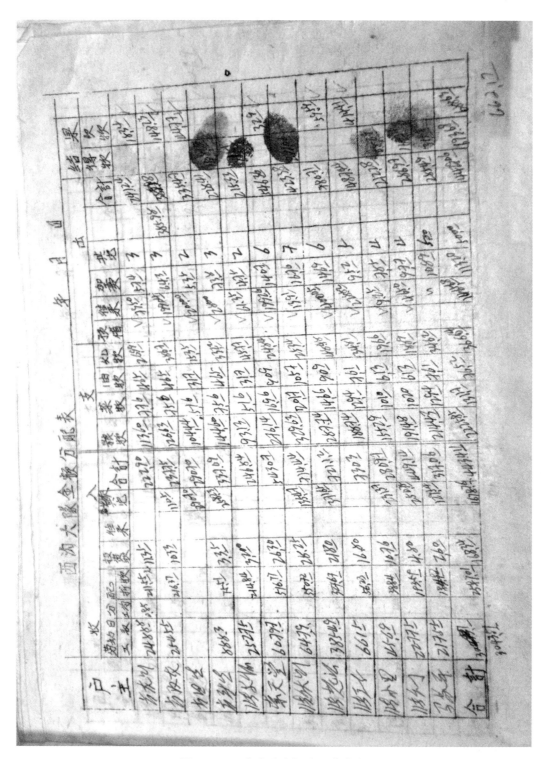

图6-18　西沟大队金额分配表十七

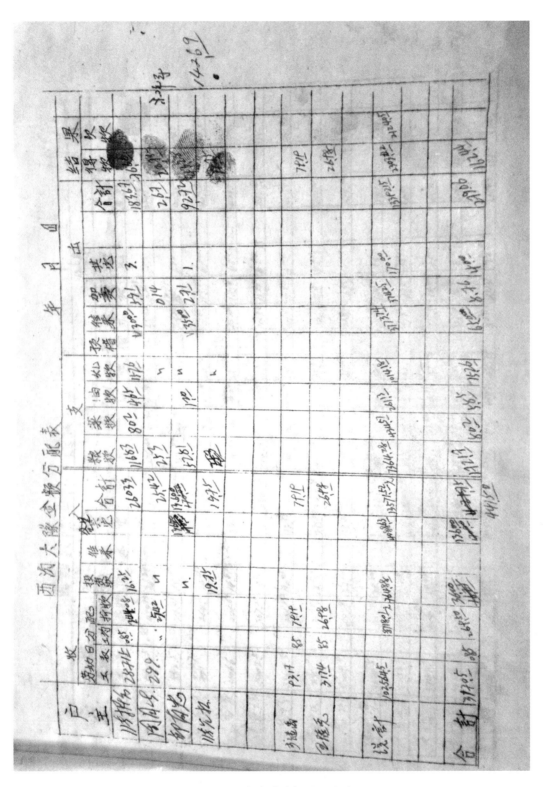

图6-19 西沟大队金额分配表十八

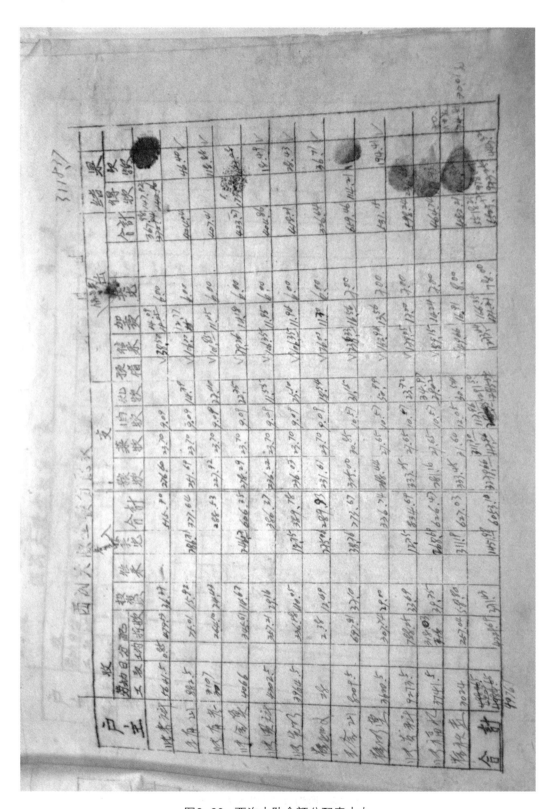

图6-20　西沟大队金额分配表十九

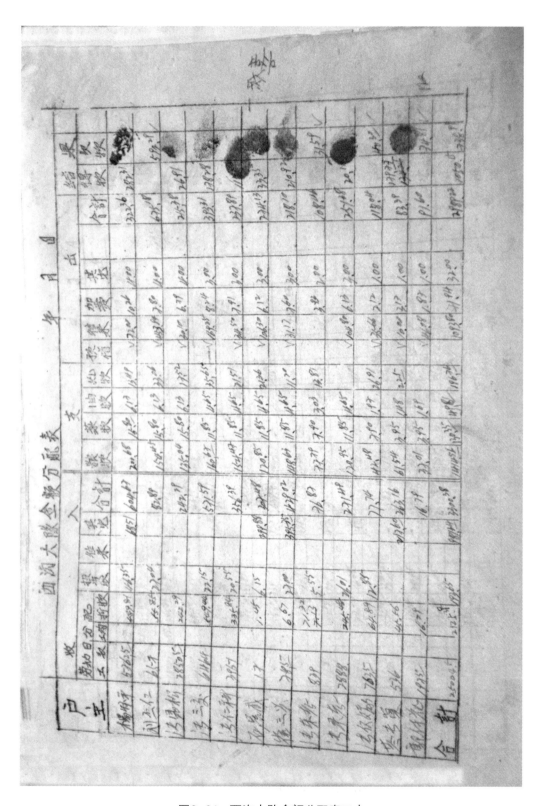

图6-21　西沟大队金额分配表二十

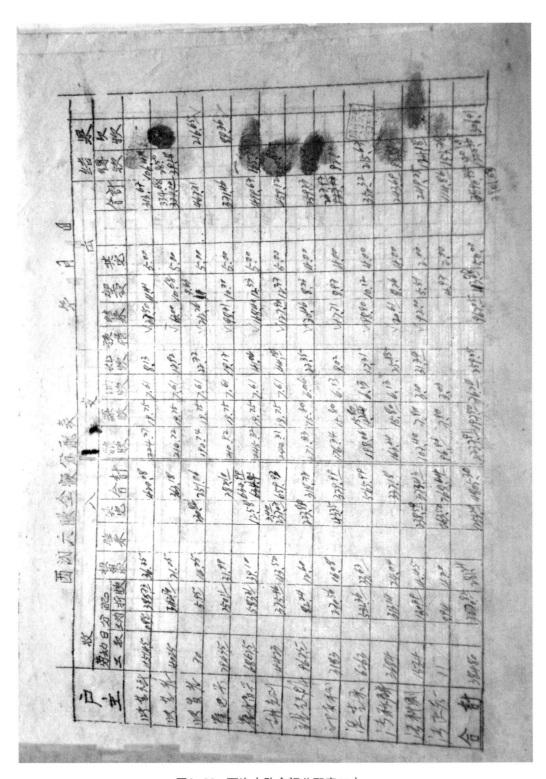

图6-22 西沟大队金额分配表二十一

102

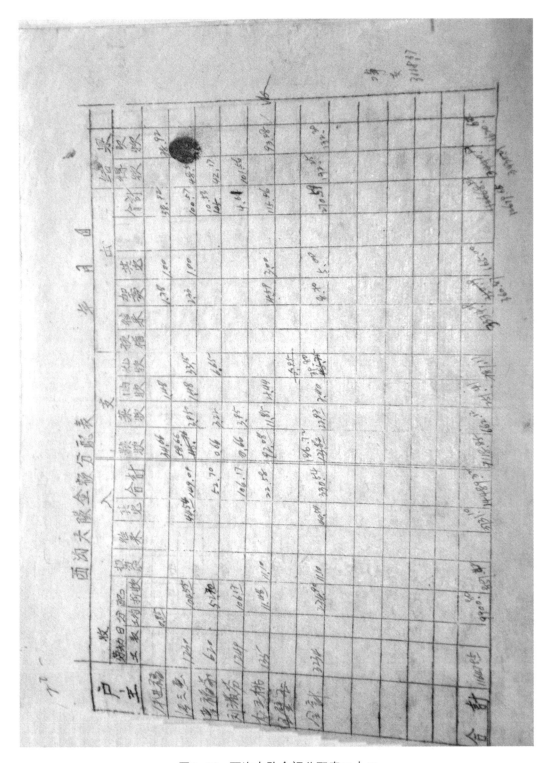

图6-23　西沟大队金额分配表二十二

103

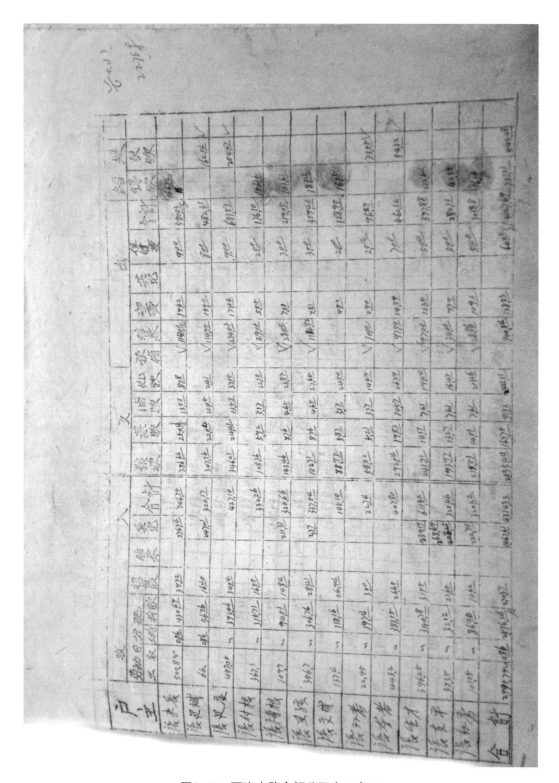

图6-24　西沟大队金额分配表二十三

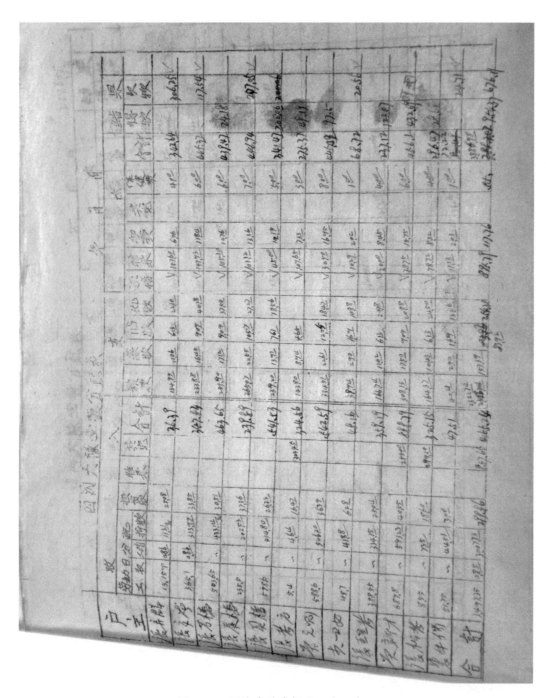

图6-25　西沟大队金额分配表二十四

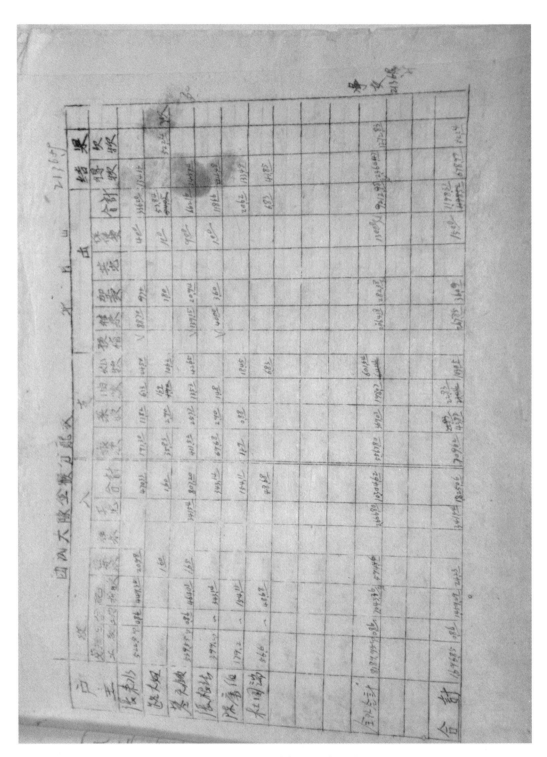

图6-26 西沟大队金额分配表二十五

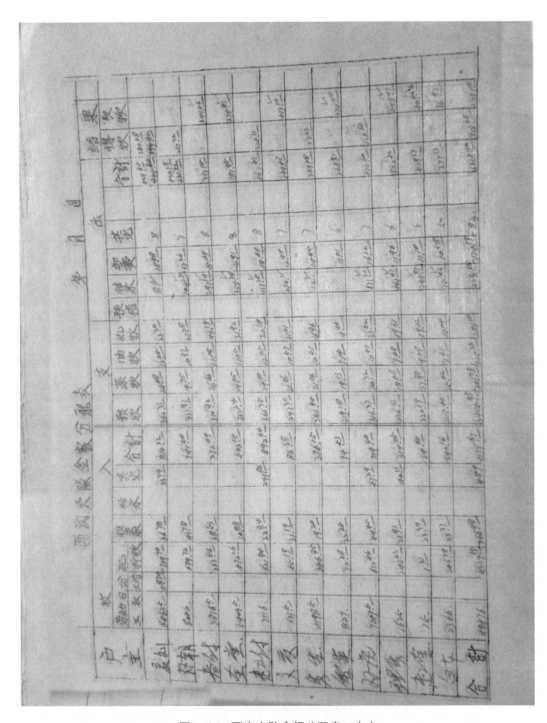

图6-27　西沟大队金额分配表二十六

107

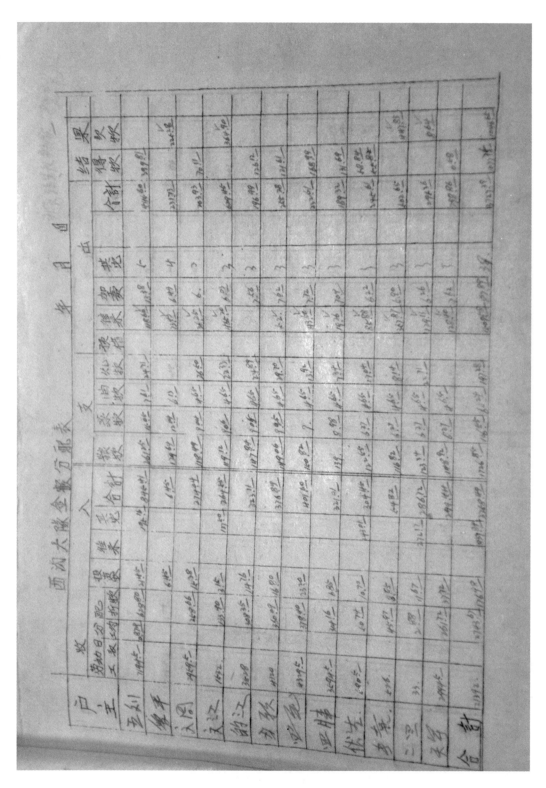

图6-28 西沟大队金额分配表二十七

108

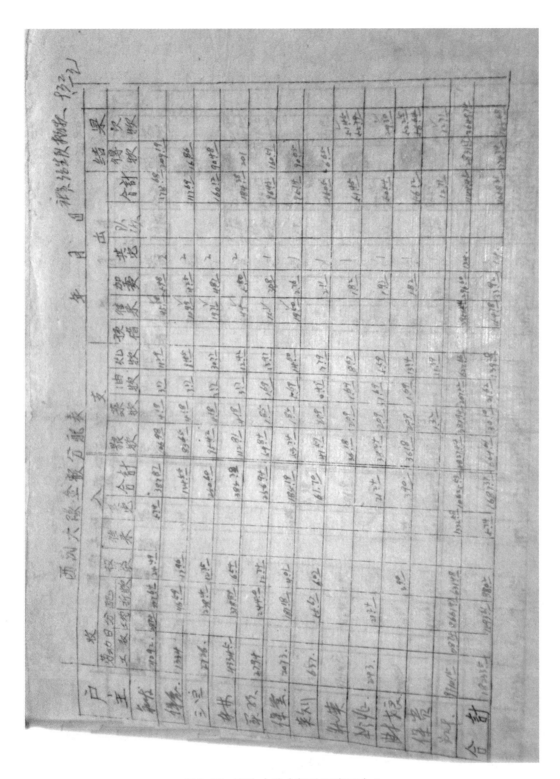

图6-29　西沟大队金额分配表二十八

109

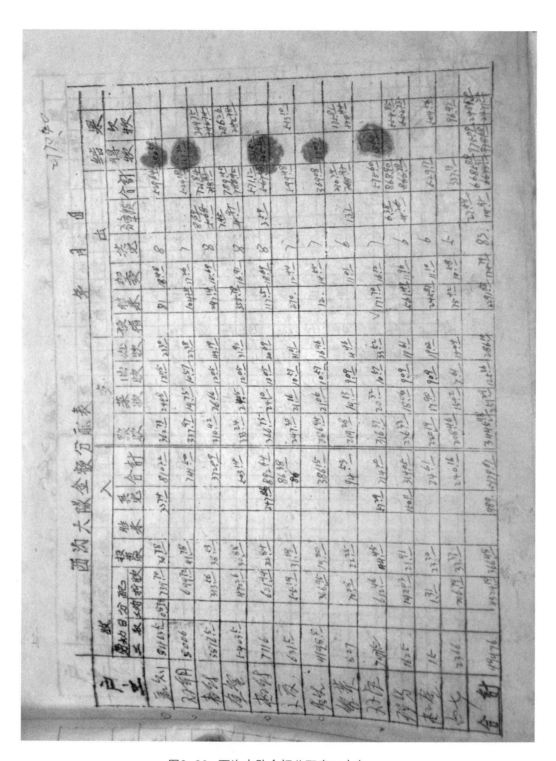

图6-30　西沟大队金额分配表二十九

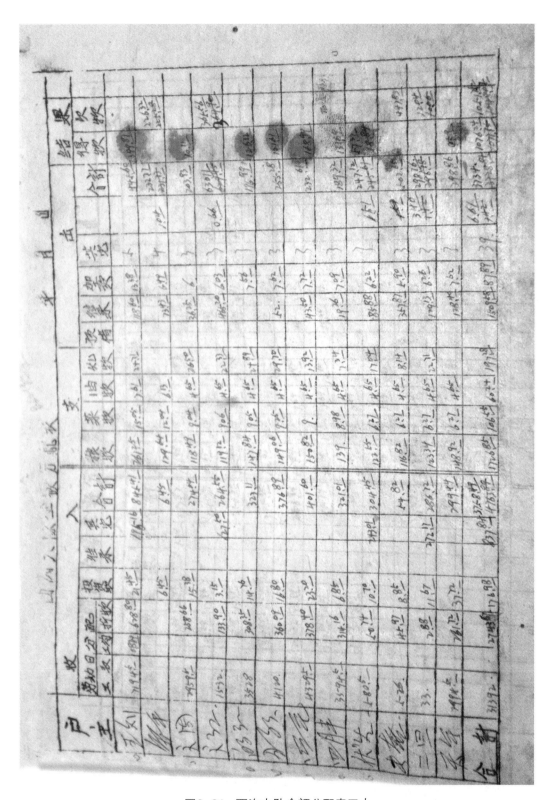

图6-31　西沟大队金额分配表三十

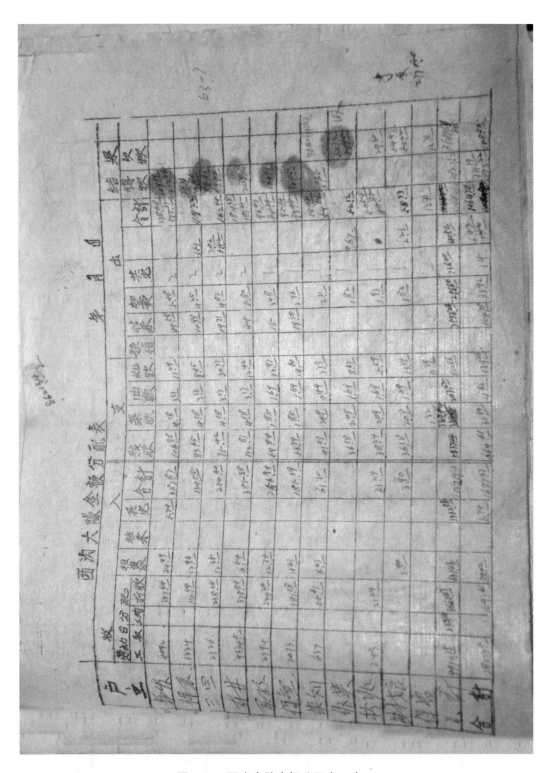

图6-32　西沟大队金额分配表三十一

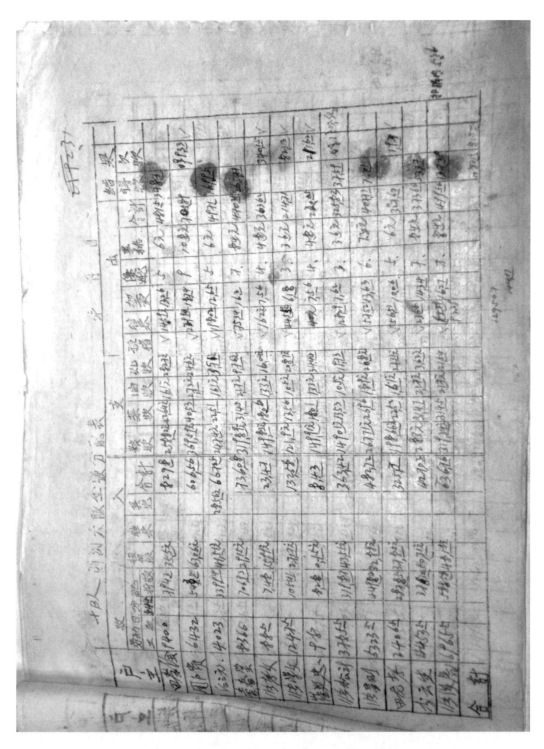

图6-33 西沟大队金额分配表三十二（十队）

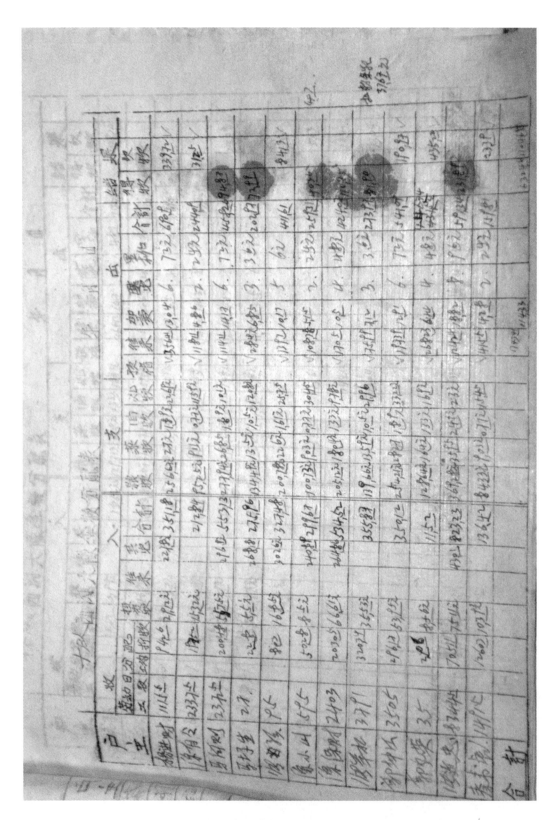

图6-34　西沟大队金额分配表三十三（十队）

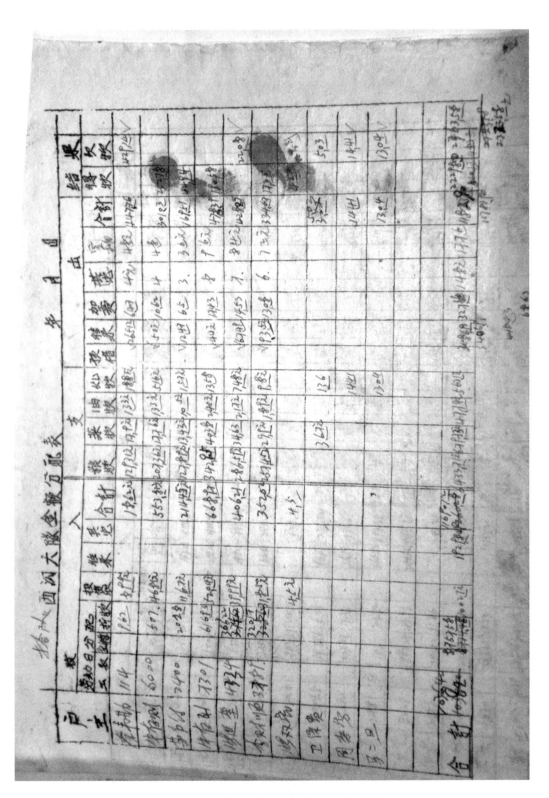

图6-35 西沟大队金额分配表三十四（拾队）

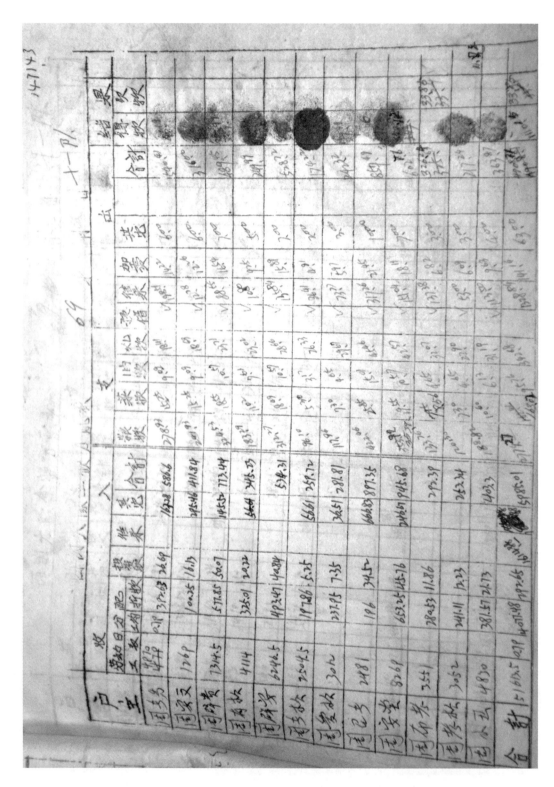

图6-36　西沟大队金额分配表三十五（十一队）（69年）

116

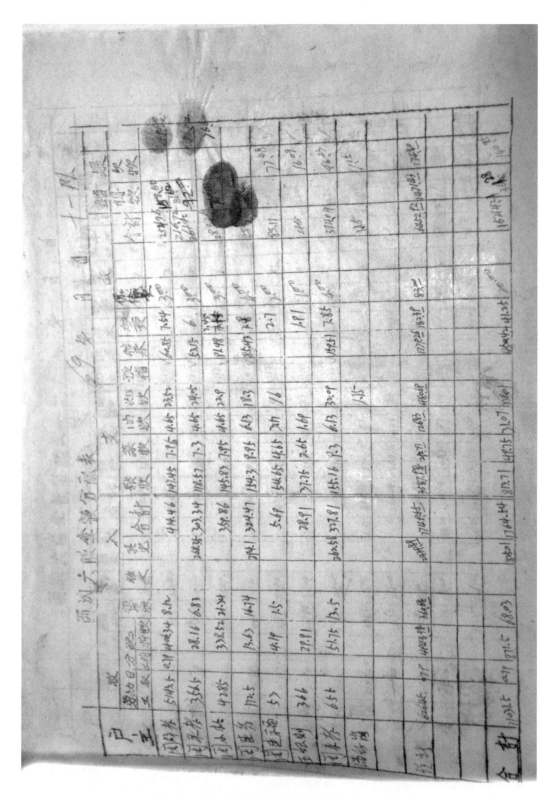

图6-37 西沟大队金额分配表三十六（十一队）

117

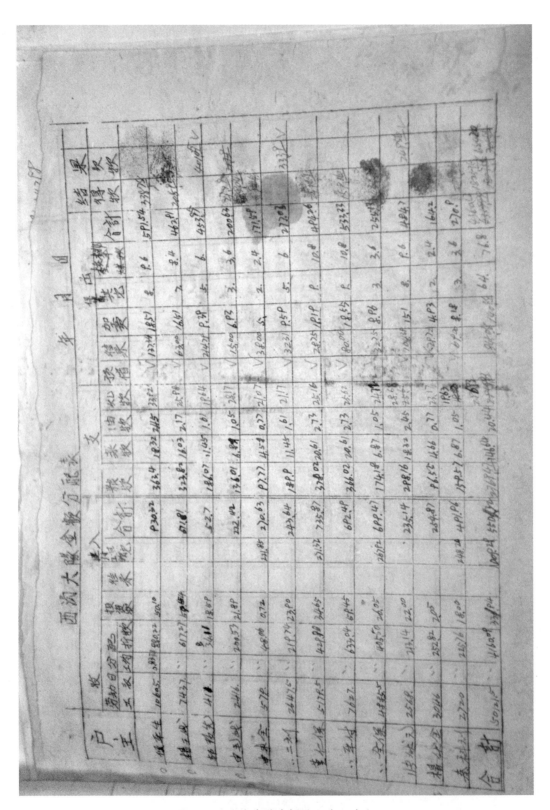

图6-38 西沟大队金额分配表三十七

118

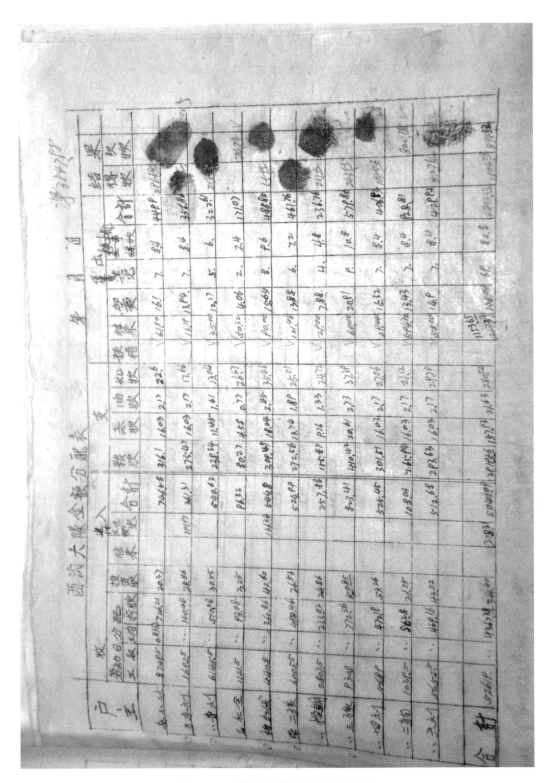

图6-39 西沟大队金额分配表三十八

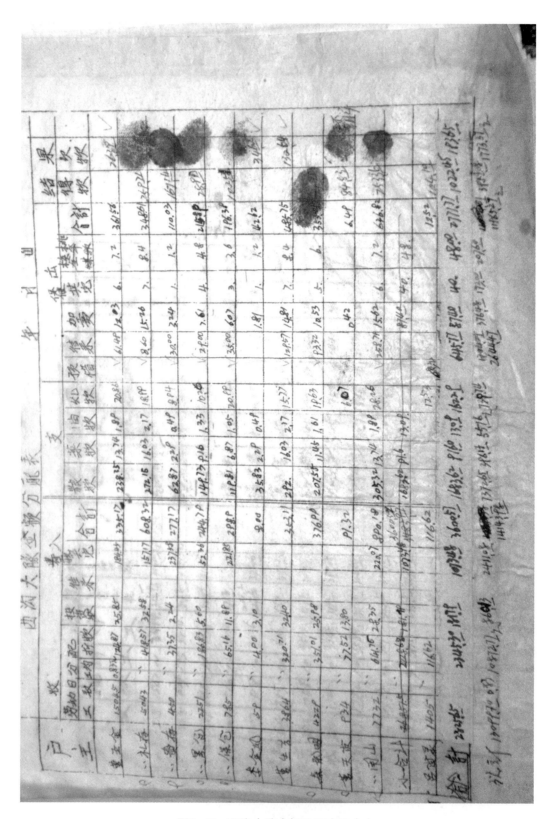

图6-40 西沟大队金额分配表三十九

120

七、参加分配劳动日数统计表

（一）西沟大队X队参加分配劳动日数（69.12）

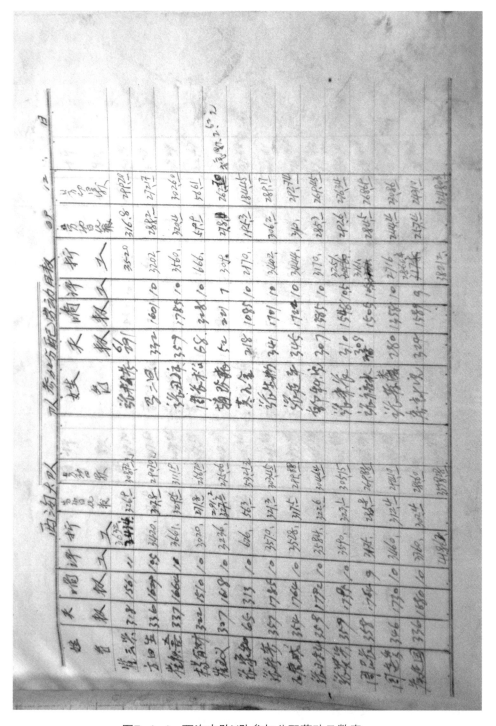

图7-1-1 西沟大队X队参加分配劳动日数表一

注：统计内容包括天数、晌（坰）数、评工、折工、劳动日化数、劳动日代粮，按个人统计，下同。

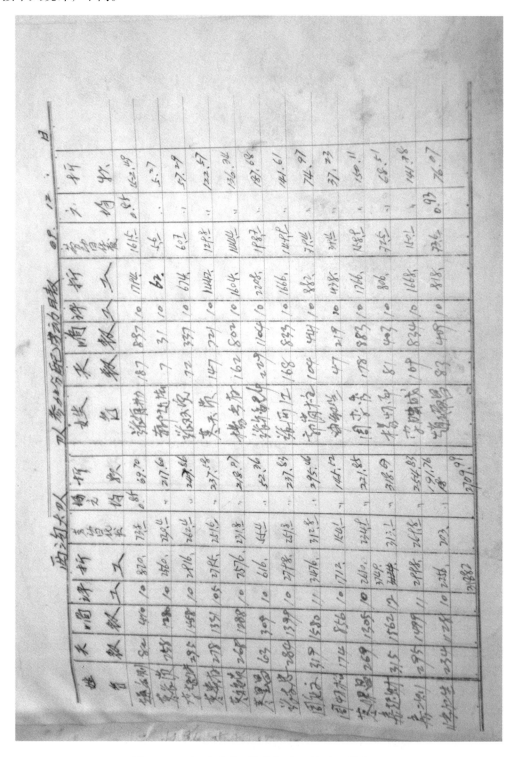

图7-1-2　西沟大队X队参加分配劳动日数表二

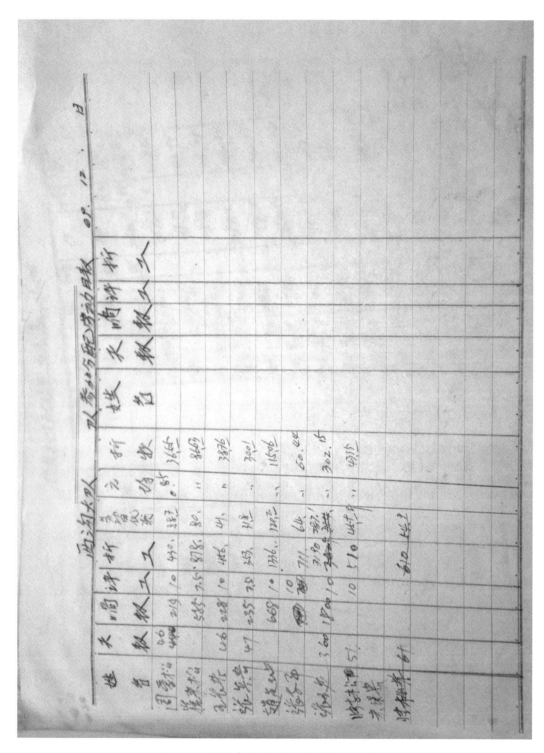

图7-1-3 西沟大队X队参加分配劳动日数表三

（二）其他工分配粮食、现金表（69.12）

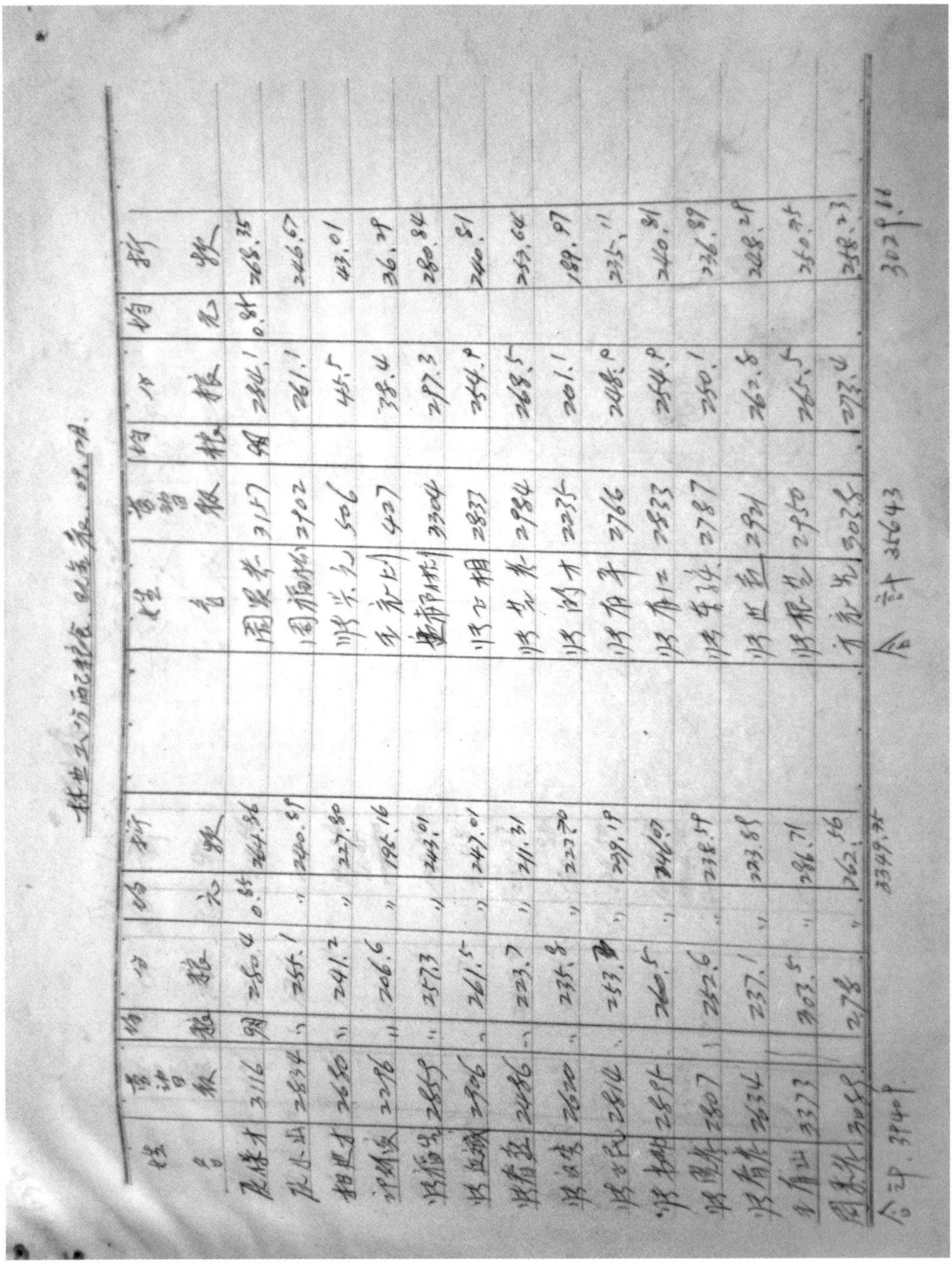

图7-2-1 林业工分配粮食、现金表

注：统计内容包括劳动日数、均粮、分粮、均元、折款，按照个人统计。

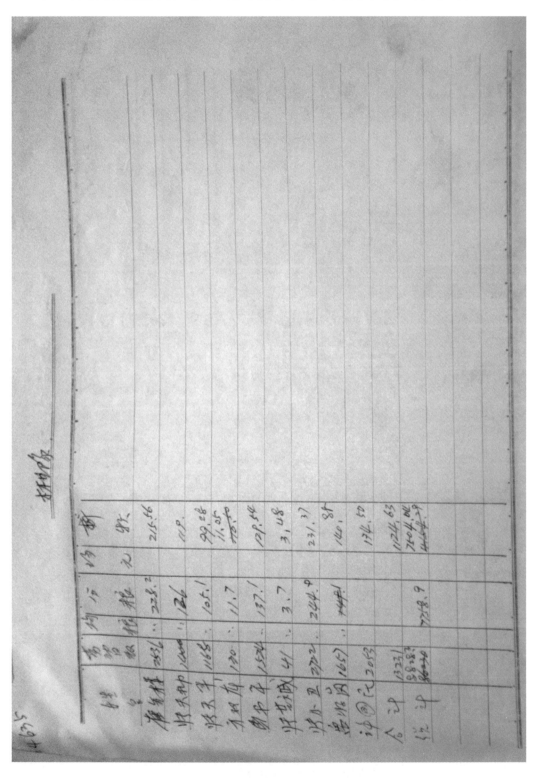

图7-2-2 林中队分配粮食、现金表

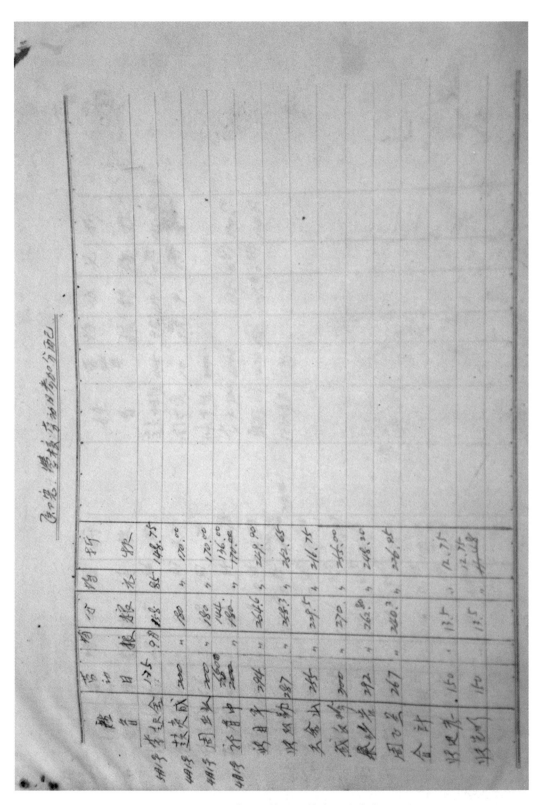

图7-2-3 医院、学校分配粮食、现金表

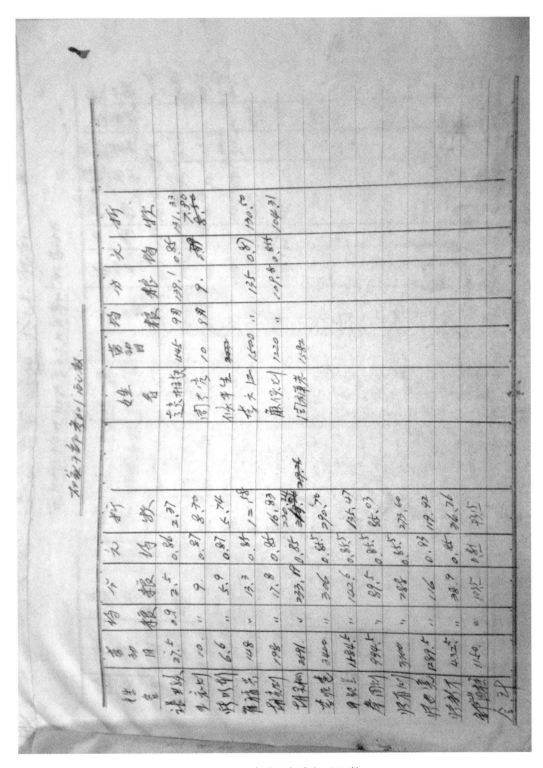

图7-2-4 大队干部参加分配数

127

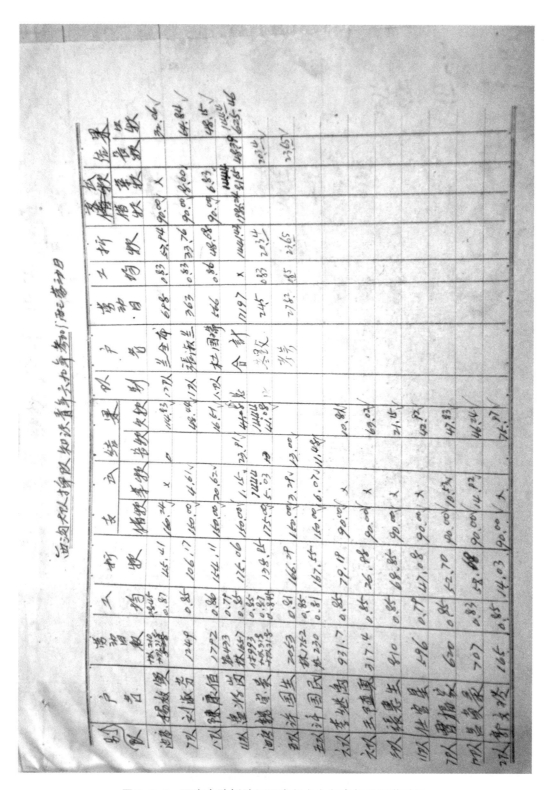

图7-2-5　西沟大队插队知识青年六九年参加分配劳动日

128

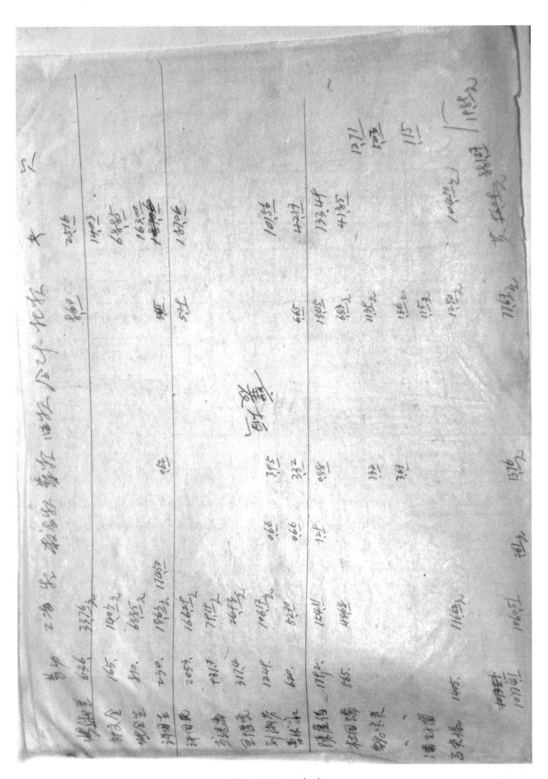

图7-2-6 无名表

129

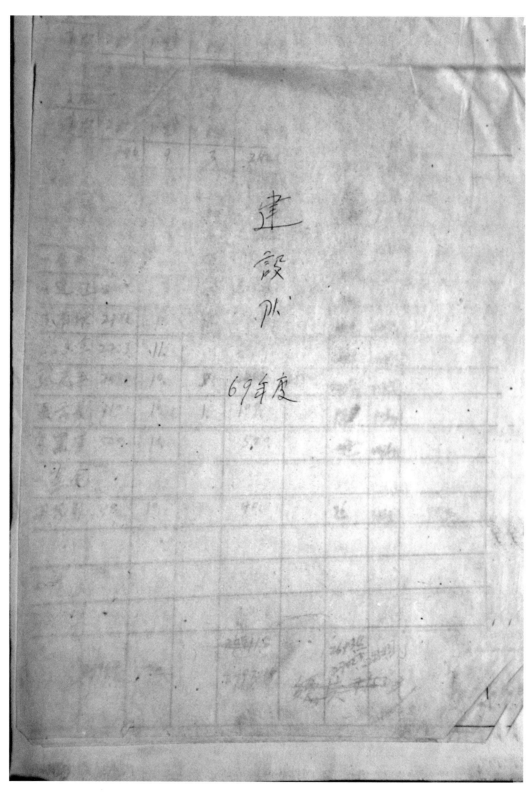

图7-2-7　建设队69年度（分配劳动日）封面

姓名	实做工	评工	扣理务工	实洛工		劳动日代粮	劳动日款	
李支顺	3127	9.5	5	2966		266.9	252.11	
成顺	2903	10	8.4	2899		269.9	246.03	
用堂	2746	9	3	2468.5		222.2	209.3	
张付云	2819	10.5		2969		166.4	257.4	
安雲	2816	10	6.1	2810		201.8	235.9	
彦江	3264	10	8.2	3262	3262	293.6	277.23	
反平	1666	10	1.9	1665		189.5	144.3	
进江	2002	10	8	1976	2040	180	170.5	
支有伏	2788	10	4	2784		250.6	246.5	
路文全	2703	11		2996		269.6	254.66	
张志平	2455	10	8.5	2454	2450	220.5	208.25	
张云長	110	10	16	109		9.8	9.3	
寒黑成	520	10		520		468	44.3	
黑仓								
胡克则	40	10		40		36	34.3	
		10						
		10						
				2994.5		268.31	2548.92	
29979				2993.45		2702.32		

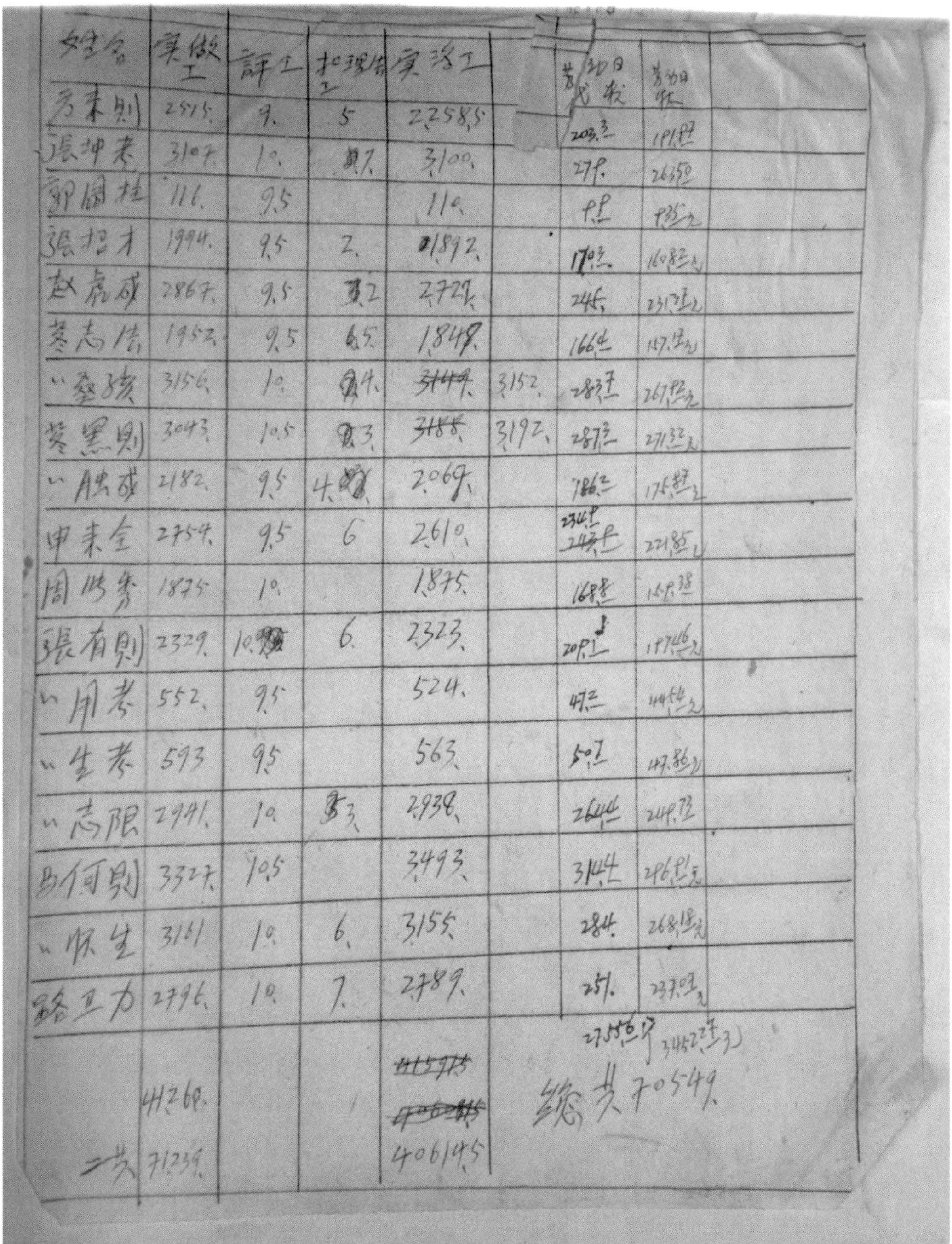

姓名	实做工	评工	拉理结	实济工		30日 戌校	劳动日
方来则	2815.	9.	5	2258.5		203.2	191.8斤
张坤春	3107.	10.	更7.	3100.		27尺	26350
郭同柱	116.	9.5		110.		P.P	P.85斤
张招才	1994.	9.5	2.	2189斤		17点斤	160.82斤
赵虎成	2867.	9.5	更2	2729斤		24斤	231.5斤
蒌志信	1952.	9.5	6.5	1849		166斤	147.5斤
〃圣孩	3156.	10.	更4.	3144斤	3152.	283斤	267.18斤
蒌黑则	3043.	10.5	更3.	3188	3192.	287斤	271.32斤
〃胜成	2182.	9.5	4.更	2069.		186斤	175.85斤
申来全	2754.	9.5	6	2610.		234斤 249斤	221.85斤
周喜春	1875	10.		1875.		168斤	158.38
张有则	2329.	10.更	6.	2323.		20P斤上	197.16斤
〃用春	552.	9.5		524.		47工	44.66斤
〃生春	593	9.5		563.		5P工	47.86斤
〃志限	2941.	10.	更更	2938.		264斤	249.7斤
马何则	3327.	10.5		3493		314斤	296.81斤
〃怀生	3161	10.	6.	3155.		284	268.18斤
路王力	2796.	10.	7.	2789.		251.	237.03斤
						27550斤	346.2斤3]
二类	4H268. 71239.		HH7375 406145.		总共 70549.	

图7-2-9　建设队参加分配劳动日数表二

八、预分表

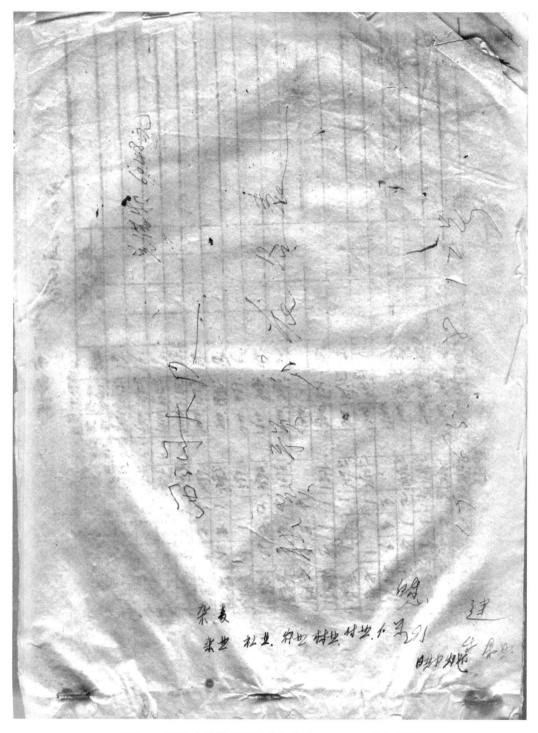

图8-1 西沟大队社员预分花名表（1965.8.12号）封面

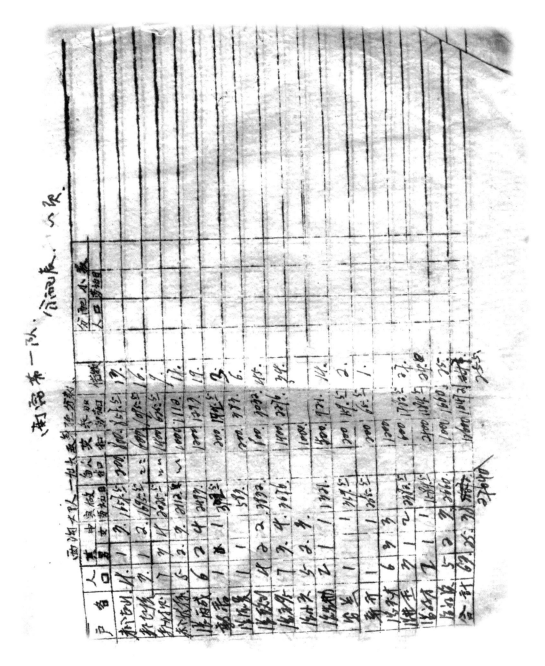

图8-2　西沟大队1965年豫（预）分表一（南赛第一队分配表第一页）

注：统计内容包括每户人数、男女人数、实做劳动日数、每人扣数、共扣数、借款、分配小数等，按户统计。

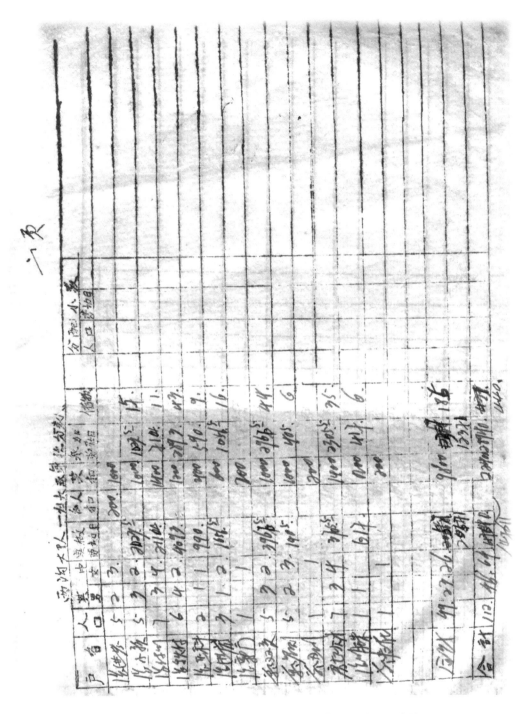

图8-3 西沟大队1965年豫（预）分表二（南赛第一队分配表第二页）

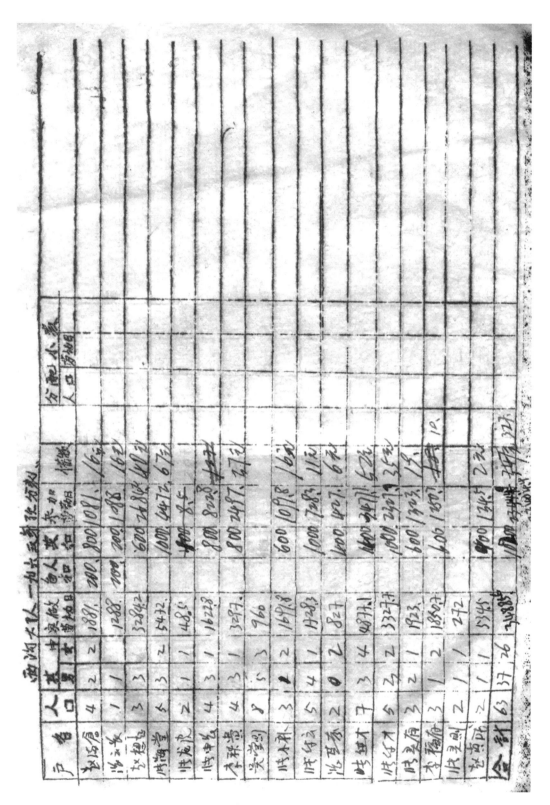

图8-4　西沟大队1965年豫（预）分表三

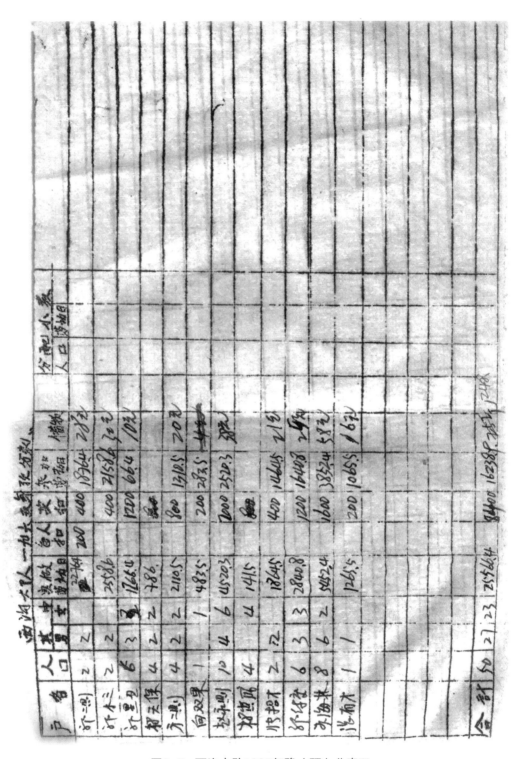

图8-5 西沟大队1965年豫（预）分表四

137

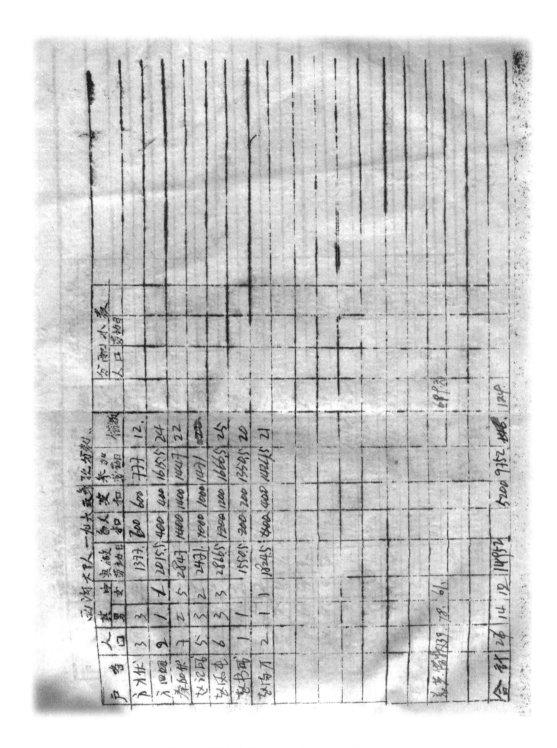

图8-6　西沟大队1965年豫（预）分表五

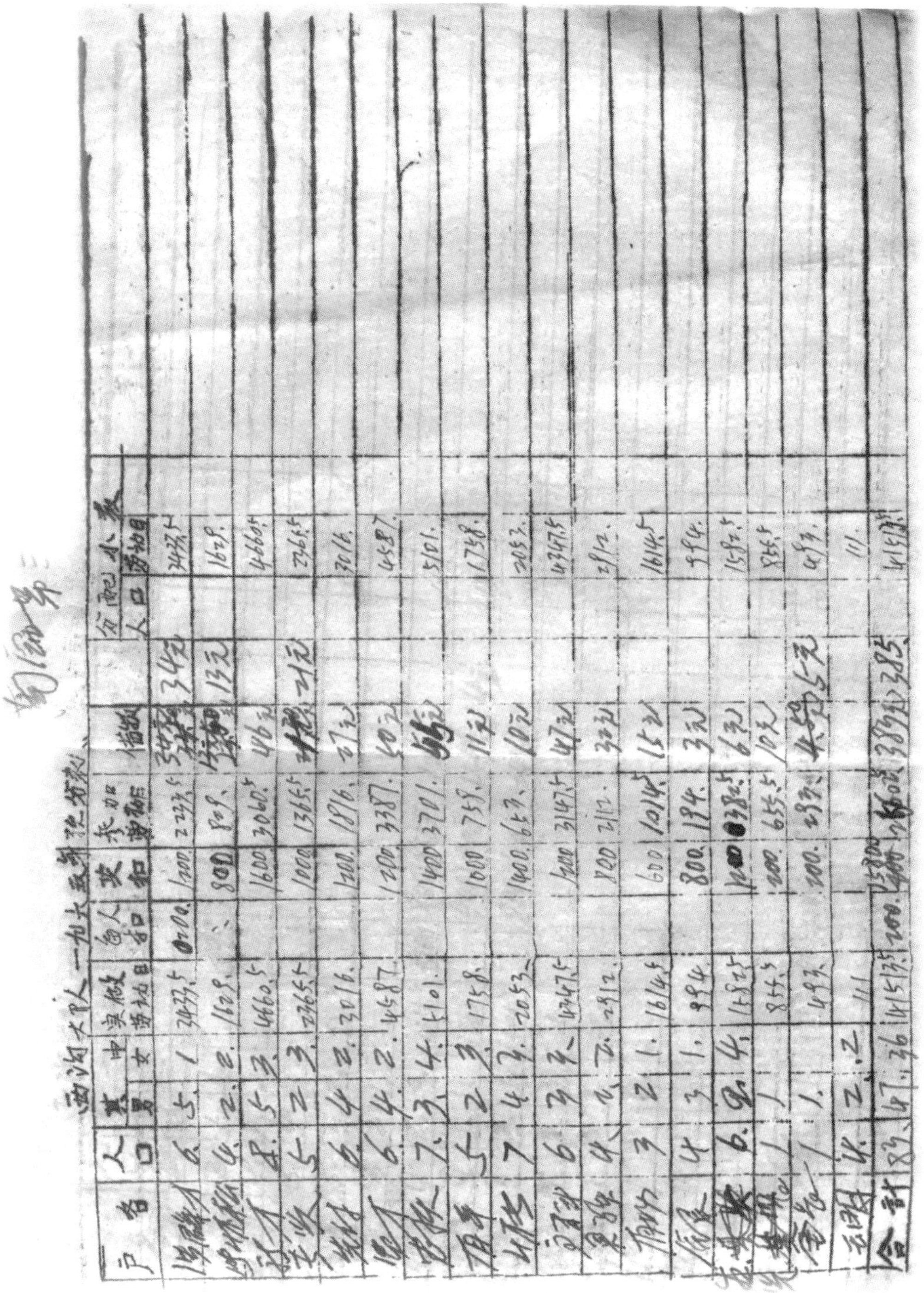

图8-7 西沟大队1965年豫（预）分表六（南赛第三队）

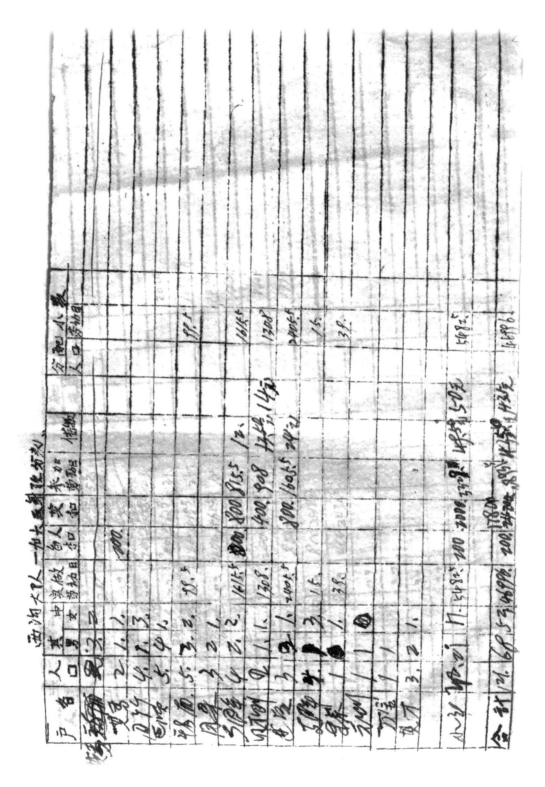

图8-8 西沟大队1965年豫（预）分表七

140

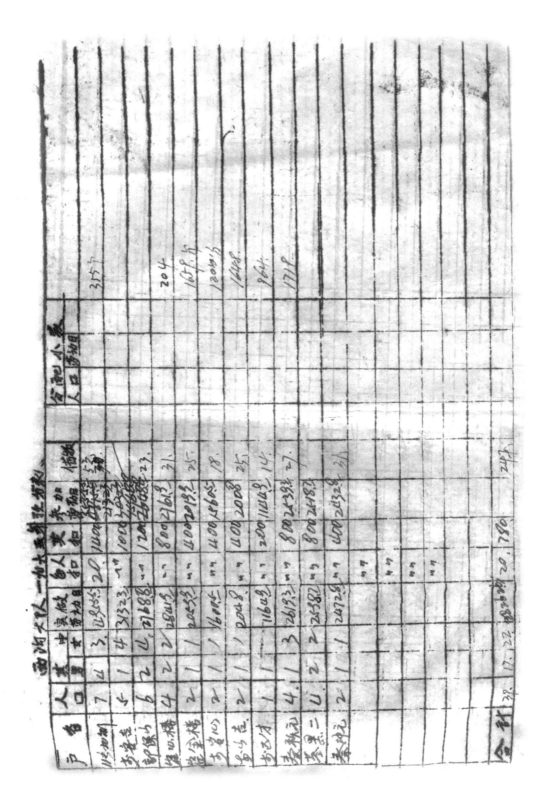

图8-9 西沟大队1965年豫（预）分表八

141

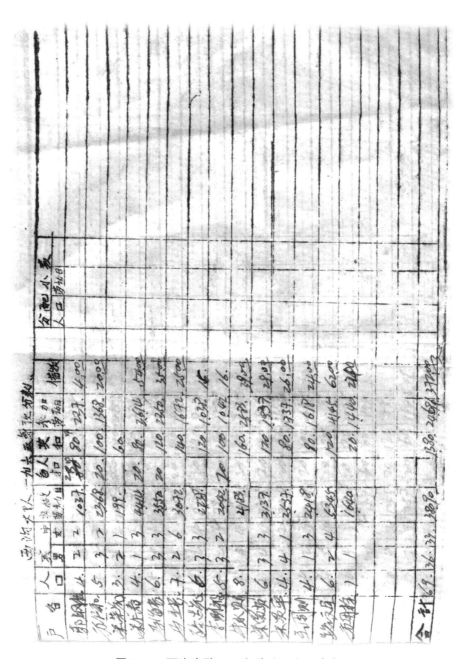

图8-10　西沟大队1965年豫（预）分表九

142

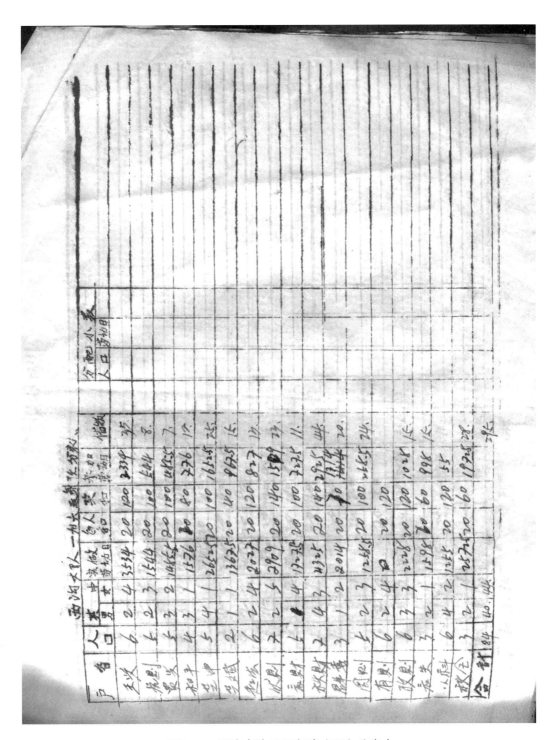

图8-11 西沟大队1965年豫（预）分表十

143

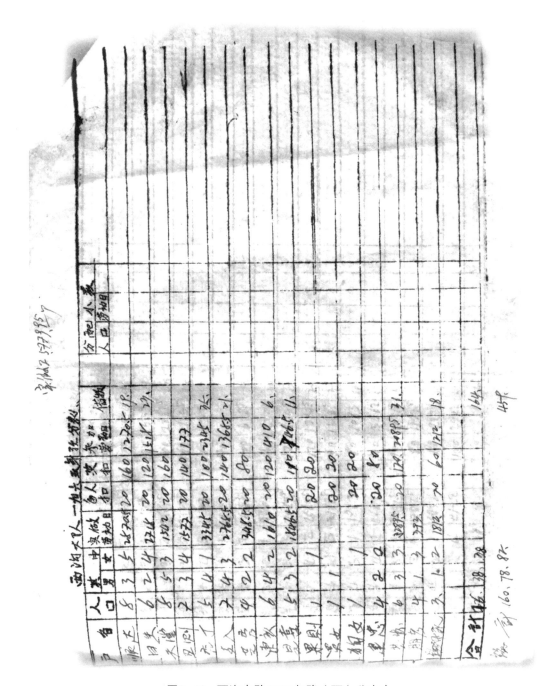

图8-12　西沟大队1965年豫（预）分表十一

144

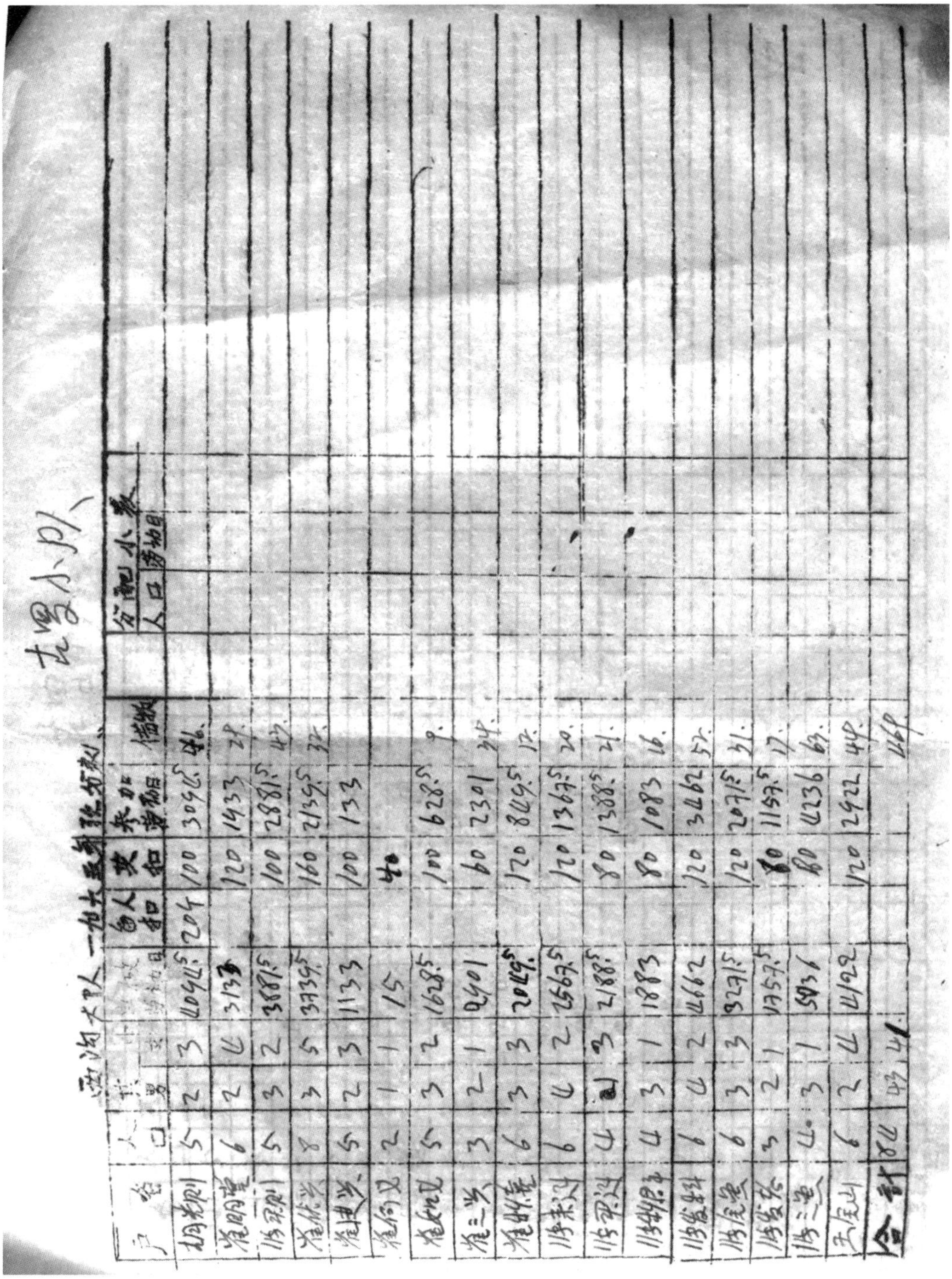

古罗小队

西沟大队一九六五年预分表

户名	人口	其中男	女	做劳动日	每人扣	奖扣	参加劳动日	借款		分配小表 人口	劳动日
杨光则	5	2	3	4094.5	204	100	3094.5	46.			
崔明堂	6	2	4	3133		120	1433	28.			
张买则	5	3	2	3881.5		100	2881.5	43.			
崔优兴	8	3	5	3739.5		160	2139.5	32.			
崔建兴	5	2	3	1133		100	133				
崔何见	2	1	1	15		40					
崔如见	5	3	2	1628.5		100	628.5	9.			
崔三兴	3	2	1	2401		60	2301	34.			
崔战巷	6	3	3	2049.5		120	849.5	12.			
张来过	6	4	2	2567.5		120	1367.5	20.			
张买过	4	[illegible]	3	2188.5		80	1388.5	21.			
张赵根	4	3	1	1883		80	1083	16.			
张发科	6	4	2	4662		120	3462	52.			
张全兔	6	3	3	3271.5		120	2071.5	31.			
张发彬	3	2	1	1757.5		80	1157.5	17.			
张三兔	4	3	1	5036		80	4236	63.			
王金山	6	2	4	4122		120	2922	44.			
合计	84	43	41					469.			

图8-13 西沟大队1965年豫（预）分表十二（古罗小队）

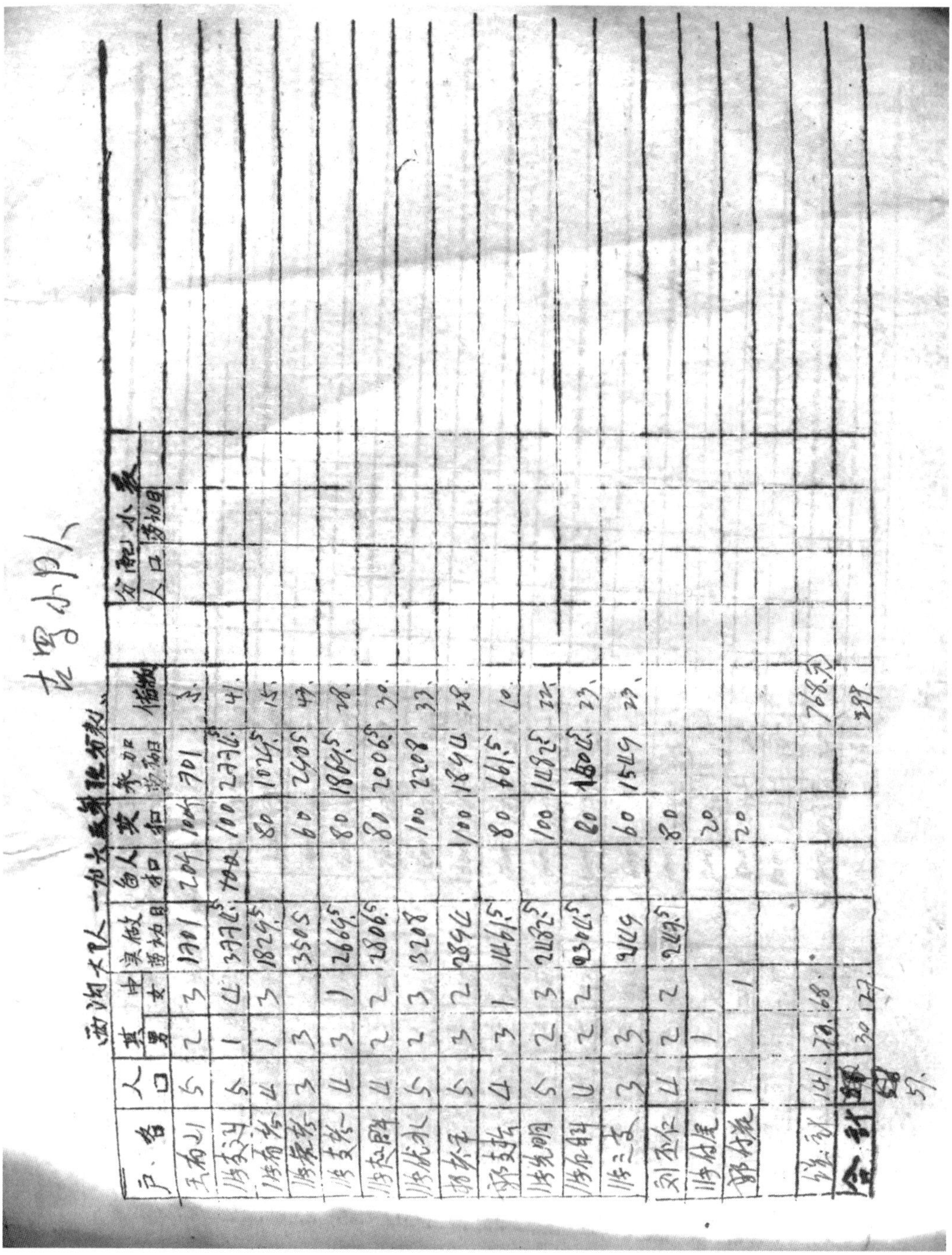

古罗小队

西沟大队一九六五年预分表

户名	人口	其中 男	女	实做劳动日	每人扣	交扣	参加劳动日	借欠		分配小麦 人口	劳动日
王有山	5	2	3	1701	204	100	701	3			
陈克河	5	1	4	3372.5	700	100	2372.5	41.			
陈有发	4	1	3	1829.5		80	1024.5	15.			
陈宏发	3	3		3505		60	2405	47.			
陈支发	4	3	1	2669.5		80	1869.5	28.			
陈和明	4	2	2	2806.5		80	2006.5	30.			
陈优永	5	2	3	3208		100	2208	33.			
杨发平	5	3	2	2894		100	1894	28.			
郭支发	4	3	1	1461.5		80	661.5	10.			
陈先明	5	2	3	2482.5		100	1482.5	22.			
陈白科	4	2	2	2304.5		80	1504	23.			
陈三支	3	3		2449		60	1549	23.			
刘丕仁	4	2	2	2449.5		80					
陈付尾	1	1				20					
郭付花	1		1			20					
总计	141.	73.	68.					768.			
合计	[illegible] 57.	30	127.					299.			

图8–14　西沟大队1965年豫（预）分表十三（古罗小队）

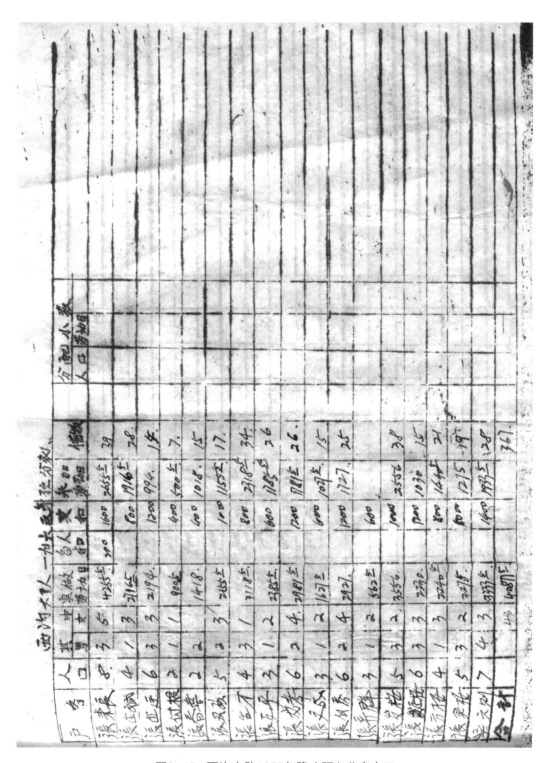

图8-15　西沟大队1965年豫（预）分表十四

147

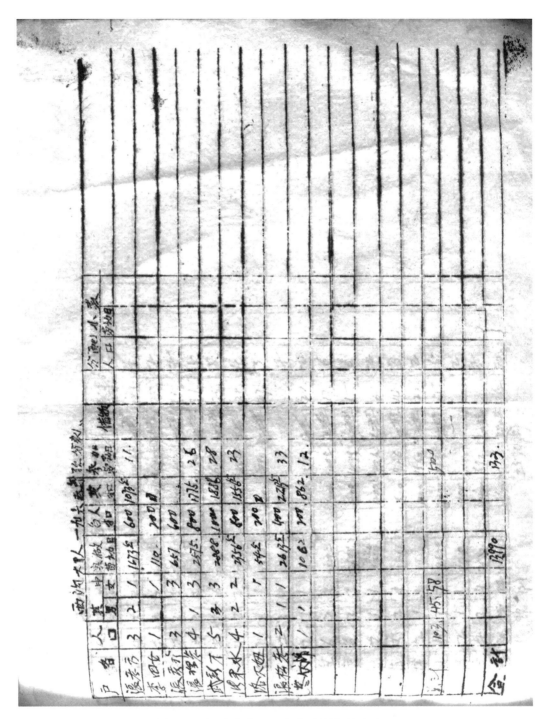

图8-16　西沟大队1965年豫（预）分表十五

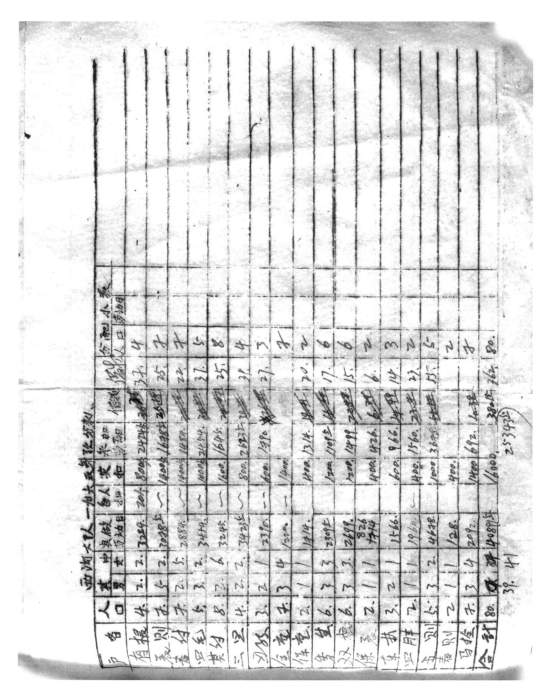

图8-17 西沟大队1965年豫（预）分表十六

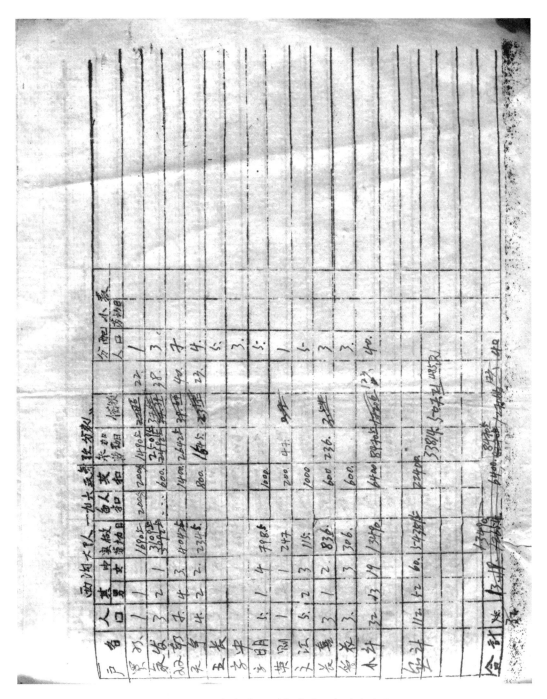

图8-18 西沟大队1965年豫（预）分表十七

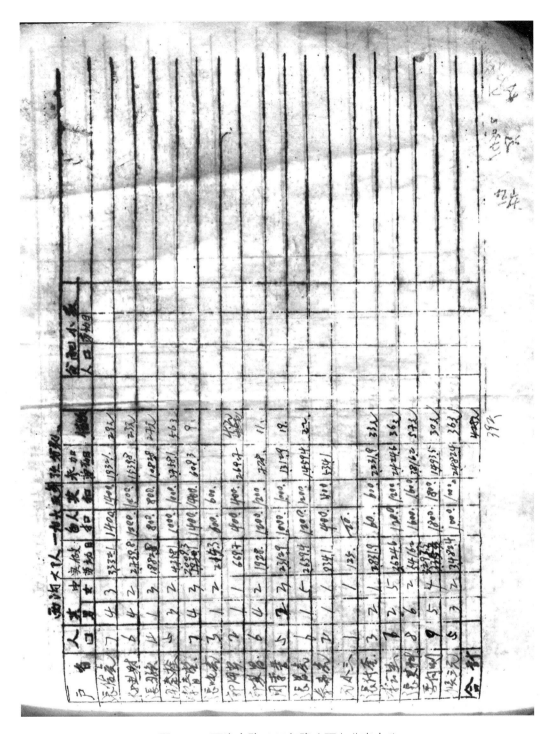

图8-19　西沟大队1965年豫（预）分表十八

151

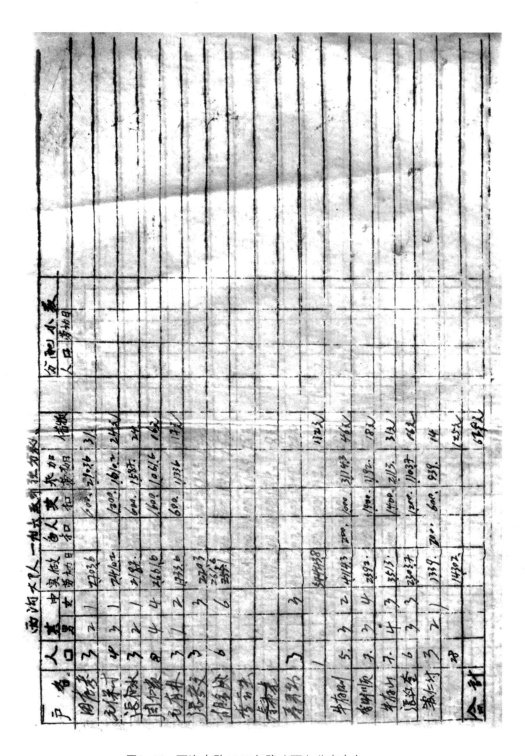

图8-20　西沟大队1965年豫（预）分表十九

152

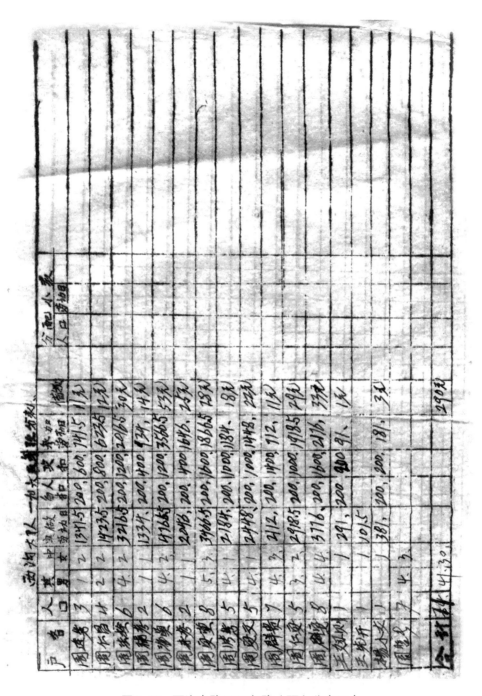

图8-21 西沟大队1965年豫（预）分表二十

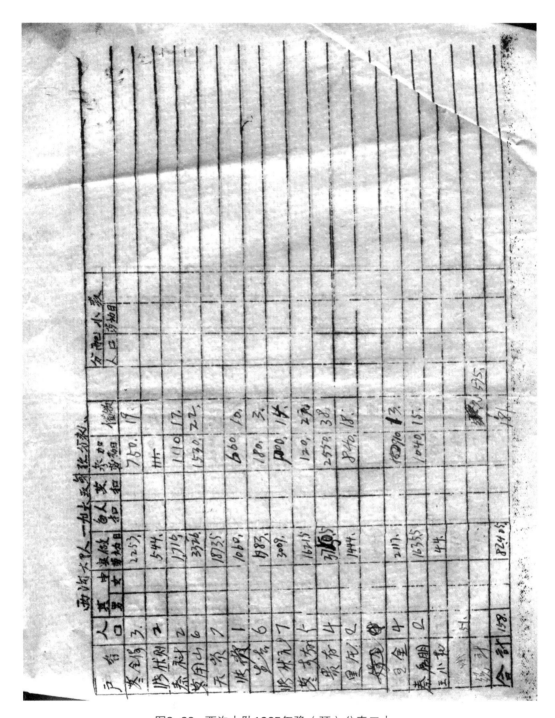

图8-22　西沟大队1965年豫（预）分表二十一

154

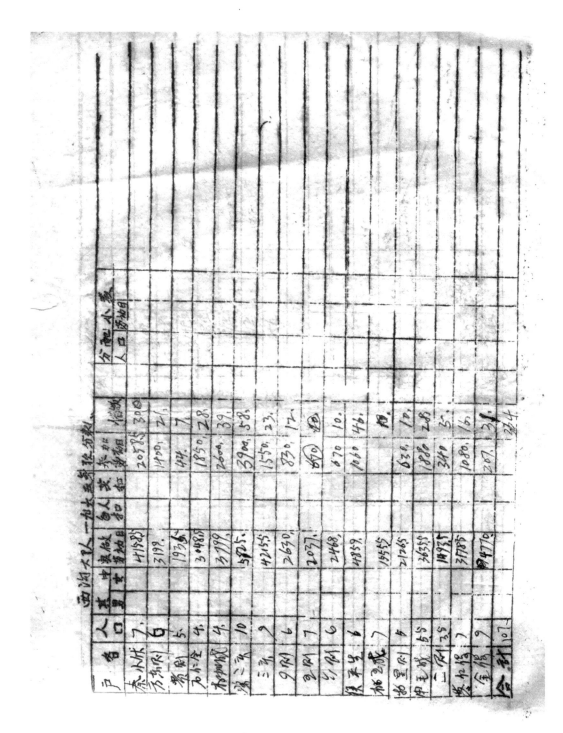

图8-23 西沟大队1965年豫（预）分表二十二

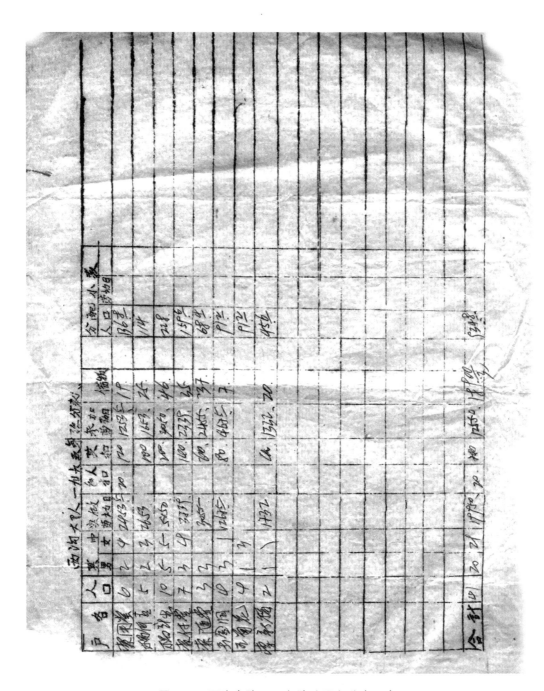

图8-24　西沟大队1965年豫（预）分表二十三

156

九、包产表

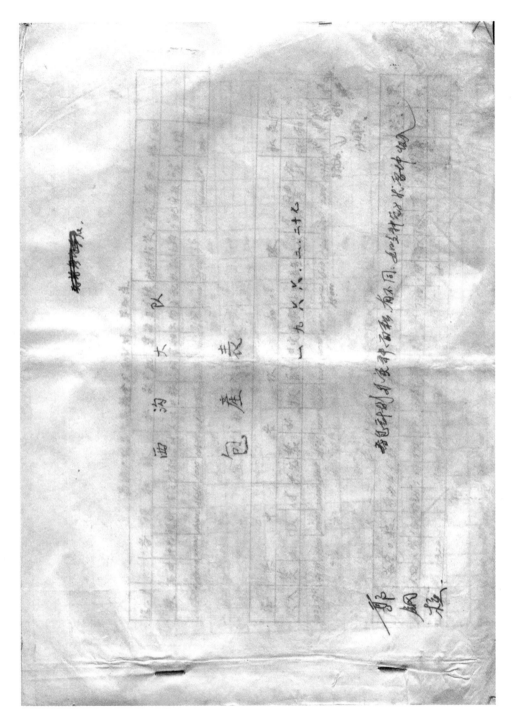

图9-1　西沟大队包产表封面

注：春包计划外实种面积，有不同，如多种谷子就要增收入。

157

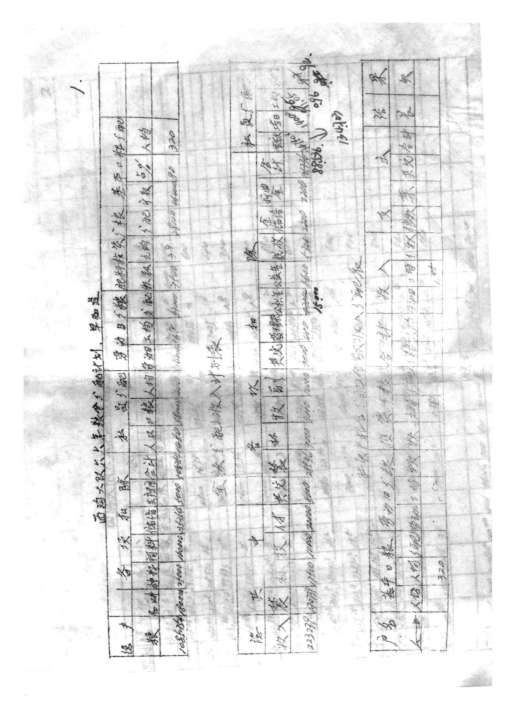

图9-2　计划分配表三张（第1页）

　　注：西沟大队六六年粮食分配计划，早知道表，统计内容包括总产、各项扣除、社员分配、劳动日分粮、肥料投资分粮、基本口粮分配；金额分配收入计划表，统计内容包括总、其中（分项）、各项扣除、社员分配；社员户粮食分配金额收入分配表，统计内容包括基本口粮、劳动日分粮、投资分粮、合计、收入、支出、结果。

158

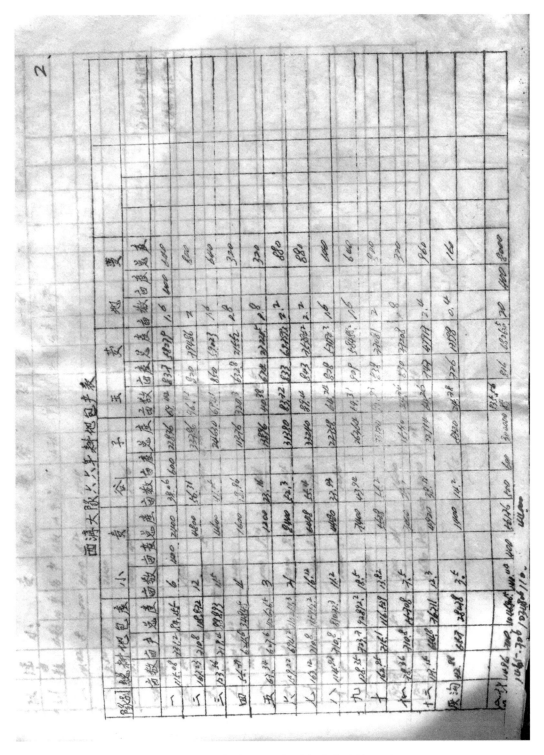

图9-3 西沟大队六六年耕地包产表（第2页）

注：统计内容包括总耕地包产、小麦、谷子、玉茭、地蔓，各项均统计亩数、亩产和总产三项，按照队别进行统计。

159

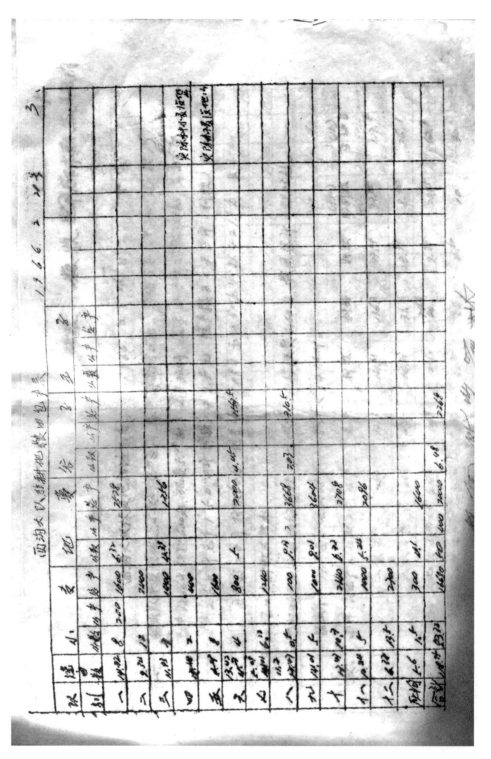

图9-4 西沟大队非耕地粮田包产表（1966.2.21）（第3页）

注：统计内容包括总亩数、小麦、地蔓、谷子、玉子（荬），各项均统计亩数、亩产和总产三项，按照队别进行统计。

160

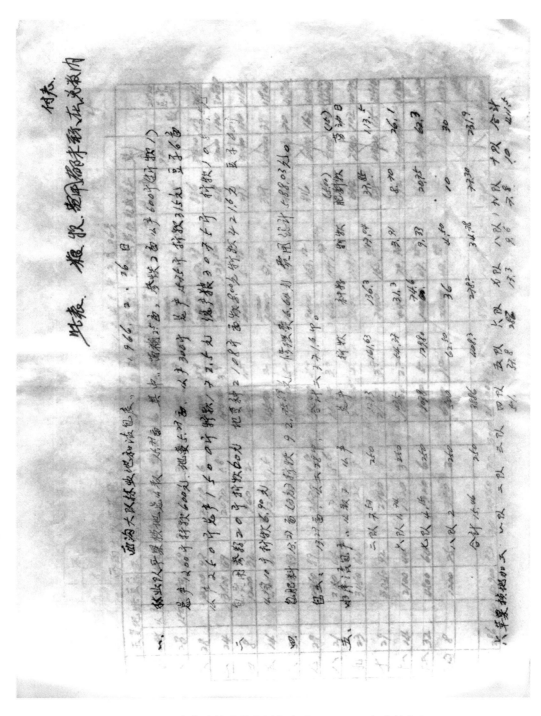

图9-5 西沟大队林业地和活包产（1966.2.26）（付表）

注：表头另批：此表粮款、费用都未算在总数内

161

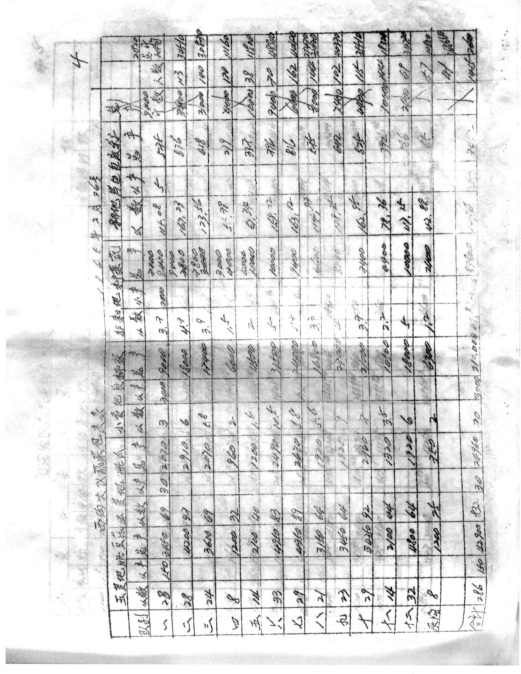

图9-6　西沟大队蔬菜包产表（1965.2.26）（第4页）

注：统计内容包括玉茭地带豆角、玉茭地带瓜、小麦地复种菜、非麦地种菜蔬、耕地岸边包麻籽，各项均统计么（亩）数、么（亩）产和总产三项，按照队别进行统计。

162

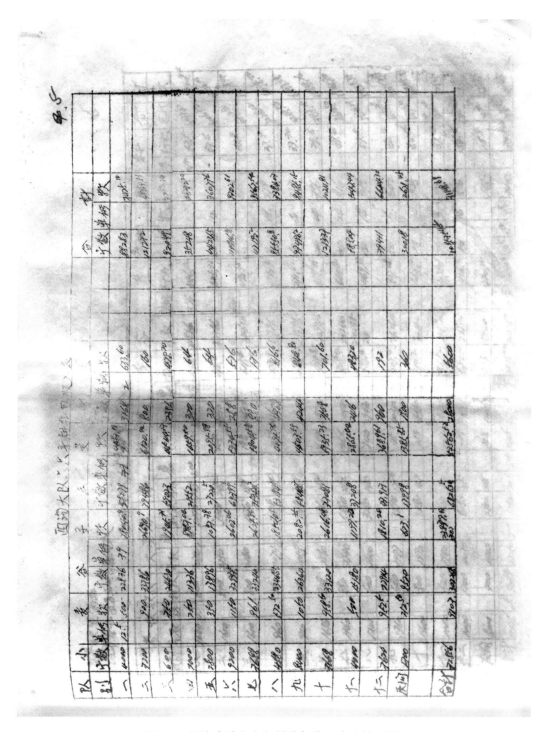

图9-7　西沟大队六六年耕非包收入表（第5页）

注：统计内容包括小麦、谷子、玉茭、地蔓，各项均统计斤数、单价、款三项，按照队别进行统计。

163

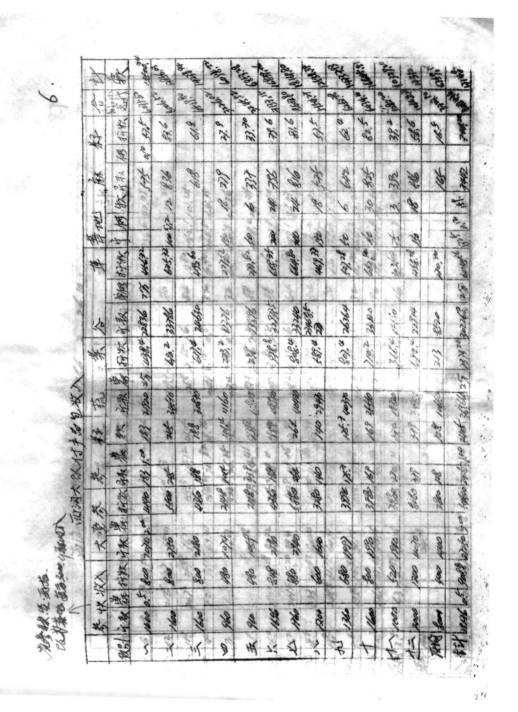

图9-8　西沟大队付（副）产品包收入表（第6页）

注：统计内容包括参款收入、大党参、参籽、蔬菜、谷草、苇地、麻籽，各项均统计斤数、单价、折款三项，按照队别进行统计。参款收入一栏又作说明："党参秧、灾、死苗，改为菜地，每亩3000斤算收入"。

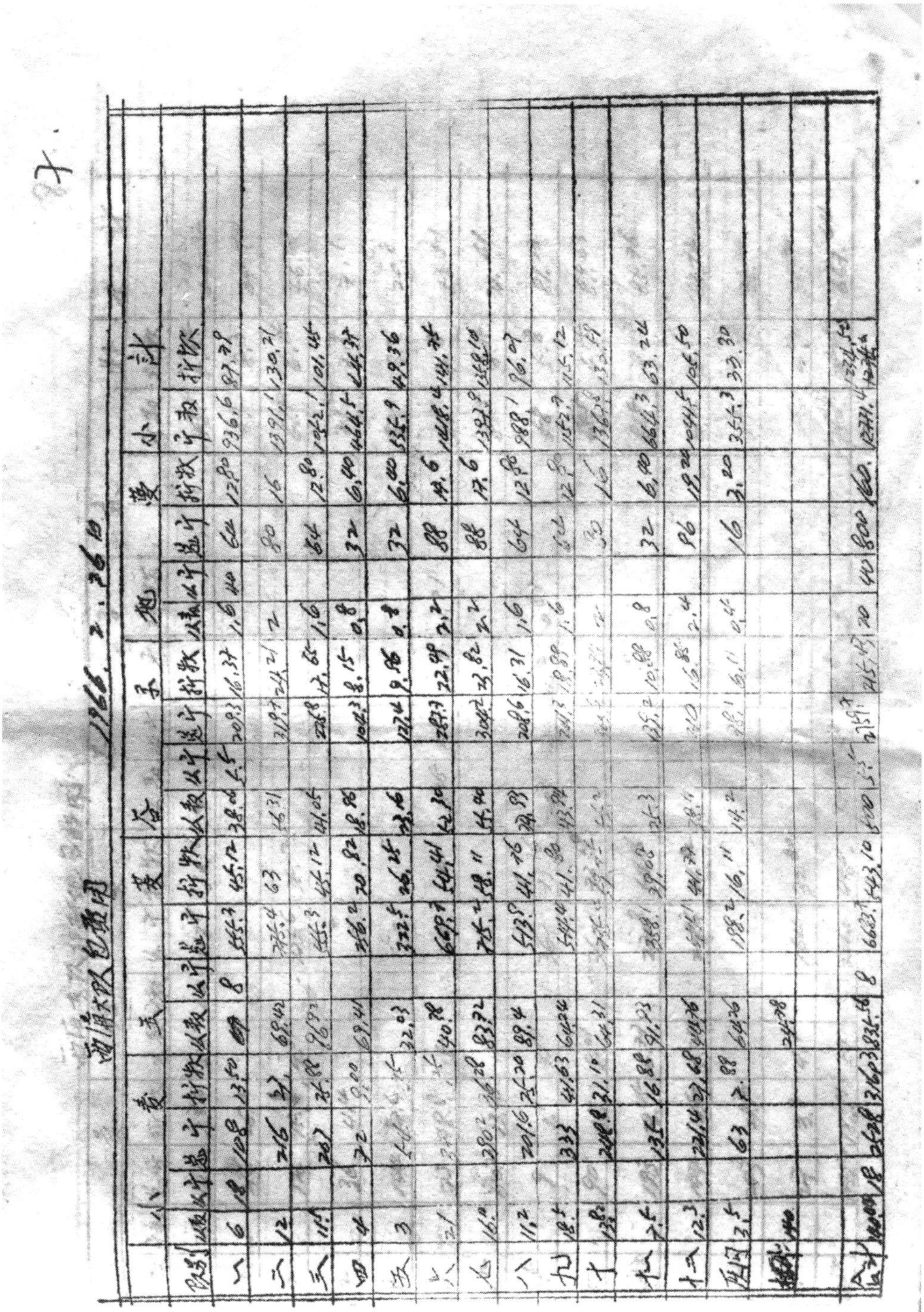

图9-9 西沟大队包费用（1966.2.26）（第7页）

注：统计内容包括小麦、玉茭、谷子、地蔓，各项均统计么（亩）数、么（亩）产、总斤、折款四项，按照队别进行统计。

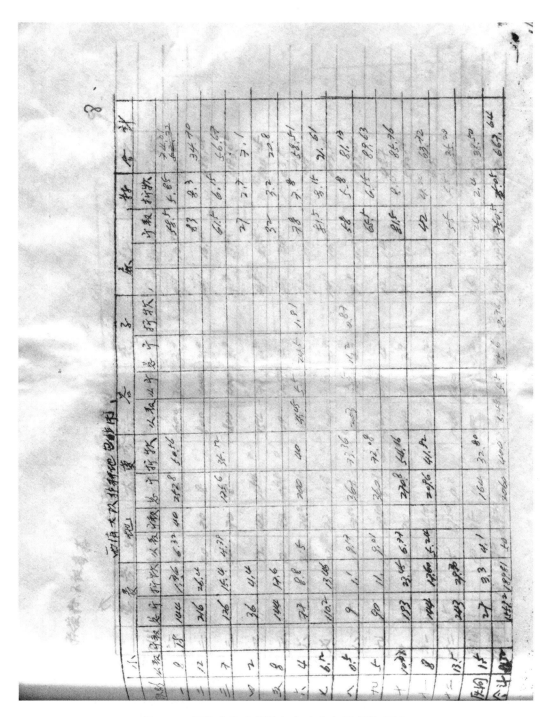

图9-10　西沟大队非耕地包非（费）用（第8页）

注：统计内容包括小麦、地蔓、谷子、麻籽，各项均统计么（亩）数、斤数、总斤、折款四项，按照队别进行统计。

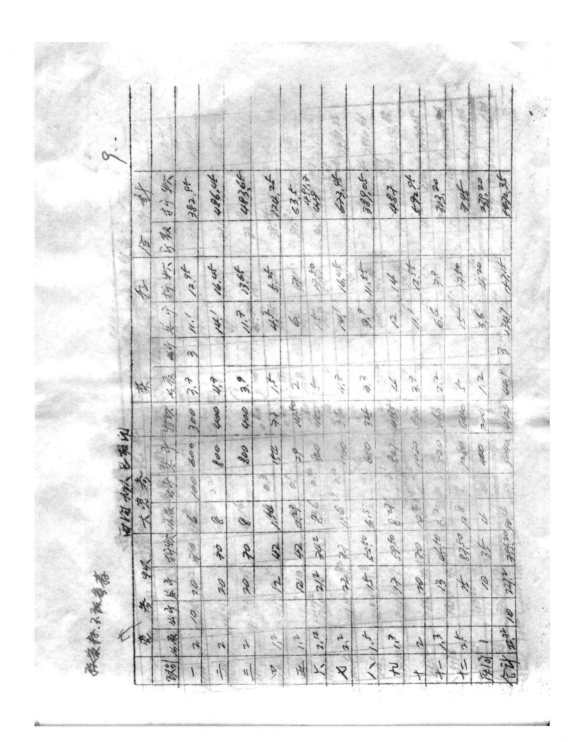

图9-11 西沟大队包费用表（第9页）

注：统计内容包括党参秧、大党参、菜籽，各项均统计么（亩）数、么（亩）产、总斤、折款四项，按照队别进行统计。

167

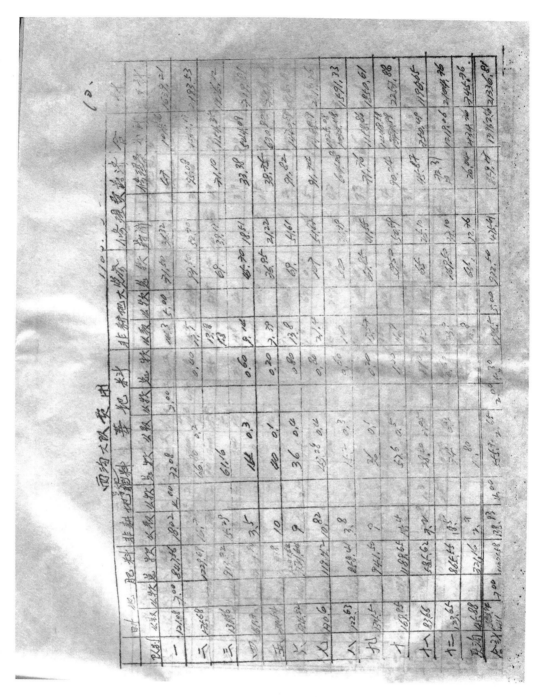

图9-12　西沟大队费用（第10页）

注：统计内容包括耕地肥料、非耕地肥料、苇地料、非耕地大党参、修理费药剂、合计，统计么（亩）数、么（亩）款、折款，按照队别进行统计。

168

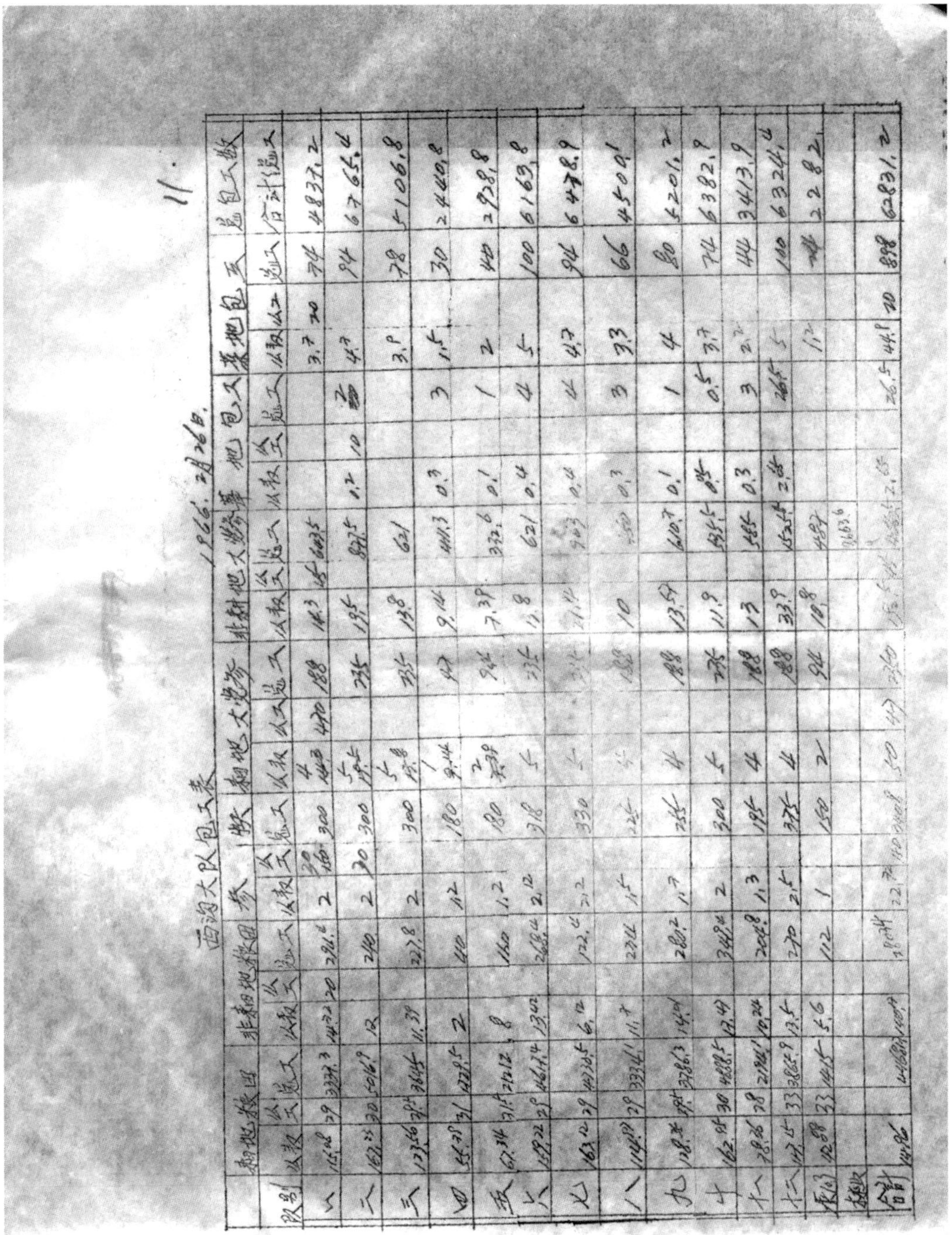

图9-13　西沟大队包工表（1966.2.26）（第11页）

注：统计内容包括耕地粮田、非耕地粮田、参秧、耕地大党参、非耕地大党参、苇地包工、总包工数；统计么（亩）数、么（亩）工、总工，按照队别进行统计。

十、任务到队（初步计划）表

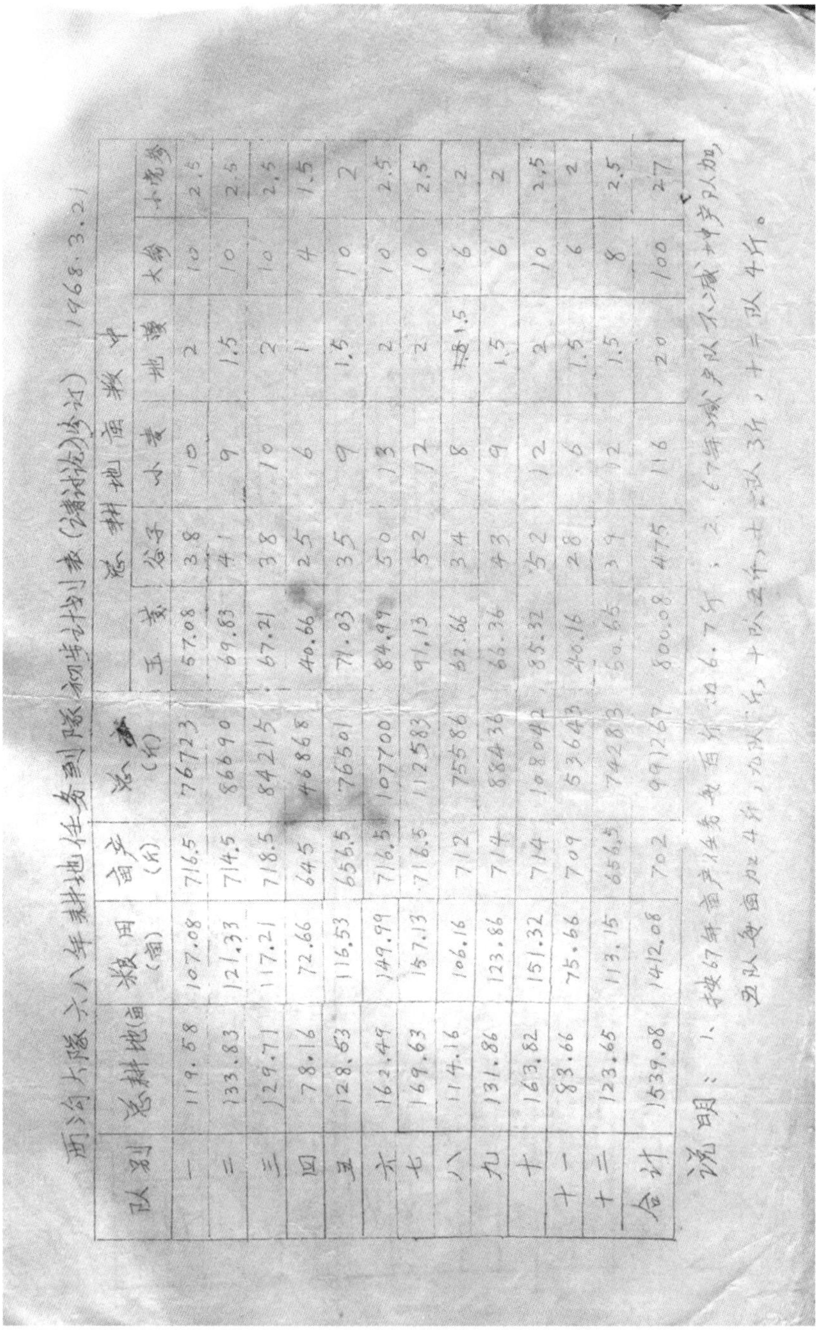

西沟大队六八年耕地任务到队（初步计划）表（请社讨论）1968.3.21

队别	总耕地（亩）	粮田（亩）	亩产	总产（斤）	总耕地亩数中					
					玉茭	谷子	小麦	地蔓	大参	小党参
一	119.58	107.08	716.5	76723	57.08	38	10	2	10	2.5
二	133.83	121.33	714.5	86690	69.83	41	9	1.5	10	2.5
三	129.71	117.21	718.5	84215	67.21	38	10	2	10	2.5
四	78.16	72.66	645	46868	40.66	25	6	2	4	1.5
五	128.63	116.53	656.5	76501	71.03	35	9	1.5	10	2
六	162.49	149.99	716.5	107700	84.99	50	13	2	10	2.5
七	169.63	157.13	716.5	112583	91.13	52	12	2	10	2.5
八	114.16	106.16	712	75586	82.66	34	8	1.5	6	2
九	131.86	123.86	714	88436	65.36	43	9	1.5	6	2
十	163.82	151.32	714	108042	85.32	52	12	2	10	2.5
十一	83.66	75.66	709	53643	40.16	28	6	1.5	6	2
十二	123.65	113.15	702	74283	50.65	39	12	1.5	8	2.5
合计	1539.08	1412.08	702	991267	800.08	475	116	20	100	27

说明：1. 粮食亩产以74年产为基数加6.7%。2. 67年减少队以不减，十字架入队加，总队全面加4升，九队亩产，十队五升十二次3升，十二队4升。

图10-1　西沟大队六八年耕地任务到队初步计划表，1968.3.21

注：统计内容包括总耕地（亩）、粮田（亩）、亩产（斤）、总产（斤）、总耕地亩数中玉茭、谷子、小麦、地蔓、大参、小党参，按队统计。

170

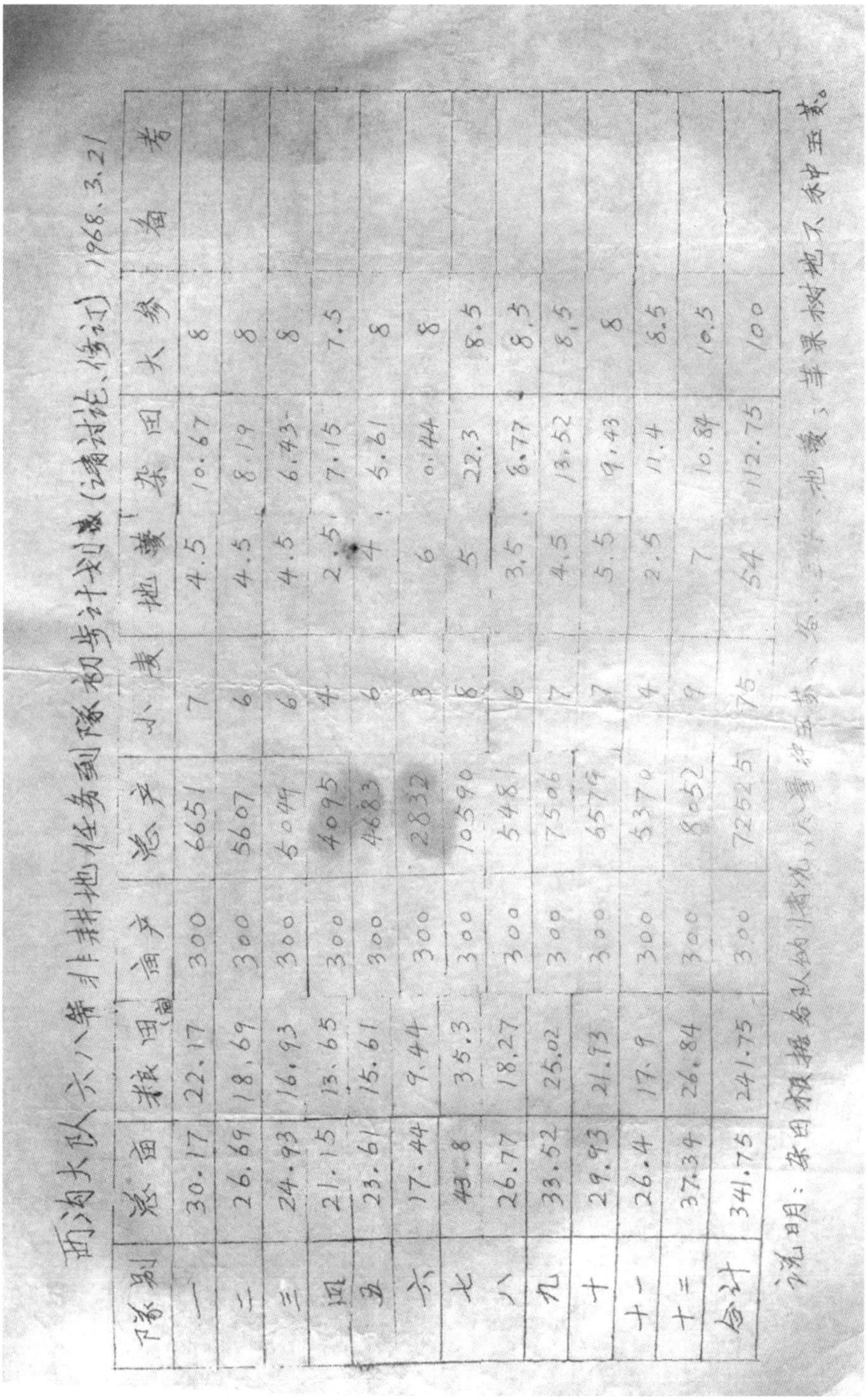

西沟大队六八年非耕地任务到队初步计划表（薯对比，修订）1968.3.21

队别	总面	粮田	亩产	总产	小麦	地蔓	杂田	大参	备考
一	30.17	22.17	300	6651	7	4.5	10.67	8	
二	26.69	18.69	300	5607	6	4.5	8.19	8	
三	24.93	16.93	300	5049	6	4.5	6.43	8	
四	21.15	13.65	300	4095	4	2.5	7.15	7.5	
五	23.61	15.61	300	4683	6	4	5.61	8	
六	17.44	9.44	300	2832	3	6	0.44	8	
七	43.8	35.3	300	10590	6	5	22.3	8.5	
八	26.77	18.27	300	5481	6	3.5	6.77	8.5	
九	33.52	25.02	300	7506	7	4.5	13.52	8.5	
十	29.93	21.73	300	6579	4	5.5	9.43	8	
十一	26.4	17.9	300	5370	4	2.5	11.4	8.5	
十二	37.34	26.84	300	8052	9	7	10.84	10.5	
合计	341.75	241.75	300	72525	75	54	112.75	100	

说明：来自粮据省队地区清况，六等于地蔓、丰果树地不承中玉麦。

图10-2西沟大队六八年非耕地任务到队初步计划表，1968.3.21

注：统计内容包括总亩、粮田、亩产、总产、小麦、地蔓、杂田、大参、备考，按队统计。

171

图10-3　西沟任务到队表封面

注：标有"抓革命，促生产"以及"最高指示：农业学大寨"，体现了时代特征。

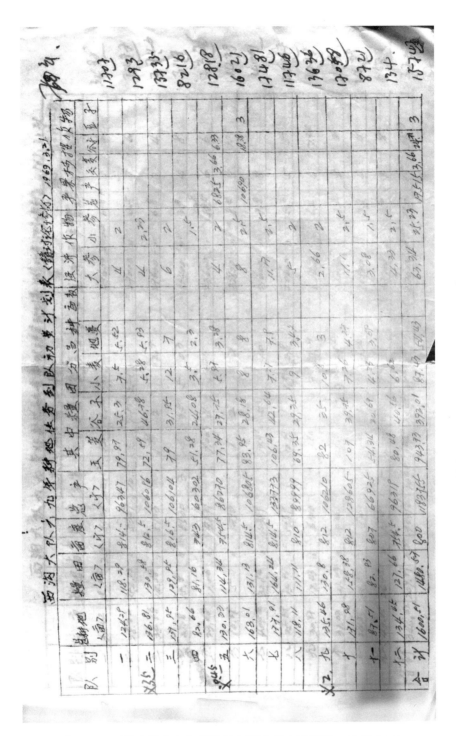

图10-4 西沟大队六九年耕地任务到队初步计划表，1969.3.21

注：统计内容包括总耕地（亩）、粮田（亩）、亩产（斤）、总产（斤）、其中粮田分品种亩数（玉茭、谷子、小麦、地蔓）、经济作物（大参、小参）、苹果林按作物（总产、玉茭、谷子、豆子），按队统计。

173

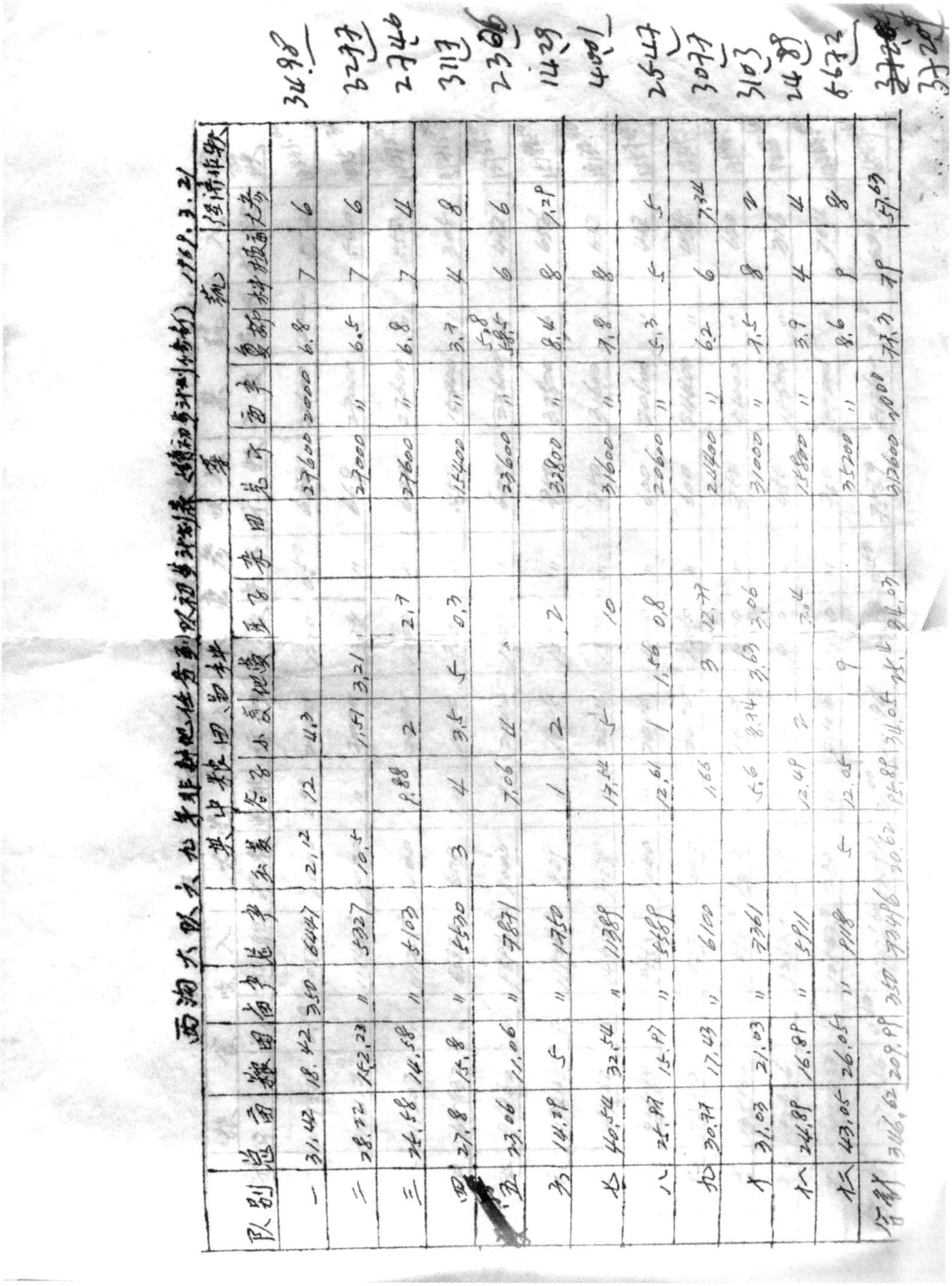

西沟大队六九年非耕地任务到队初步计划表 1969.3.21

队别	总亩	粮田	亩产	总产	其中粮田品种 玉茭	谷子	小豆	地蔓	豆子	杂田	菜 总斤	亩产	复播	种植亩	经济作物 大参	
一	31.42	18.42	350	6447	2.12	12	4.3				27600	2000	6.8	7	6	3698
二	28.72	15.23	〃	5327	10.5		1.51	3.21			27000	〃	6.5	7	6	3277
三	26.58	14.58	〃	5103		1.88	2		2.7		27600	〃	6.8	7	4	2746
四	27.8	15.8	〃	5530	3	4	3.5	5	0.3		15400	〃	3.7	4	8	3113
五	23.06	11.06	〃	7871		7.06	4				23600	〃	5.8	6	6	2306
六	14.28	5	〃	1750		1	2		2		32800	〃	8.4	8	1.28	1429
七	40.54	32.54	〃	11388		17.54	5		10		31600	〃	7.8	8		4001
八	25.97	15.97	〃	5588		12.61	1	1.56	0.8		20600	〃	5.3	5	5	2547
九	30.77	17.43	〃	6100		1.66		3	12.77		24400	〃	6.2	6	7.34	3077
十	31.03	21.03	〃	7361		5.6	8.74	3.63	3.06		31000	〃	7.5	8	2	3103
十一	24.88	16.88	〃	5911		12.48	2		2.4		15800	〃	3.9	4	4	2488
十二	43.05	26.05	〃	9118	5	12.05		9			35200	〃	8.6	8	8	6632
合計	346.62	209.89	350	73496	20.62	75.88	34.04	25.4	24.07		317600	2000	77.3	78	57.63	3720

图10–5 西沟大队六九年非耕地任务到队初步计划表，1969.3.21

注：统计内容包括总亩、粮田、亩产、总产、其中粮田品种（玉茭、谷子、地蔓、豆子、杂田）、菜蔬（总斤、亩产、复播、种植亩）、经济作物（大参），按队统计。

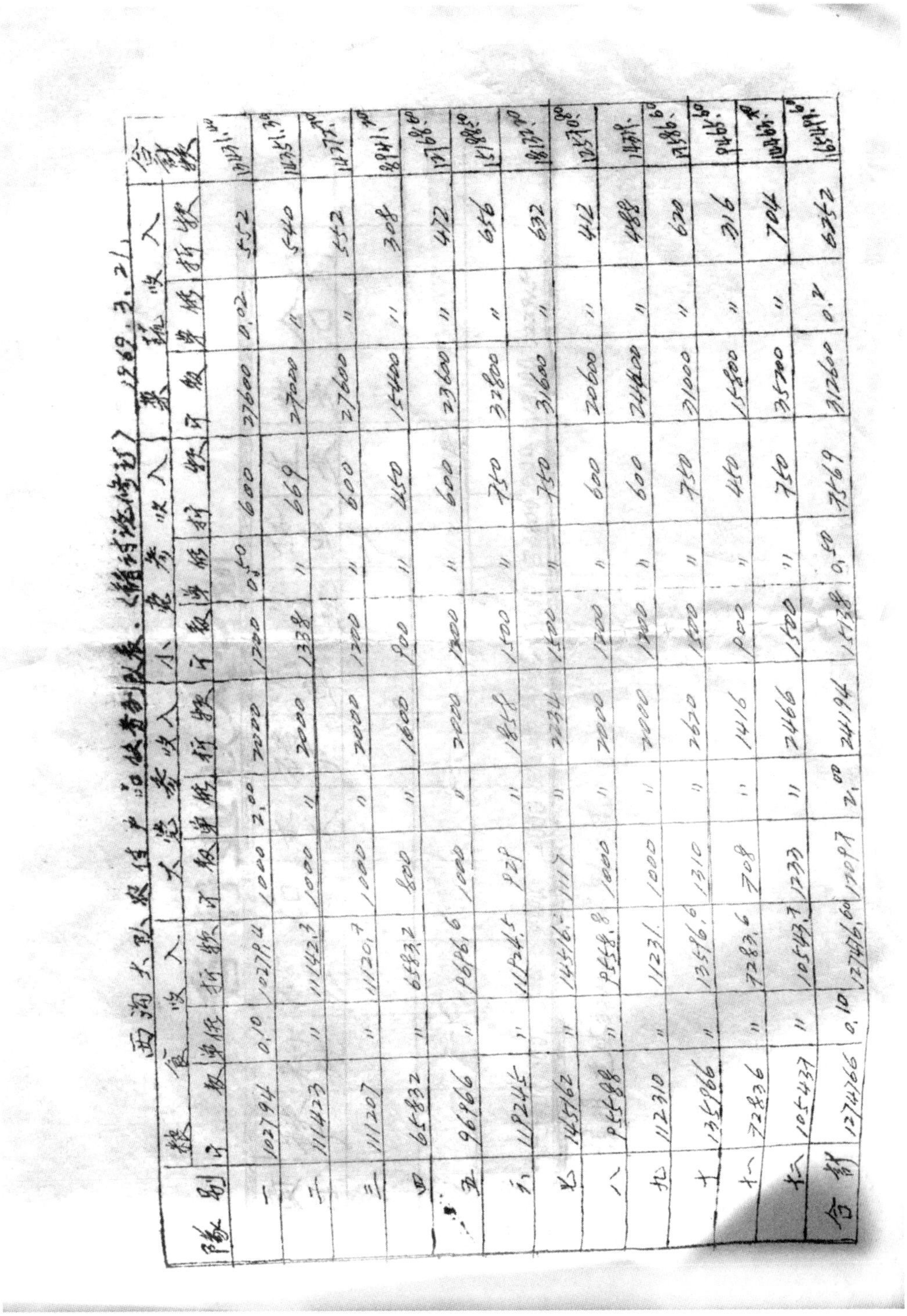

西沟大队农付（副）产品收益任务到队表（续表）1969.3.21

图10-6　西沟大队六九年农付（副）产品任务到队表，1969.3.21

注：统计内容包括粮食收入、大党参收入、小党参收入、菜蔬收入及合计，各项均包括斤数、单价、折款，按队统计。

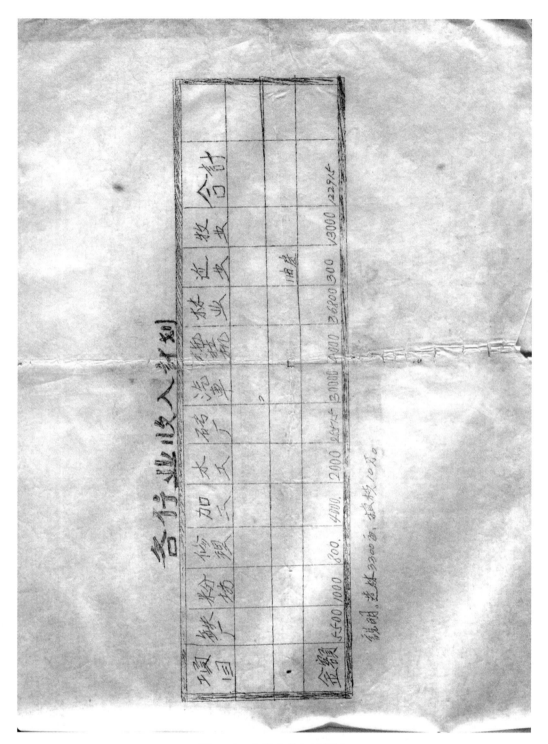

图10-7　各行业收入计划表

注：统计内容包括铁厂、粉场、修理、加工、木工、砖厂、汽车、拖拉机、林业、建业、牧业、合计，按金额计。

十一、固定资产表

（一）账面上及实有数统计表（1970.1.18）

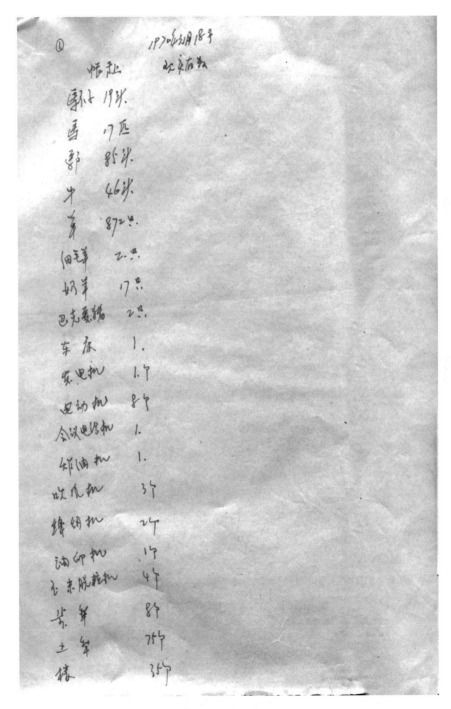

图11-1-1　统计表一

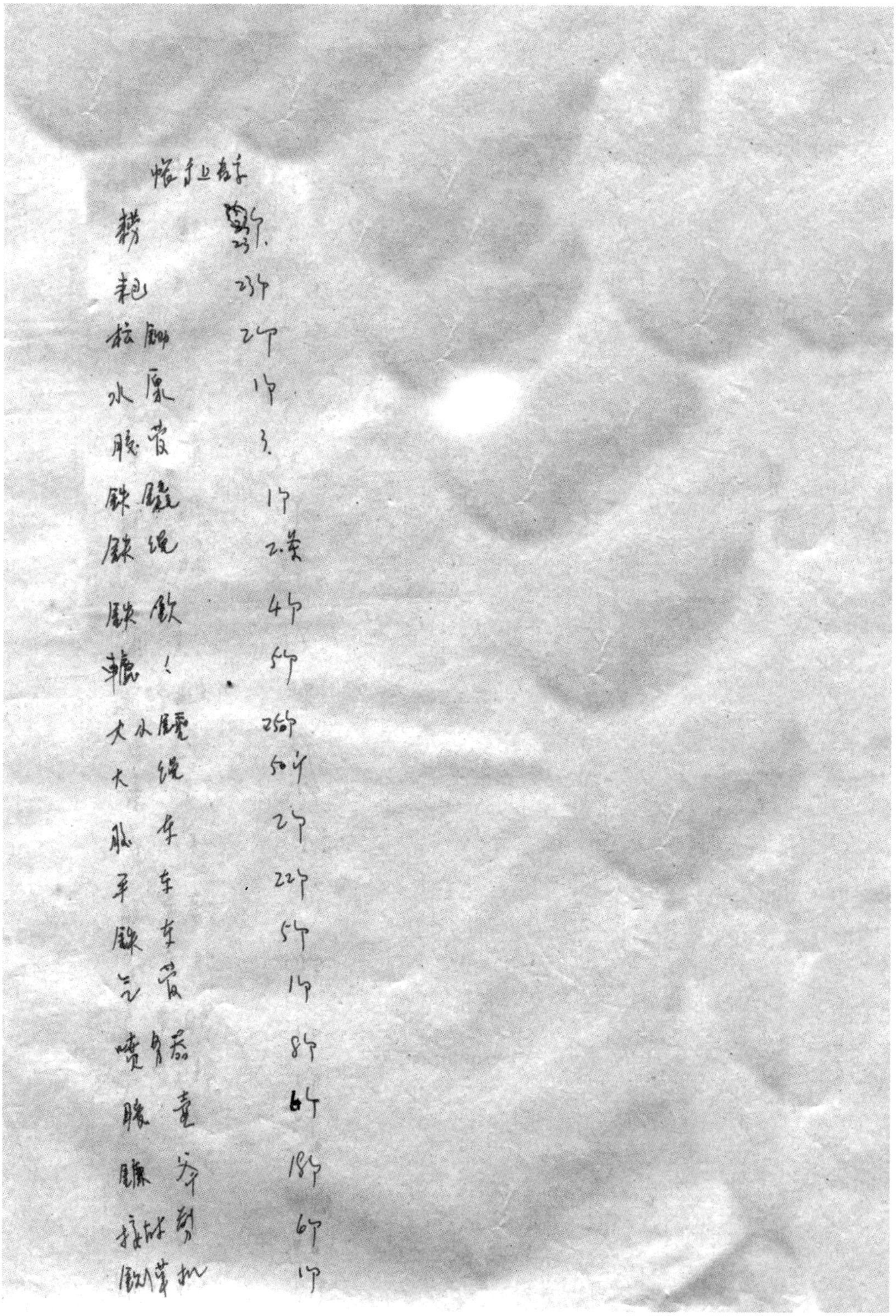

图11-1-2 统计表二

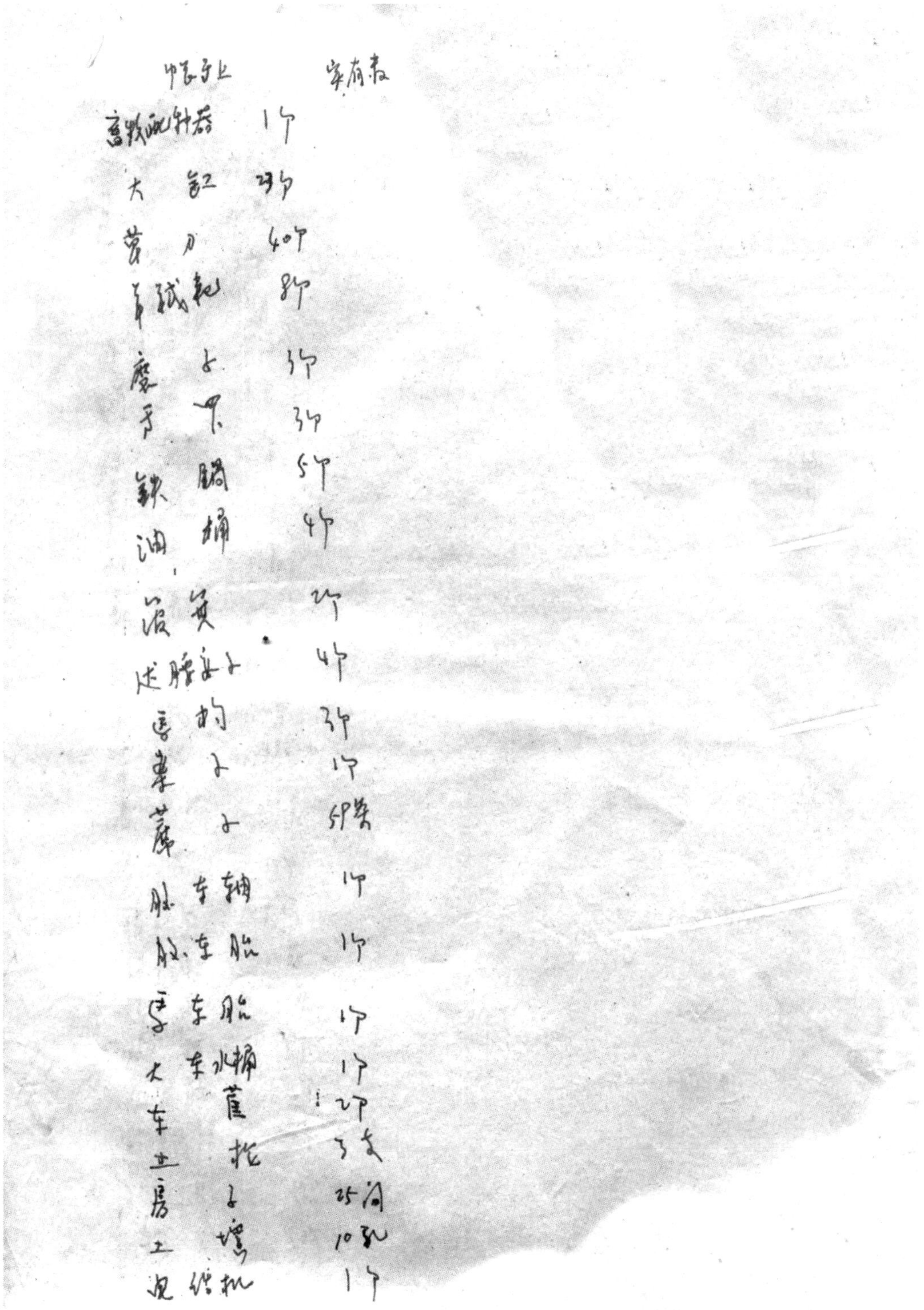

图11-1-3　统计表三

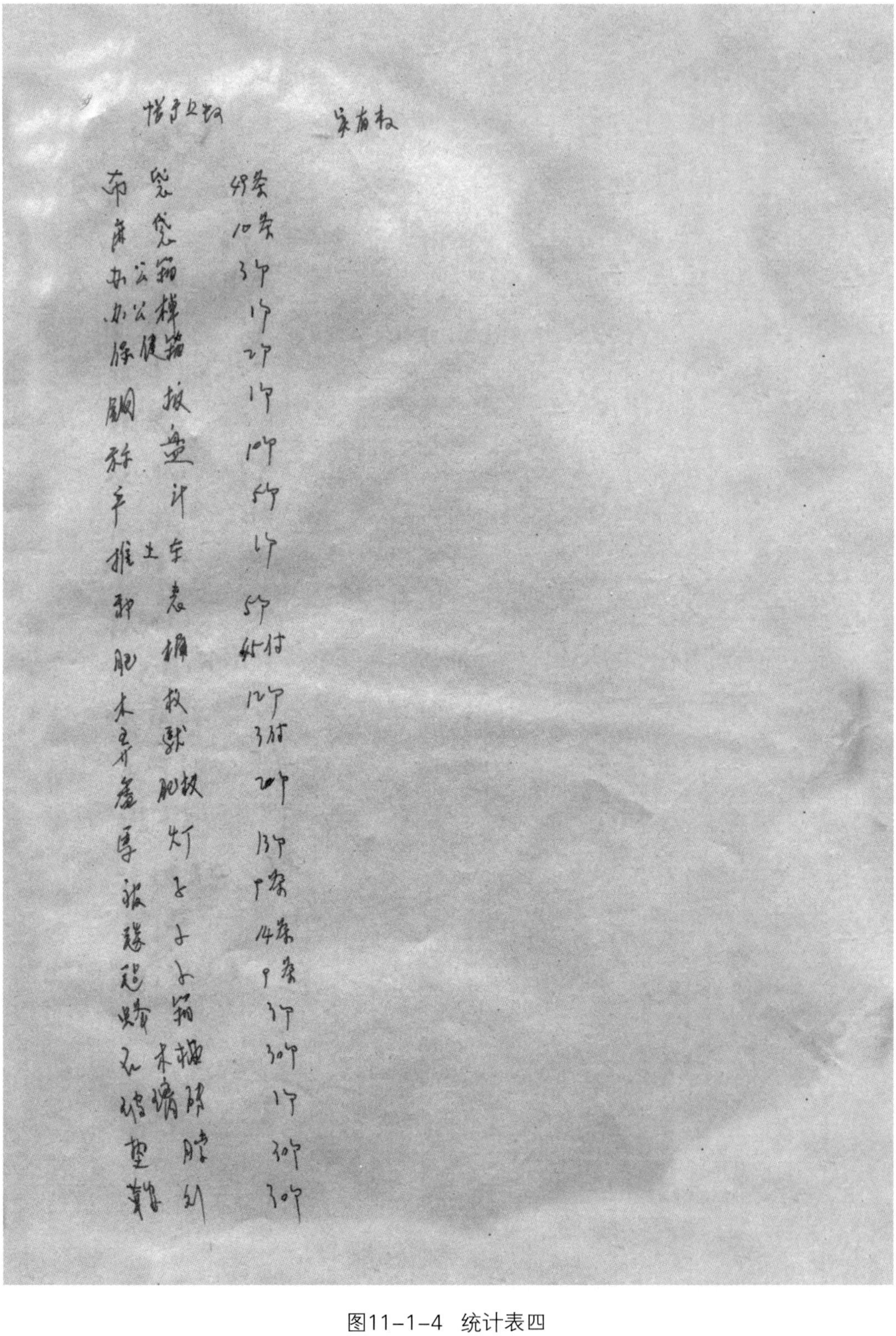

图11-1-4 统计表四

180

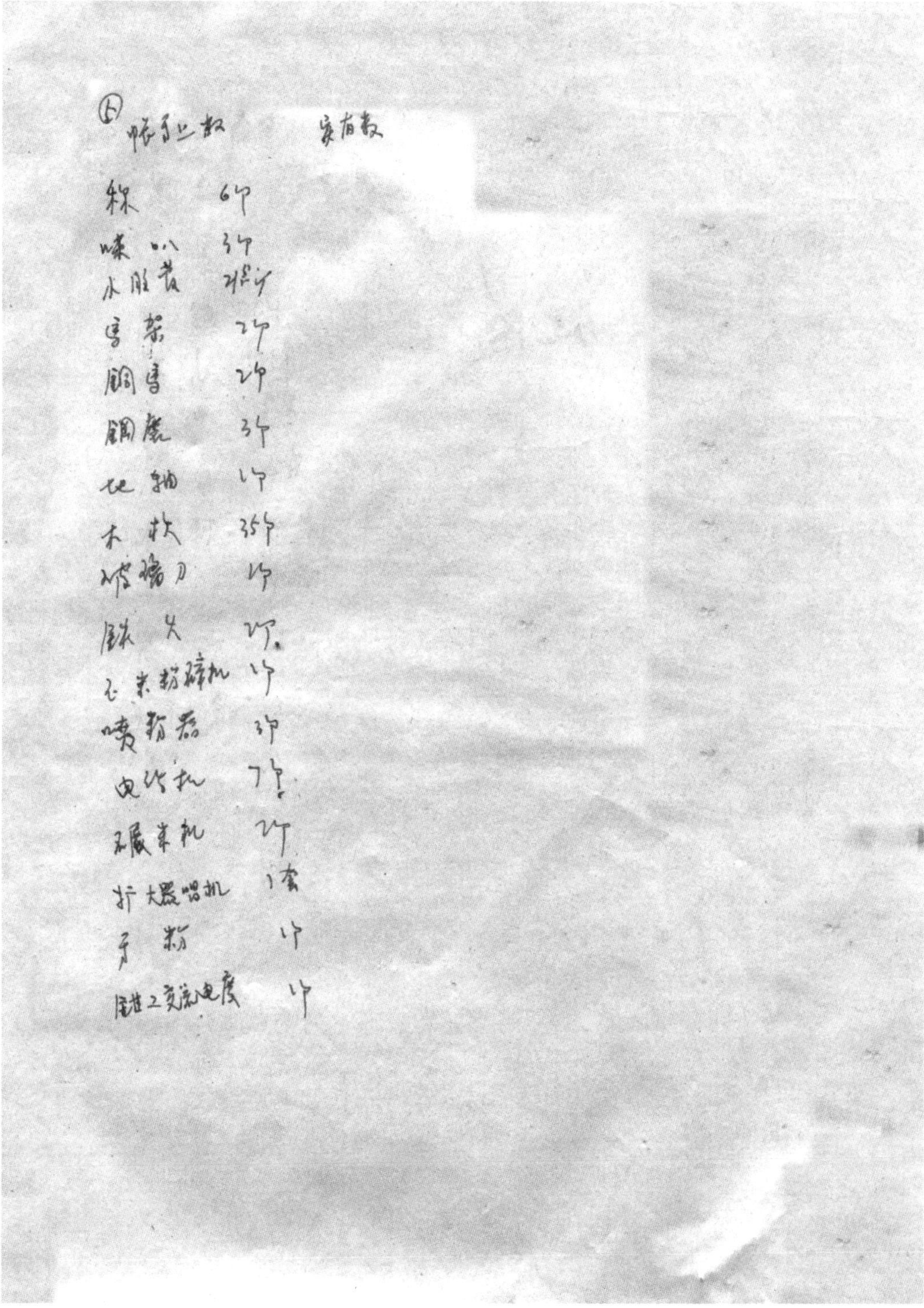

图11-1-5　统计表五

181

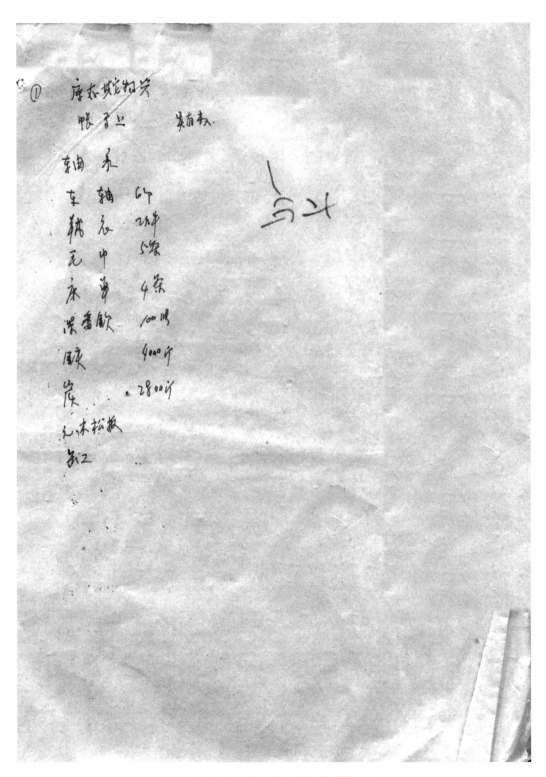

图11-1-6 统计表六（库存其他物资）

（二）李顺达农业生产合作社各科目明细表（54.5.1）

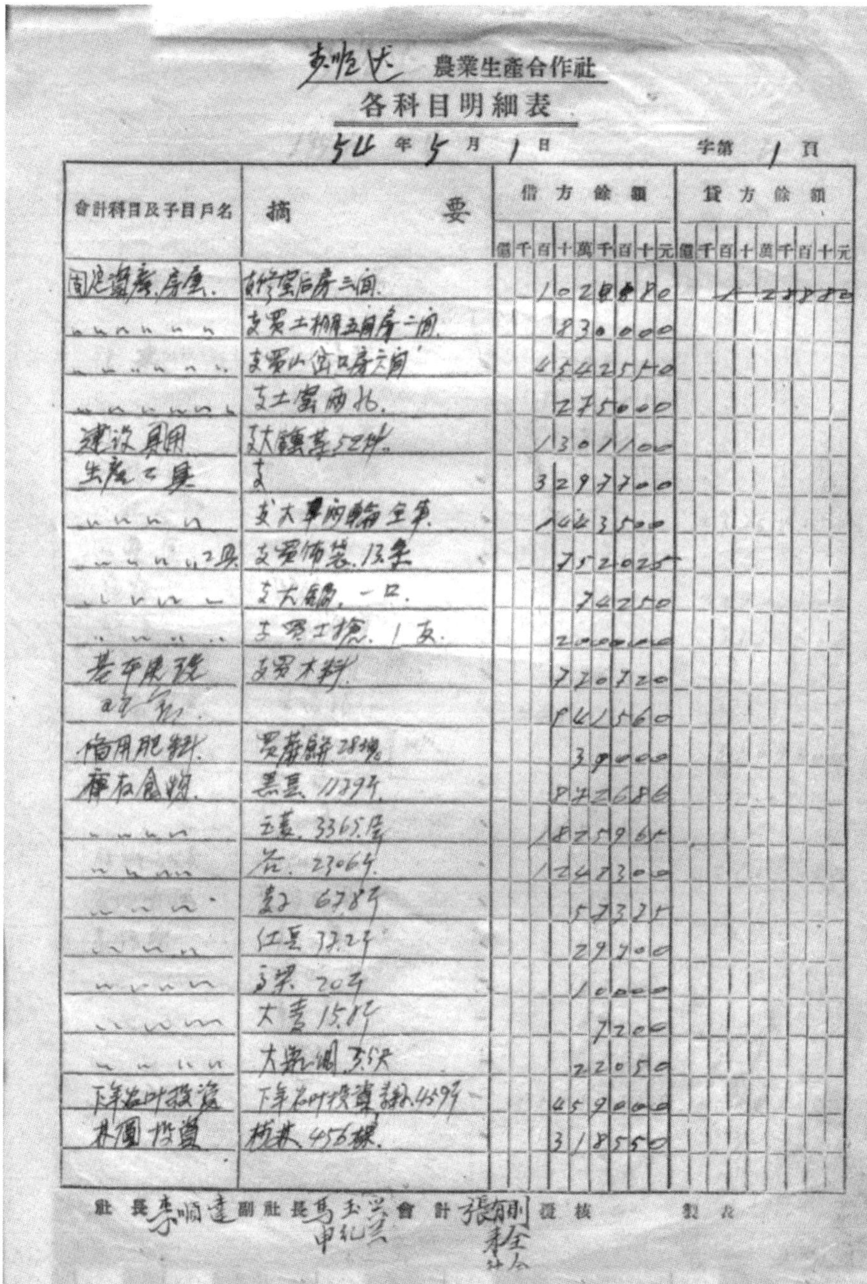

李顺达 農業生產合作社

各科目明細表

54 年 5 月 1 日 字第 1 頁

會計科目及子目戶名	摘要	借方餘額	貸方餘額
固定资产房屋	自修窑后房三间	1028080	
〃	支买土棚五间房二间	830000	
〃	支买山窑口房三间	4542540	
〃	支土窑两孔	275000	
建设用具	支大镢等52件	1301100	
生产工具	支	3297700	
〃	支大车胶轮全套	1643500	
〃 工具	支买饰签 13条	752025	
〃	支大锄 一口	74250	
〃	支买工桶 1支	200000	
基本建设	支买木料	720720	
现金		841560	
备用肥料	买菜饼 28块	390000	
库存食物	黑豆 1139斤	872686	
〃	玉茭 3365斤	1825965	
〃	谷 2306斤	1247300	
〃	麦子 678斤	57325	
〃	红豆 73.2斤	29400	
〃	豆类 20斤	10000	
〃	大麦 15斤	7200	
〃	大米 35斤	22050	
下年农业投资	下年农业投资款	4590000	
林园投资	树苗 456棵	318550	

社長 李顺达 副社長 马玉兴 申纪兰 會計 張有則 来全 秋全 覆核 製表

图11–2–1 李顺达农业生产合作社各科目明细表第一页

注：统计内容包括科目或子目、摘要、借方余额、代（贷）方收入。统计项目有固定资产房屋、建设用具、生产用具、基本建设、现金、备用肥料、库存食物、下年农叶（业）投资、林圆（园）投资。页末标注社长李顺达、副社长马玉兴、申纪兰、会计张有则、（张）来全、（张）秋全。

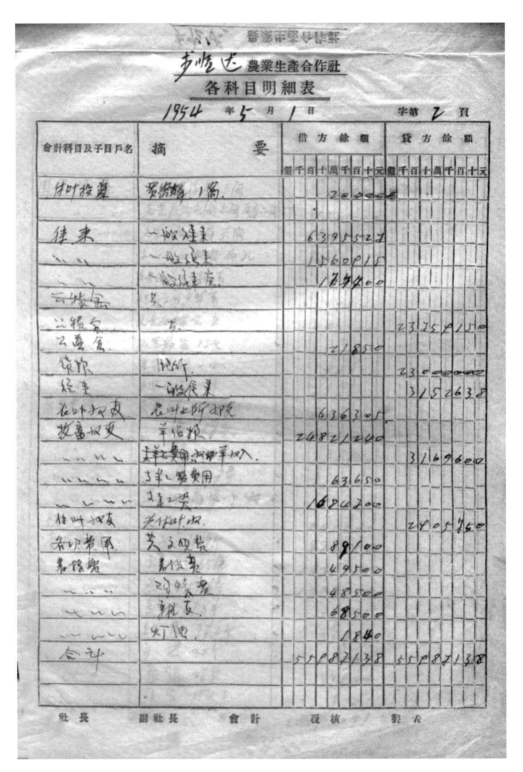

图11-2-2　李顺达农业生产合作社各科目明细表第二页一

注：统计内容包括付（副）叶（业）投资、往来、公积金、公益金、贷款、经来、农业收支、牧畜收支、付（副）叶（业）收支、各项费用、书报费。

農業生產合作社
各科目明細表

年　月　日　　　　　　字第 2 頁

會計科目及子目戶名	摘要	借方餘額 億千百十萬千百十元	貸方餘額 億千百十萬千百十元
固定資產	支修培房房三间	1 0 2 8 8 8 0	
"	支壘后见土棚五间房房二间	8 3 0 0 0 0	
"	支壘山窑15房元间	4 9 4 2 5 5 0	
"	支山窑口土培用孔	2 7 5 0 0 0	
"	支垫路用大石垒等	1 3 0 1 1 0 2	
"	娃屋工料步料等	3 2 9 7 7 0 0	
"	大車两輪全套	1 4 4 3 5 0 0	
"	支壘柿栽 13条	7 5 2 0 2 5	
"	支壘大锅一口	7 4 2 5 0	
"	支壘土枪一枝	2 0 0 0 0 0	
基本建设	支买柴 12条	6 0 0 0 0 0	
"	檁 19条	2 8 5 0 0 0	
" "	椽 74条	1 8 6 3 0 0	
"	席别 17条	2 1 6 0 0 0	
" "	竹箇梁一户洲	1 5 0 0 0 0	
现金		9 6 1 5 6 0	
庫存粮粮	玉米 1173斤	8 7 2 6 8 6	
" "	豆 3365斤	1 8 2 5 9 6 5	
" "	谷 2306斤	1 2 4 8 3 0 0	
" "	麦 678斤	5 7 3 7 5	
" "	红豆 37.2斤	2 9 7 0 0	
" "	高粱 20斤	1 0 0 0 0	
" "	麻饼 28斤	3 9 0 0 0	
"	大麦 154斤	7 7 0 0	

社 長　　　　副社 長　　　　會 計　　　　製 表

图11-2-4　李顺达农业生产合作社各科目明细表第三页

注：统计内容包括库存实物、下年农叶（业）投资、林元（园）投资、付（副）叶（业）投资、往来、公积金、公益金、公积金、贷款、农业投资、牧畜投资、牧畜收支、付（副）叶（业）收支、各项费用

（三）科目明细分类表

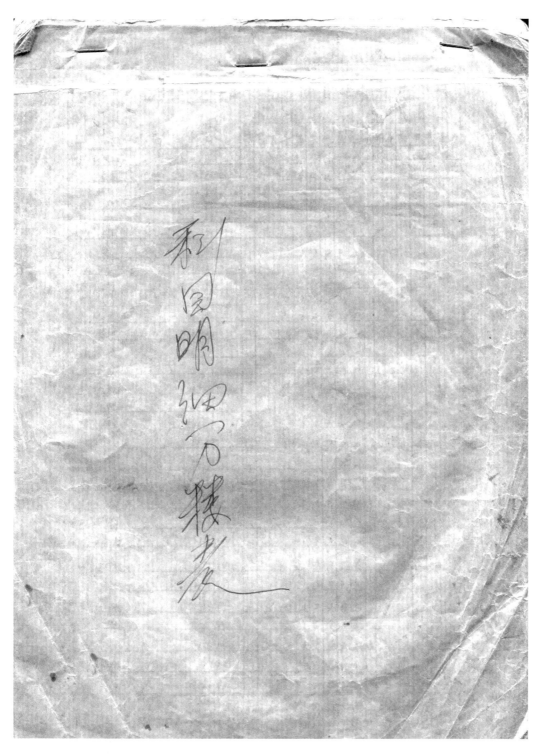

图11-3-1　西沟乡金星农林牧生产合作社科目明细表封面

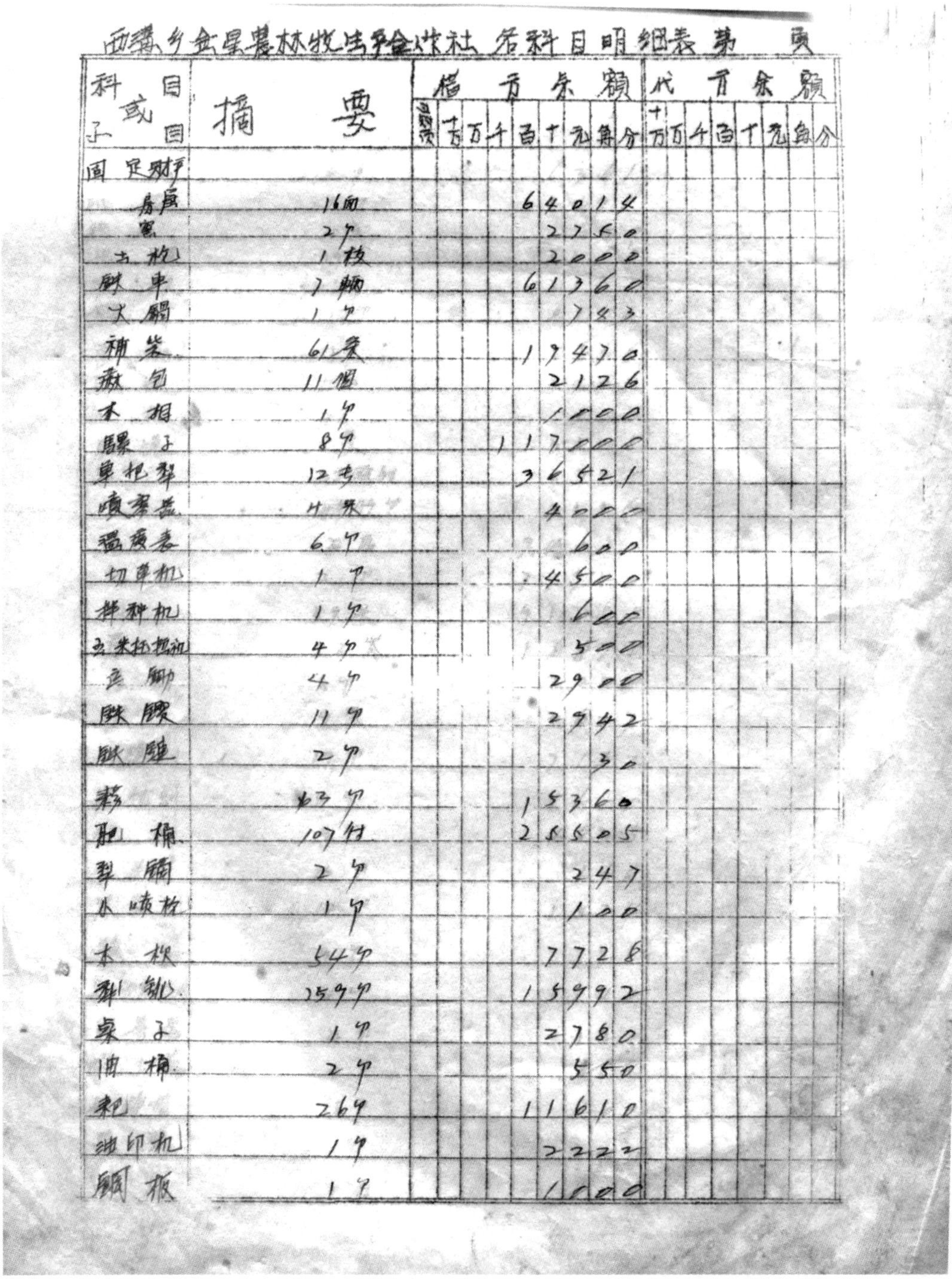

西沟乡金星农林牧生产合作社各科目明细表第 页

科目或子目	摘要	借方余额	代方余额
固定财产			
房屋	16间	64014	
窑	2个	2750	
土枪	1枝	2000	
胶车	7辆	61360	
大锅	1个	743	
麻袋	61条	19470	
麻包	11個	2126	
木箱	1个	1000	
骡子	8个	117000	
单把犁	12张	36521	
喷雾器	4架	4000	
温度表	6个	600	
切草机	1个	4500	
播种机	1个	600	
玉米扒粒机	4个	500	
兵锄	4个	2900	
胶轮	11个	2942	
胶鞋	2个	30	
耧	63个	15360	
肥桶	107付	25505	
犁铧	2个	247	
小喷枪	1个	100	
木杈	54个	7728	
铁锨	259个	15992	
桌子	1个	2780	
油桶	2个	550	
耙	264	11610	
油印机	1个	2222	
钢板	1个	1000	

图11-3-2　西沟乡金星农林牧生产合作社各科目明细表一

注：统计内容包括科目或子目、摘要、借方余额、代（贷）方收入

西沟乡金星农林牧生产合作社　各科目明细表　第　　页

科目或子目	摘要	借方余额								代方余额							
		十万	万	千	百	十	元	角	分	十万	万	千	百	十	元	角	分
大锹	16?					6	3	6	1								
铁镐	1?					1	6	9	0								
锄头	10?						6	5	0								
锄镂	19?					1	3	6	8								
敌枚	6?					2	1	3	7								
铡刀	12?					8	9	5	6								
手锯	5?						6	6	6								
铁锹	10?					1	4	4	4								
洗板	2?						1	5	0								
铁镜	2?					3	3	2	8								
窗头	22?					2	3	9	0								
耙子	4?44?					3	1	5	5								
马·	五匹				9	4	0	0	0								
仓马	2?				7	7	9	4	0								
牛	59头				9	1	7	8	4								
席子	72条				1	6	8	7	0								
马灯	5?					2	2	2	0								
桶子	9条					3	6	2	7								
尤狄刈	19?					7	1	5	2								
辅料刈	8?					1	6	0	0								
秕刈	3?					4	8	3	5								
牧草?	4?						1	6	8								
算盘刈	10?					1	5	3	4								
簸子	9?						7	9	1								
象角铞刈	4?						1	4	0								
厨茶器	4?						1	2	0								
焊玉磊	4?						0	8	8								
青蹄相	1?						1	0	0								
铁锹	1?						2	4	6								
水桶	??					5											

图11-3-3　西沟乡金星农林牧生产合作社各科目明细表二

189

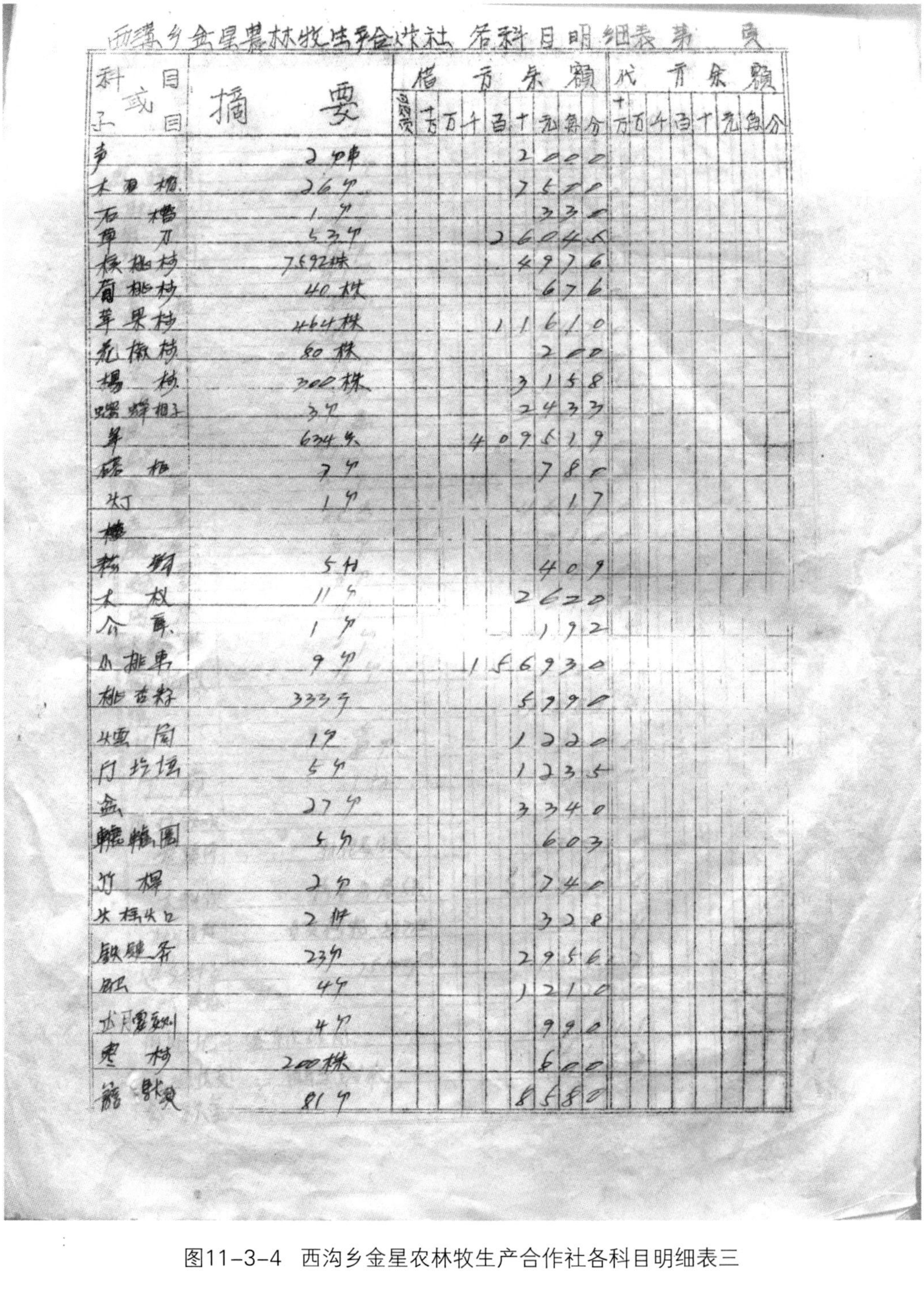

西洵乡金星农林牧生产合作社 各科目明细表 第　页

科目或子目	摘要	借方余额 千万千百十元角分	代方余额 万千百十元角分
多	2喊	2000	
太阳椅	26个	7600	
石槽	1个	336	
草槽刀	63个	26048	
核桃树	7,692株	4976	
肩桃树	40株	676	
苹果树	464株	11610	
无花树	80株	200	
楊树	300株	3158	
嘟嘟相子	3个	2433	
羊	634头	409619	
磙板	7个	786	
灯	1个	17	
梯			
犁	5个	409	
木杈	11个	2620	
介底	1个	192	
小排車	9个	156930	
桃古籽	333个	5790	
烟簡	1个	1220	
打坊埝	5个	1235	
盘	27个	3340	
辘辘圈	5个	603	
拤桿	2个	746	
火椿头口	2件	328	
敲壁斧	23个	2956	
瓢	4个	1210	
水月墨斗	4个	990	
枣树	200株	600	
龍鲶叟	81个	8680	

图11-3-4　西沟乡金星农林牧生产合作社各科目明细表三

190

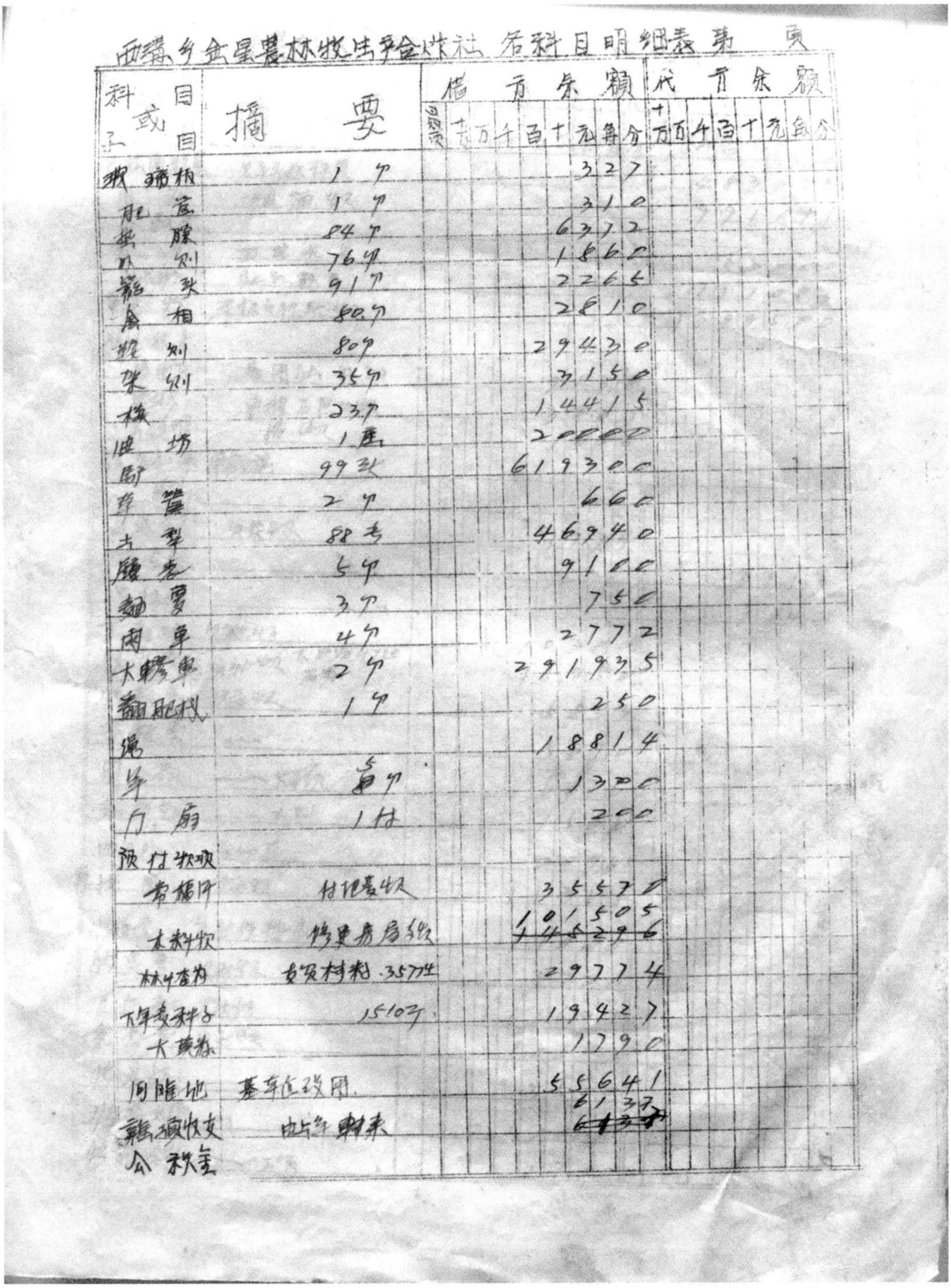

科目或子目	摘要	借方余额	贷方余额
铁锄板	1个	327	
肥篮	1个	310	
铁磙	84个	6312	
水刘	76个	1866	
箩头	91个	2266	
盒担	80个	2810	
锹刘	80个	29420	
杈刘	35个	3158	
橇	23个	14415	
碾场	1座	20000	
厨	99双	61930	
荆篮	2个	66	
木犁	88号	46940	
磨套	5个	9100	
翅罩	3个	750	
闷草	4个	2772	
大锄头	2个	29195	
锄肥杈	1个	250	
绳		18814	
斗	5个	1300	
门扇	1挂	200	
预付牧款			
常旭升	付缝衣款	35570	
本家牛伏	修建房屋3间	101505	
林峪岔沟	买材料 35774	29774	
下年麦种分	1510斤	19427	
大菜款		1790	
荒滩地	基本建设用	5641	
经损收支	由上年转来	6137	
公积金			

图11-3-5　西沟乡金星农林牧生产合作社各科目明细表四

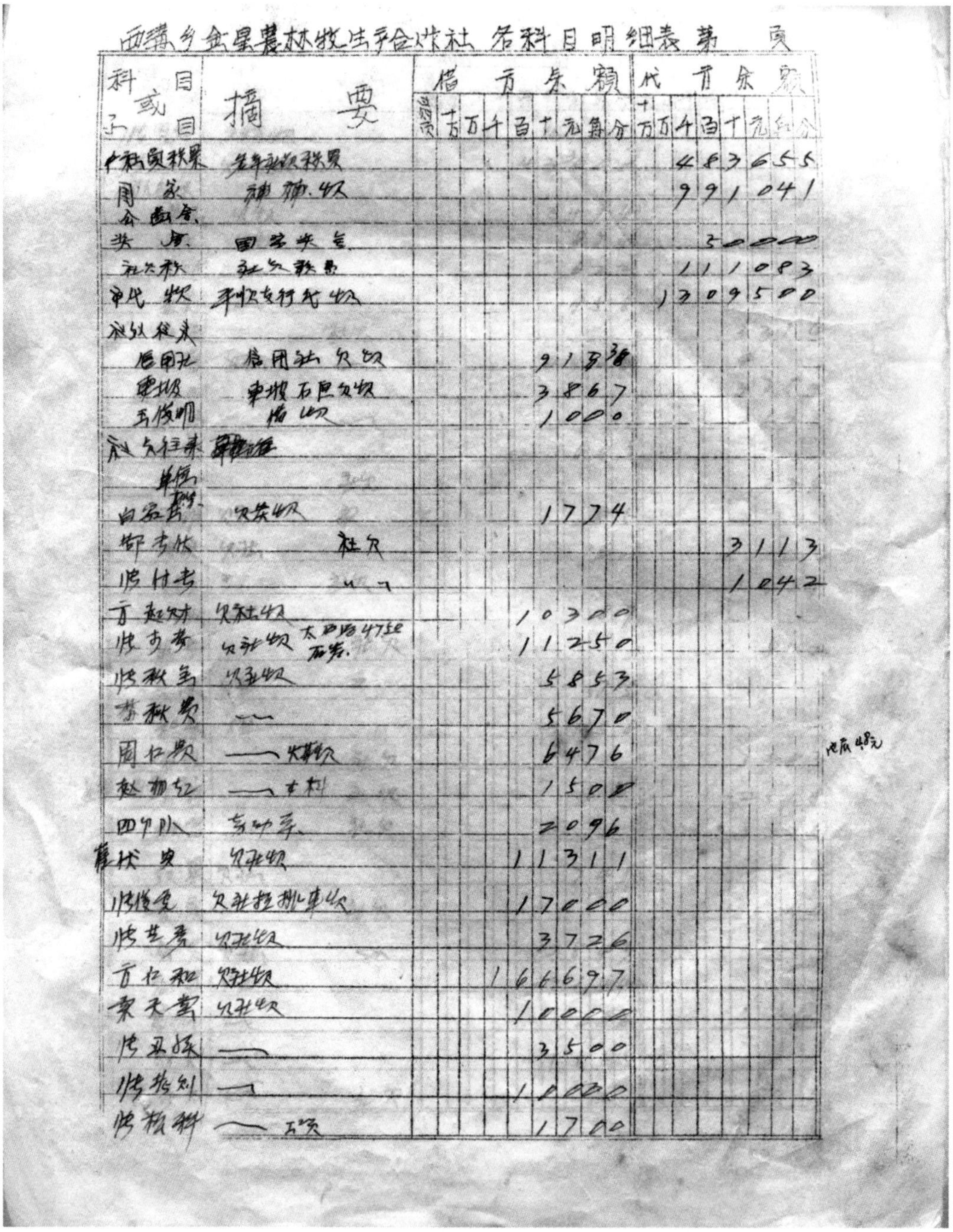

西沟乡金星农林牧生产合作社 各科目明细表 第 页

科目或子目	摘要	借方余额 万千百十元角分	代方余额 万千百十元角分
林业收果	去年经收秋果		483655
周×会	神补·收		991041
公积金			
××	国家×××		30000
社××秋	社×秋×		111083
×代牧	平收××代牧		1209500
从×往来			
信用社	信用社欠收	9138	
束坂	束坂石×欠收	3867	
马俊明	欠收	1000	
×气往来			
单×			
白××	欠×收	1774	
邰××	社欠		3113
临××	××		1042
丁×才	欠社收	10300	
张××	欠社收 太四收4730石×	11250	
×秋×	×玉收	5853	
×秋×	——	5670	
周××	—— 火料收	6476	
赵××	—— 大料	1508	
四××	气劝×	2096	
籍××	欠北收	11311	
×缓×	欠社拉挑车收	17000	
×艺×	欠北收	3726	
万×和	欠社收	16669.7	
×天×	欠社收	10000	
×五×	——	3500	
×张×	——	10000	
×枝×	—— 石×	1700	

图11-3-6 西沟乡金星农林牧生产合作社各科目明细表五

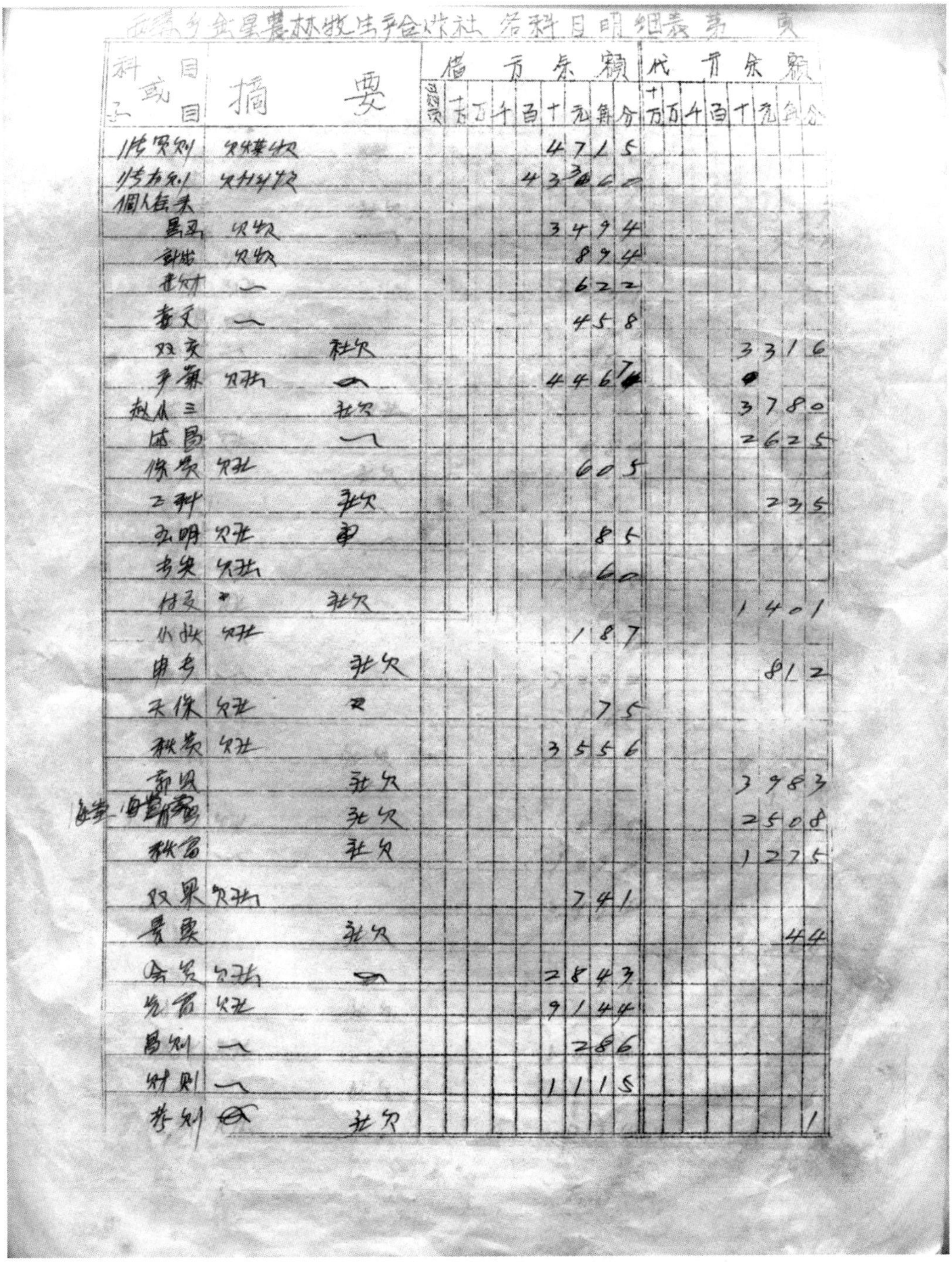

图11-3-7　西沟乡金星农林牧生产合作社各科目明细表六

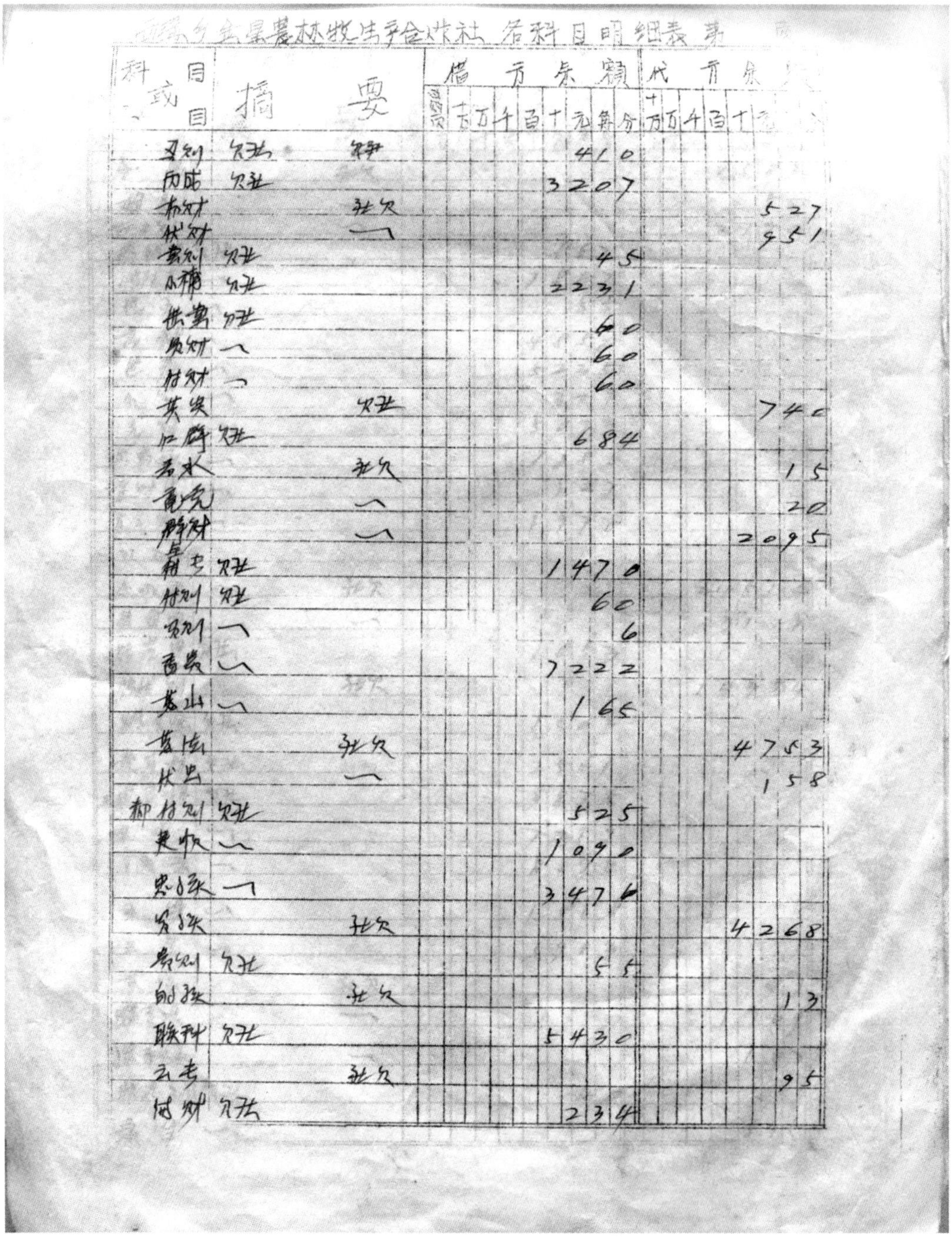

西沟乡金星农林牧生产合作社 各科目明细表 第 页

科目或细目	摘要		借方余额	贷方余额
习则	欠社	欠社	410	
历成	欠社		3207	
布财		社欠		527
伏财		〃		451
贵则	欠社		45	
小稀	欠社		2231	
世安	欠社		60	
负财	〃		60	
材财	〃		60	
英俊		欠社		740
仁脾	欠社		684	
吉水		社欠		15
竟亮		〃		20
胖财		〃		2095
有志	欠社		1470	
付则	欠社		60	
贤则	〃		6	
吉贵	〃		7222	
黄山	〃		165	
芳梅		社欠		4753
伏忠		〃		158
郝材则	欠社		525	
建帜	〃		1090	
忠孩	〃		3476	
贤孩		社欠		4268
贵则	欠社		55	
白孩		社欠		13
联科	欠社		5430	
云寿		社欠		95
何财	欠社		234	

图11-3-8 西沟乡金星农林牧生产合作社各科目明细表七

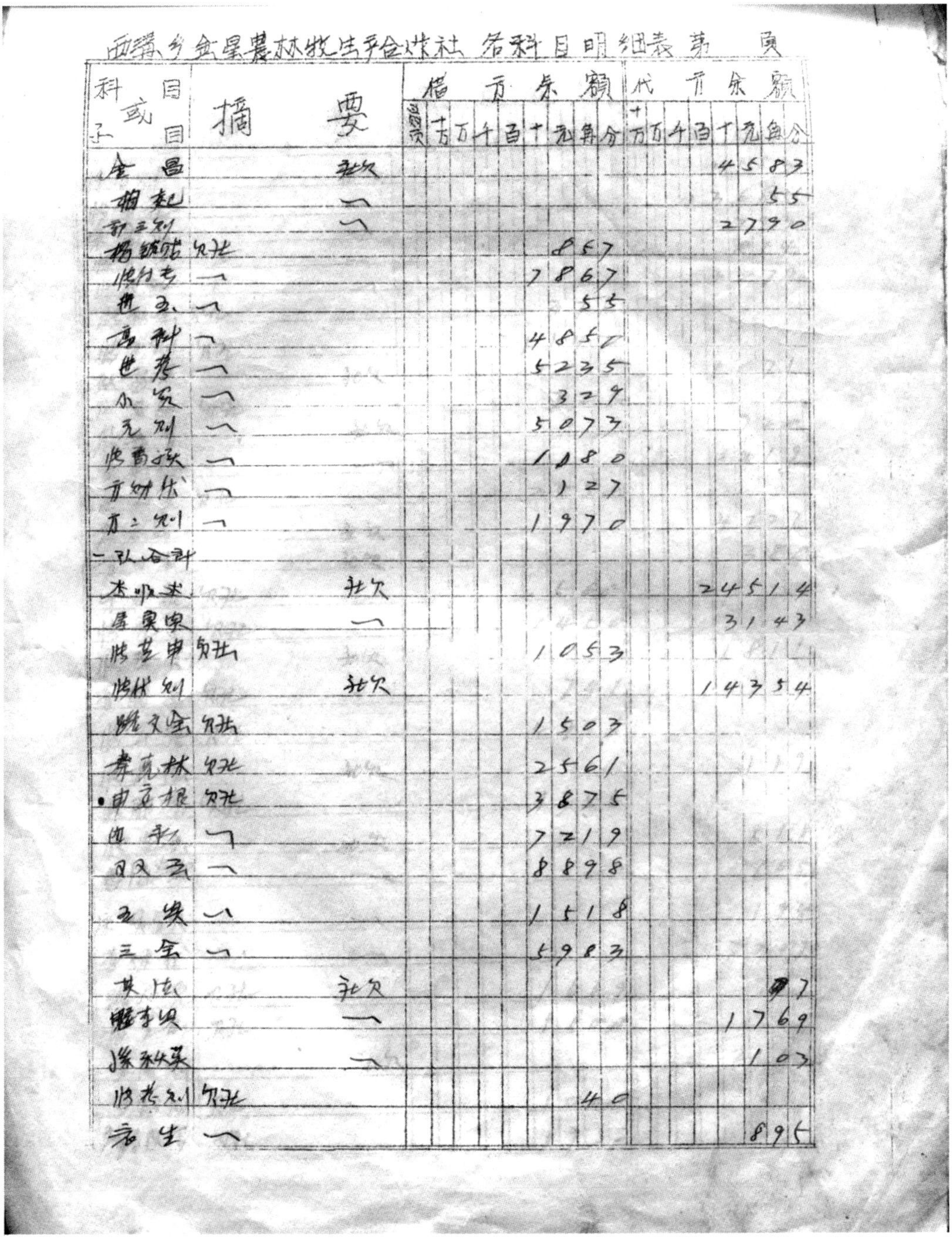

西沟乡金星农林牧生产合作社　各科目明细表　第　页

科目或子目	摘要	借方余额 万 千 百 十 元 角 分	代方余额 万 千 百 十 元 角 分
金星	转次		4 5 8 3
拐起	一		5 5
计三到			2 7 9 0
杨振兴	欠北	8 6 7	
候村专	一	7 8 6 7	
井玉	一	5 5	
高科	一	4 8 5	
世春	一	5 2 3 5	
小宽	一	3 2 9	
玉刚	一	5 0 7 3	
候有致		1 0 8 0	
开幼乐		1 2 7	
开二礼到	一	1 9 7 0	
一弘合科			
本收求	北欠		2 4 5 1 4
居宗宝	一		3 1 4 3
肋芸申	欠北	1 0 5 3	
肋代刘	北欠		1 4 3 5 4
瑞文宝	欠北	1 5 0 3	
寿克林	欠北	2 5 6 1	
申克根	欠北	3 8 7 5	
四平	一	7 2 1 9	
旦反玉	一	8 8 9 8	
玉宽	一	1 5 1 8	
三全	一	5 9 8 3	
其他	北欠		7
瑞丰坝	一		1 7 6 9
慄秋菜	一		1 0
肋桥刘	欠北	4 0	
寿生	一		8 9 6

图11-3-9　西沟乡金星农林牧生产合作社各科目明细表八

195

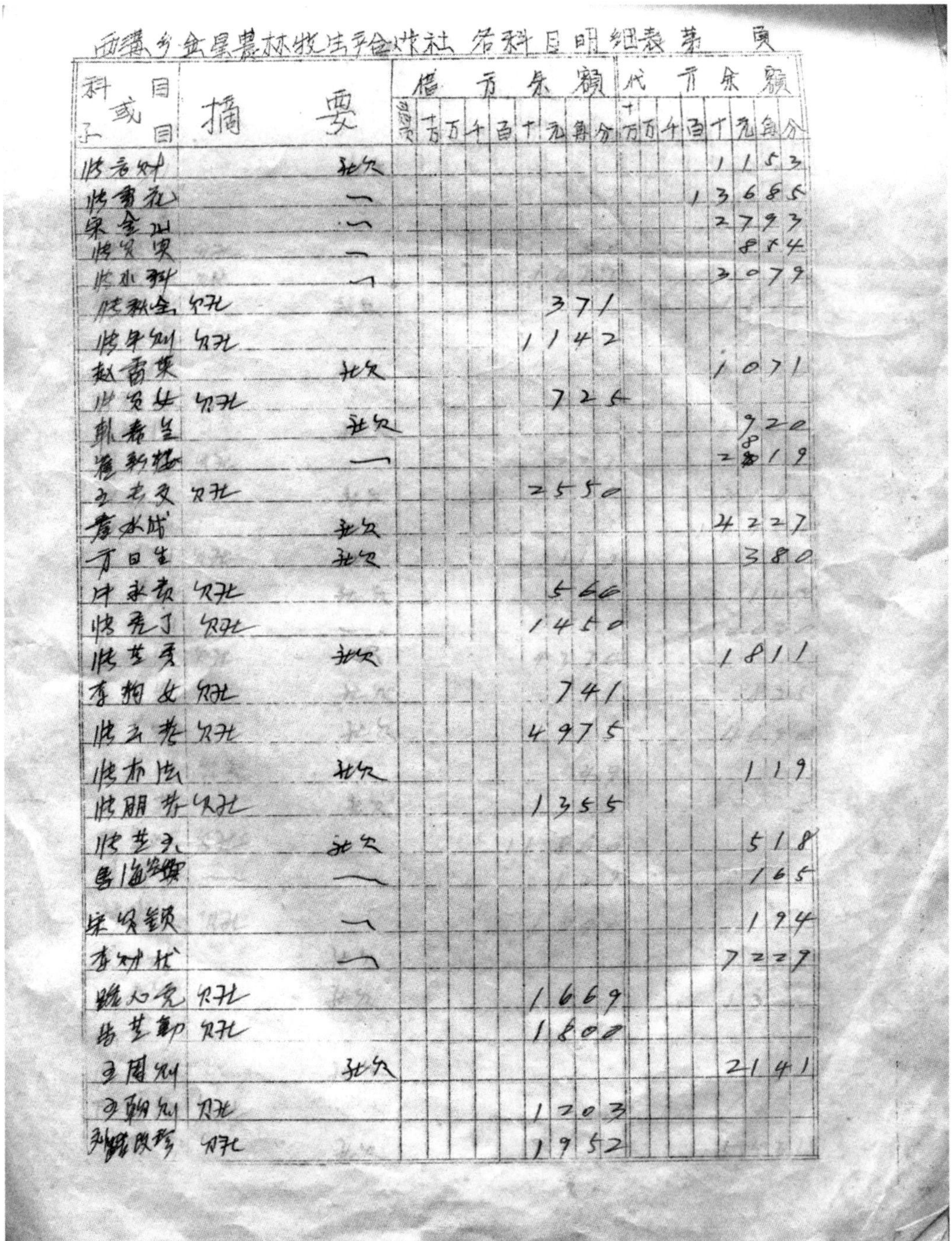

西溝乡金星农林牧生产合作社 各科目明细表 第　页

科目或子目	摘要	借方余额 十万 万 千 百 十 元 角 分	代方余额 十万 万 千 百 十 元 角 分
收言外	北欠		1 1 5 3
收雷元			1 3 6 8 5
宋金山	一		2 7 9 3
收宝实	一二		8 8 4
收水科			3 0 7 9
陈秋全 农孔		3 7 1	
收丰利 农孔		1 1 4 2	
赵雷荣	北欠		1 0 7 1
收宝头 农孔		7 2 5	
郭春生	北欠		9 2 0
蓝新梅	一		2 8 1 9
王老义 农孔		2 5 5 0	
虞水成	北欠		4 2 2 7
万日生	北欠		3 8 0
叶永泉 农孔		5 6 6	
收虎丁 农孔		1 4 5 0	
收芝秀	北欠		1 8 1 1
李柏女 农孔		7 4 1	
收云卷 农孔		4 9 7 5	
收布法	北欠		1 1 9
收明芳 农孔		1 3 5 5	
收芝芳	北欠		5 1 8
收海螺	一		1 6 5
宋终锁			1 9 4
李动杜	一		7 2 2 7
耀九元 农孔		1 6 6 9	
晋其勤 农孔		1 8 0 0	
王周州	北欠		2 1 4 1
王朝礼 农孔		1 2 0 3	
孙改珍 农孔		1 9 5 2	

图11-3-10　西沟乡金星农林牧生产合作社各科目明细表九

196

西沟乡金星农林牧生产合作社　各科目明细表　第　页

科目或子目	摘　要	借方余额									代方余额								
		亿	千	百	十	万	千	百	十	元 角 分	亿	千	百	十	万	千	百	十	元 角 分
收方文引	社欠																2 0 2		
郭体川	一															1 3 6 7		
李玉春	一															2 2 7 7		
收果套 欠社									6 6										
收女孩 欠社								1 6 1 7											
桌灸平	社欠															1 8 6 6			
二队合计																			
杨口跃	社欠															3 5 7 5			
收柏根 欠社								5 0 6											
肖成拴	社欠															3 0 0 2			
周仁昌 欠社									2 2 7										
收来专	社欠															3 1 4 0			
郭来爱	社欠														1 3 4 6 8				
收贤刘 欠社	社欠							1 1 2											
收基辟	社欠															1 4 9			
收全桑	一															2 6 2 0			
摧饮货 欠社	社						4 3 7 4												
摧专发	社欠															8 2 5			
收基辟	社欠															4 6 9 6			
收布山 欠社									4 9										
收付根	社欠																	二	
周自忠 欠社						1 1 8 6 0													
周群五	一								1 2 9										
收果粮 欠社						1 0 4 0													
武旭才	社欠															1 4 8 5			
收春米	社欠															1 3 0 0			
收基财 欠社								9 8											
收延仁	社欠																4 0		
周郭拴 欠社							4 2 0												
贾考	社欠															5 4 3 1			

图11-3-11　西沟乡金星农林牧生产合作社各科目明细表十

197

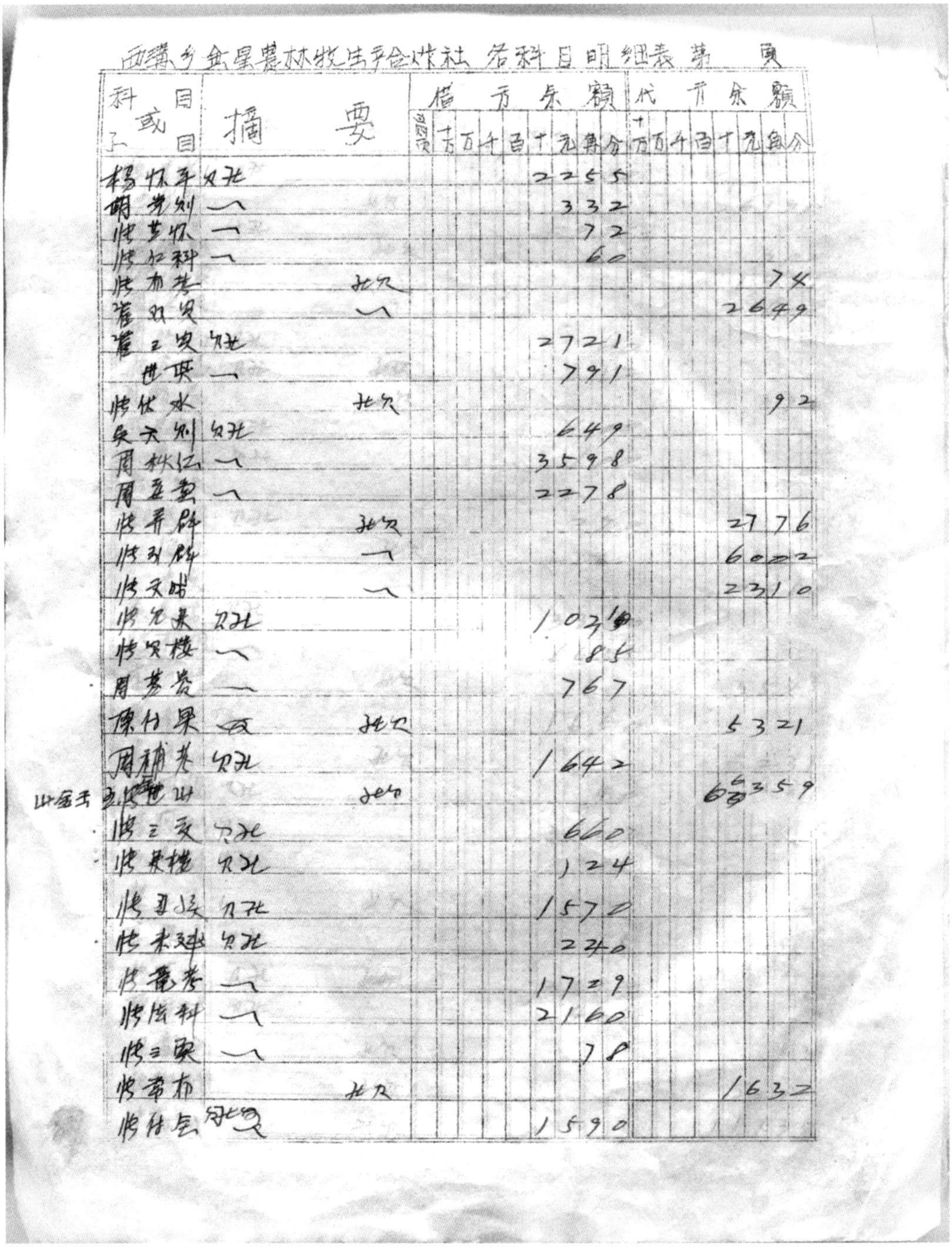

科目或子目	摘要	借方余额							贷方余额						
		万	千	百	十	元	角	分	万	千	百	十	元	角	分
杨怀平 收九				2	2	5	5								
胡劳列 一					3	3	2								
胡芳收 一						7	2								
胡红秤 一						6	0								
胡市兰 北九													7	8	
崔羽贤											2	6	4	9	
崔二发 收九				2	7	2	1								
进项 一					7	9	1								
胡代永 北九													9	2	
吴天列 收九					6	4	9								
周林江 一				3	5	9	8								
周亚云 一				2	2	7	8								
胡菲降 北九											2	7	7	6	
胡引样 一											6	0	2	2	
胡天明 一										2	3	1	0		
胡光美 收九			1	0	7	7	0								
胡兴楼 一						8	8								
周芳荣 一					7	6	7								
陈什果 反 北九											6	3	2	1	
周补兰 收九			1	6	4	2									
收什兰 出山亩玉										6	6	3	5	9	
胡三文 收九				6	6	0									
收来楼 收九				1	2	4									
胡引发 收九			1	5	7	0									
胡米进 收九				2	2	0									
胡喜考 一			1	7	3	9									
胡信科 一			2	1	6	0									
胡三荣 一					7	8									
收革布 北九											1	6	3	2	
胡什兰 分九			1	5	9	0									

图11-3-12　西沟乡金星农林牧生产合作社各科目明细表十一

198

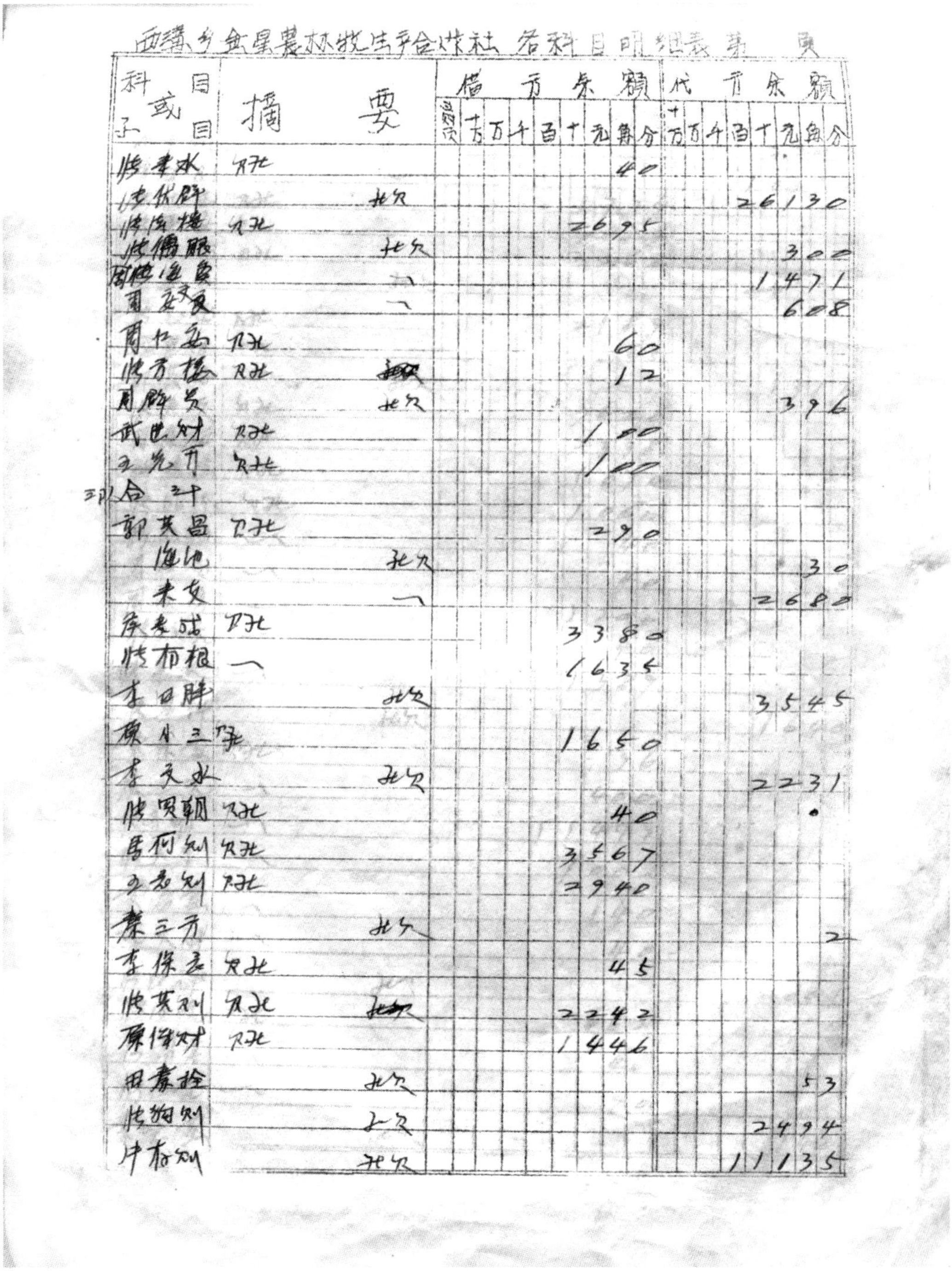

西沟乡金星农林牧生产合作社 各科目明细表 第 页

科目或子目	摘要	借方余额	贷方余额
陈来水	欠社	40	
陈代辟	社欠		26130
陈保楼	欠社	2695	
陈偏服	社欠		300
陈俊海	〃		1471
周至文	〃		608
周仁和	欠社	60	
陈方根	欠社	12	
周辟贤	社欠		396
武世财	欠社	100	
王先开	欠社	100	
合 计			
郭英昌	欠社	290	
海池	社欠		30
来文	〃		2680
秦来成	欠社	3380	
陈柏根	〃	1635	
李日胖	社欠		3545
陈小三	欠社	1650	
李文水	社欠		2231
陈贤朝	欠社	40	
高何则	欠社	3567	
王老则	欠社	2940	
秦三万	社欠		2
李保老	欠社	45	
陈英则	欠社	2242	
原保财	欠社	1446	
田春栓	社欠		53
陈狗则	社欠		2494
申存则	社欠		11135

图11-3-13　西沟乡金星农林牧生产合作社各科目明细表十二

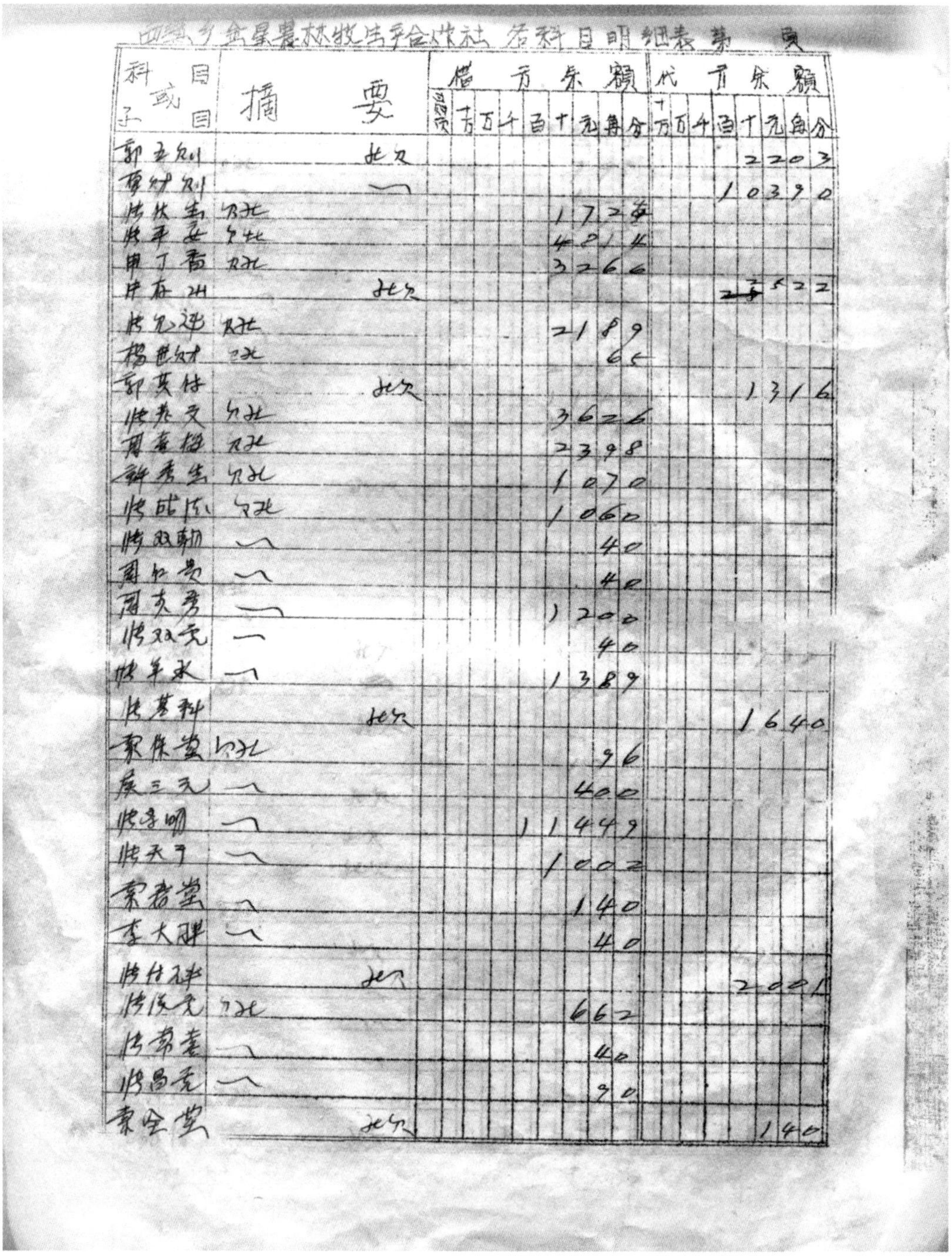

四沟乡金星农林牧生产合作社　各科目明细表第　页

科目或子目	摘要	借方余额								代方余额							
		亿	万	千	百	十	元	角	分	亿	万	千	百	十	元	角	分
郭玉则	北又												2	2	0	3	
夏妙则													1	0	3	9	0
申伏生						1	7	2	8								
申平忠						4	0	1	4								
申丁香						3	2	6	6								
申在山	北又												2	5	2	2	
申兆连						2	1	8	9								
杨世财								6	5								
郭英娃	北又												1	3	1	6	
申秀文						3	6	2	6								
夏宝栓						2	3	9	8								
解秀生						1	0	7	0								
申成元						1	0	6	0								
申双勤								4	0								
周任高								4	0								
周友房						1	2	0	0								
申双元								4	0								
申平永						1	3	8	9								
申某科	北又												1	6	4	0	
索保堂								9	6								
辰三元							4	0	0								
申守明						1	4	4	9								
申天元						1	0	0	2								
索福堂							1	4	0								
李大群								4	0								
申任平	北又												2	0	0	1	
申俊元							6	6	2								
申布贵								4	0								
申昌元								9	0								
索全堂	北又												1	4	0		

图11-3-14　西沟乡金星农林牧生产合作社各科目明细表十三

200

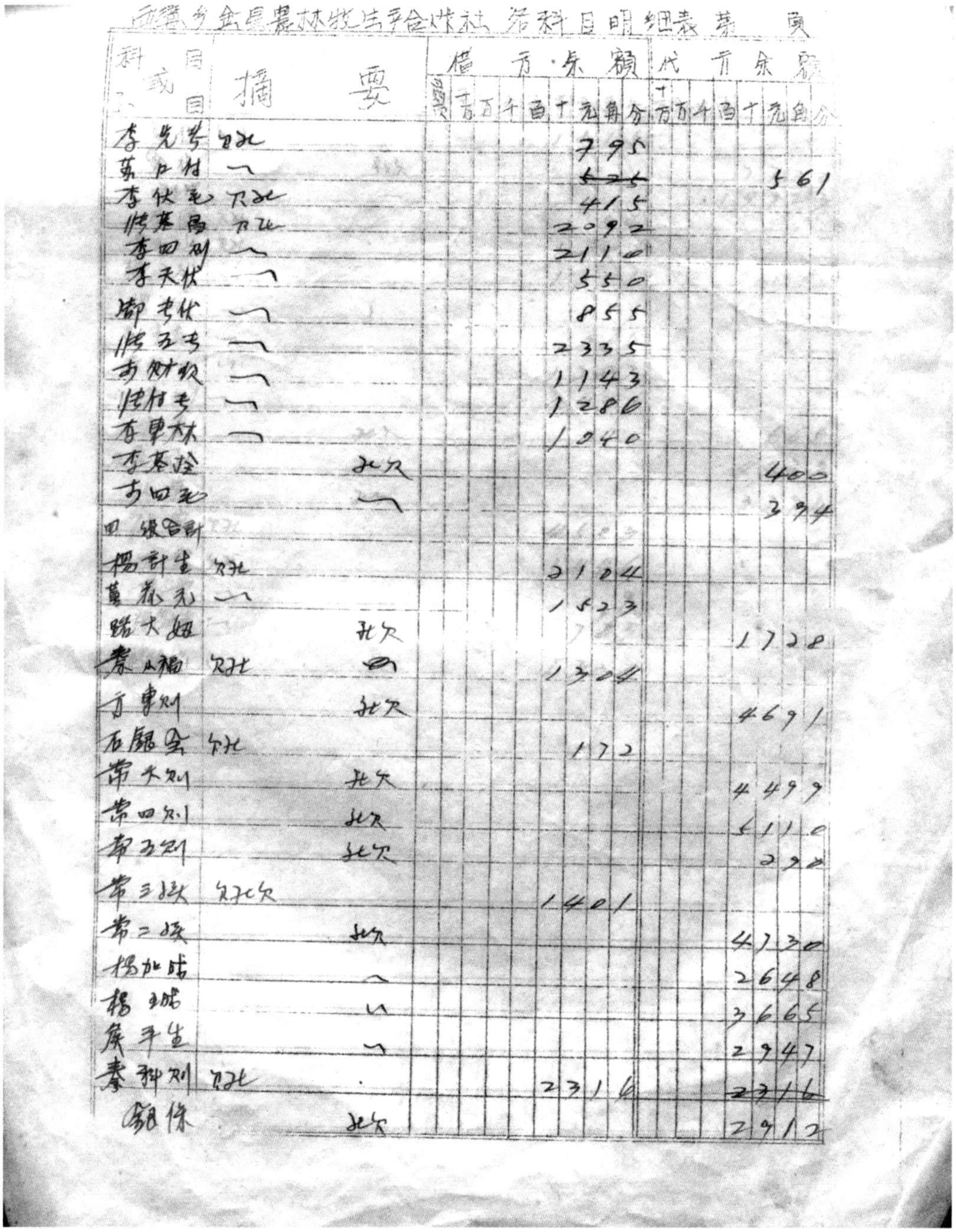

西沟乡金星农林牧生产合作社 各科目明细表第 页

科目或项目	摘要	借方余额	贷方余额
李先荣	欠北	795	
苏上村	～		561
李伙宅	欠北	415	
陈某昌	欠北	2092	
李四刘	～	2110	
李天伏	～	550	
御老伏	～	855	
陈五寿	～	2335	
方财收	～	1143	
陈柱毛	～	1286	
方草木	～	1240	
李某栓	北欠		400
方四毛	～		394
四级合计			
杨计生	欠北	2104	
草花元	～	1523	
路大妞	北欠		1728
秦小福	欠北	1300	
方惠刘	北欠		4691
石服金	欠北	172	
常大刘	北欠		4499
常四刘	北欠		5110
常三刘	北欠		222
常三妓	欠北欠	1401	
常二妓	北欠		4730
杨加法	～		2648
杨琦珑	～		3665
庞手生	～		2947
秦神刘	欠北	2316	2316
领保	北欠		2912

图11-3-15 西沟乡金星农林牧生产合作社各科目明细表十四

201

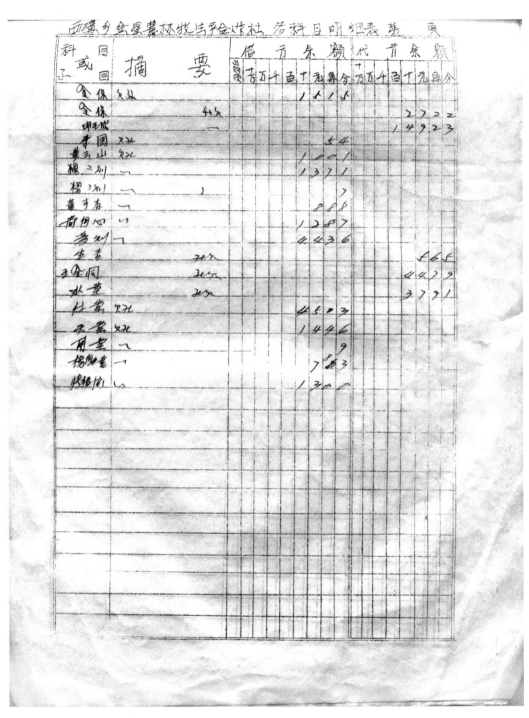

图11-3-16　西沟乡金星农林牧生产合作社各科目明细表十五

202

十二、账目

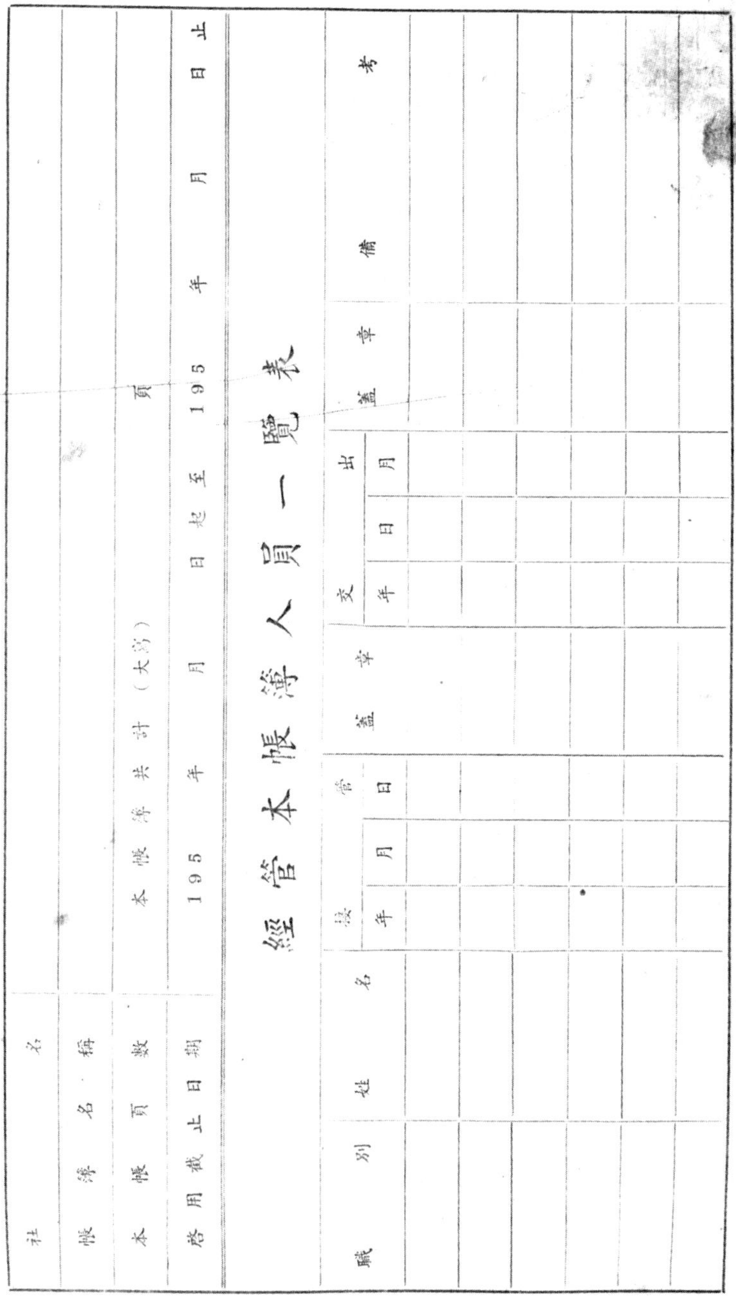

经 管 本 账 簿 人 员 一 览 表

社　名

账 簿 名 称

本 账 簿 页 数

启用截止日期

本账簿共计（大写）　195　年　月　日起至　195　年　月　日止　　页

职别	姓名	接账		交账		备考
		年 月 日	盖章	年 月 日	盖章	

图12-1　经管本账簿人员一览表封面

203

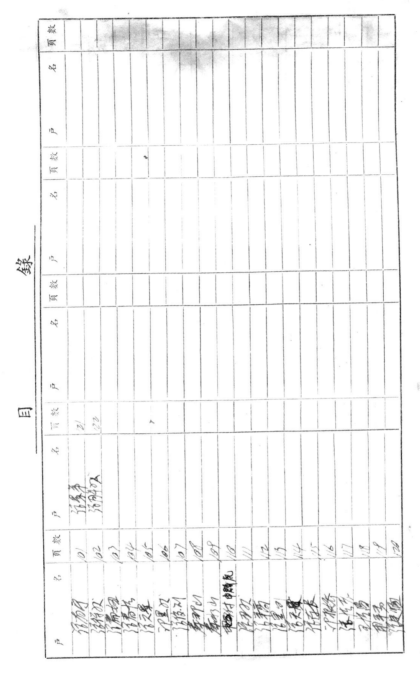

图12-2 目录

　　注：按照户名和对应页数记录，共记有22名：张有宁、张得孩、张扁妞、张春法、张六景、郭黑孩、张俊则、秦邦山、秦水山、申群虎、张丑孩、张羊高、张黑则、张天景、张连长、郭根娇、张法孝、王法昌、申平秀、张廷顺、张景弟、张胖孩。

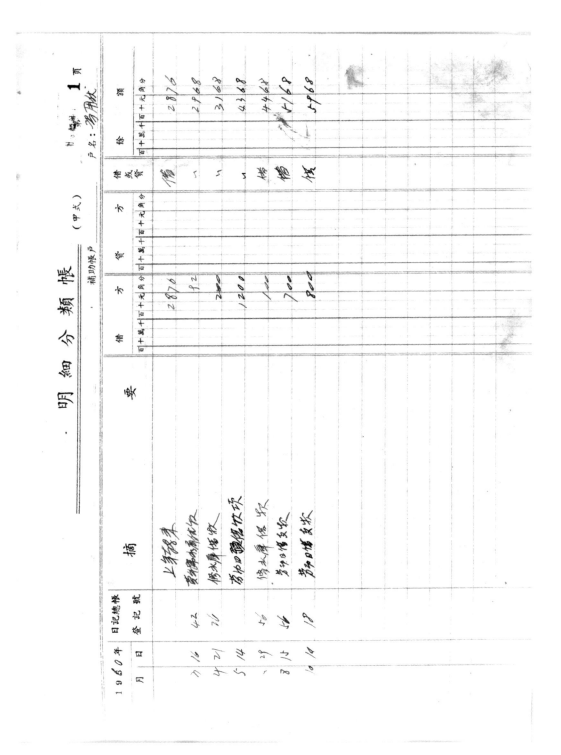

图12-3　冯用优（户名）明细分类账

注：账面记录1960年某月某日日记总账登记号、摘要、借方、贷方、余额情况，下同。

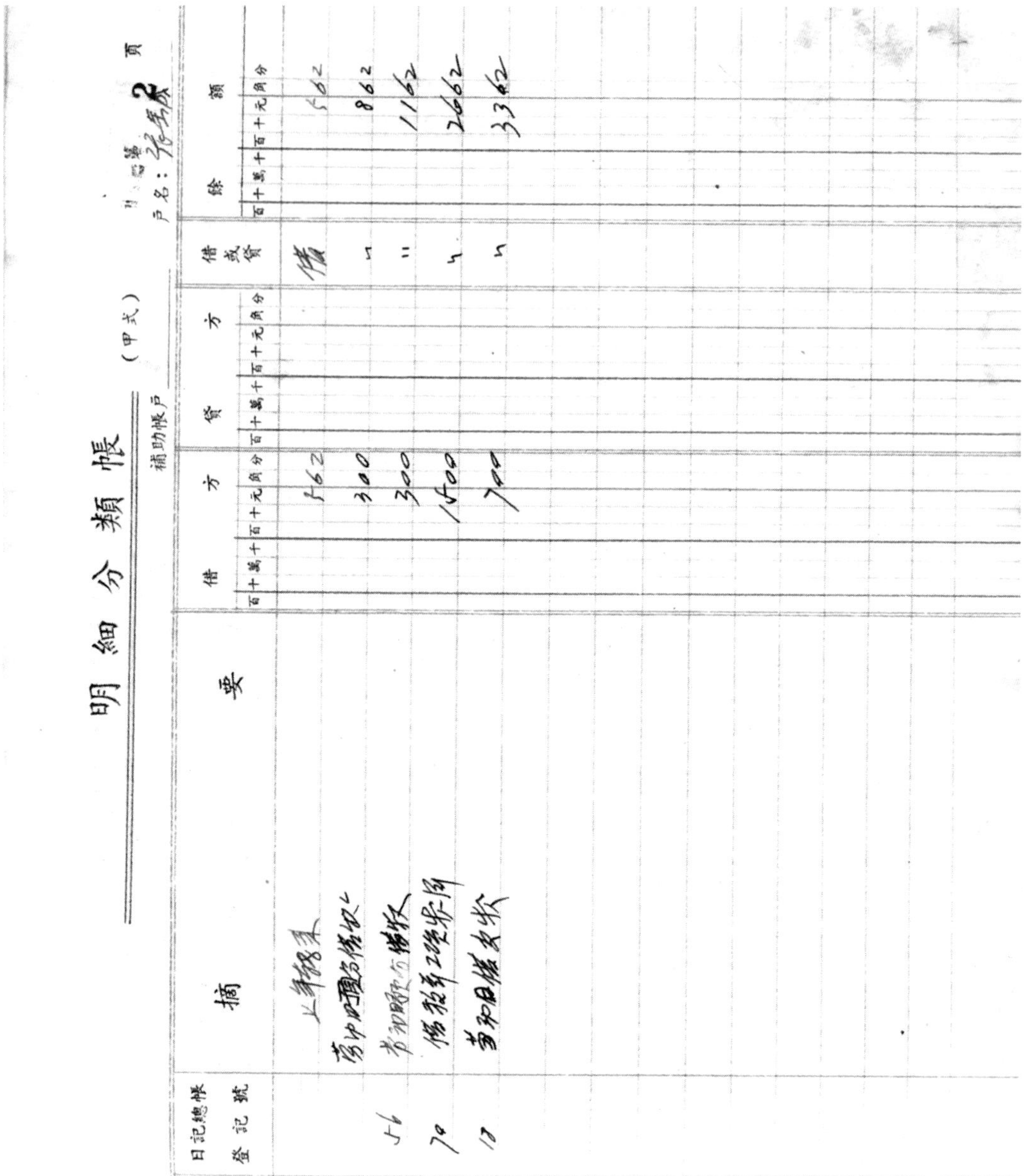

明 细 分 类 帐 （甲式）

辅助帐户

户名：张全成　　页 2

195_ 年		日记总账 登记页数	摘要	借 方	贷 方	借或贷	余 额
月	日						
5	14		上年结转	562		借	562
8	15	1		300			862
9	20	7		300			1162
10	10	10		1500			2662
				700			3362

图12-4　张全成（户名）明细分类账

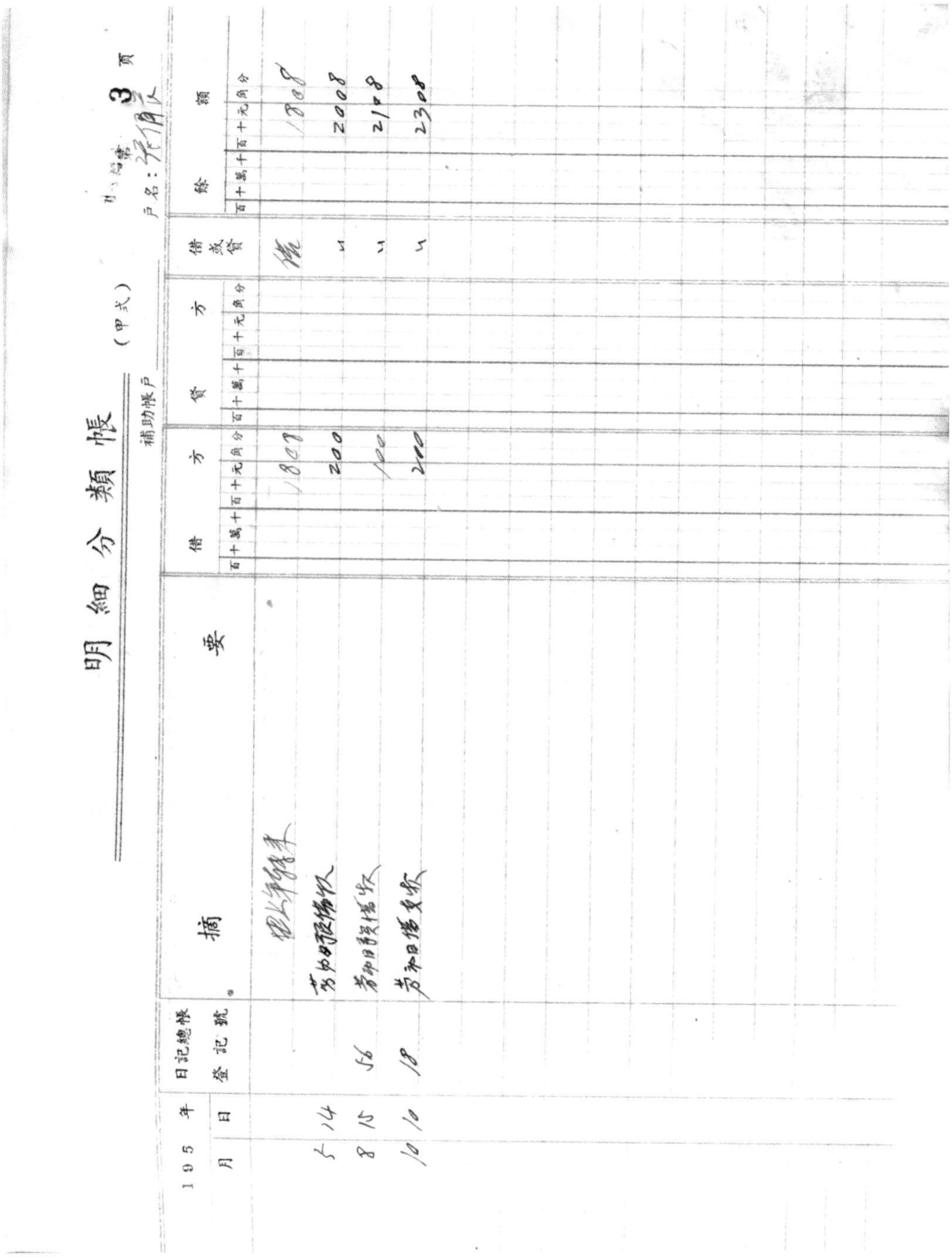

明 细 分 类 帐 （甲式）

辅助帐户

户名：张X长 第 **3** 页

195_ 年		日记帐/总帐 登记号数	摘 要	借 方	贷 方	借或贷	余 额
月	日						
5	14		经办等货手	1807		借	1807
8	15	56	为◯◯垫物件	200		借	2008
10	10	18	为◯日领材料	100		借	2108
			为◯日领材料	200		借	2308

图12-5　张X长（户名）明细分类账

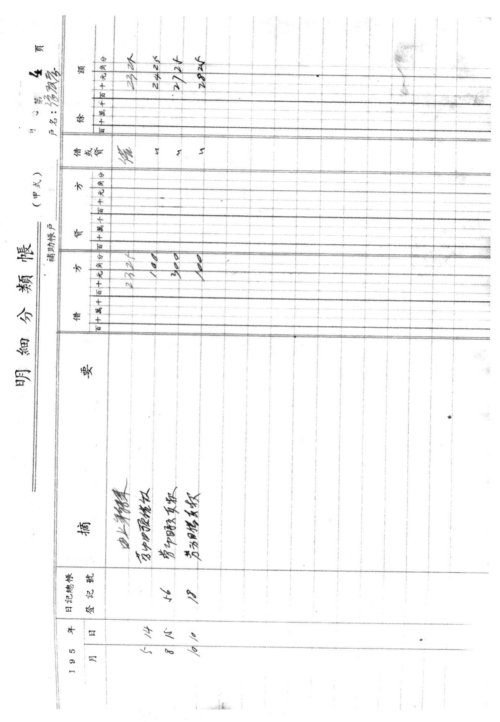

图12-6 张发孝（户名）明细分类账

208

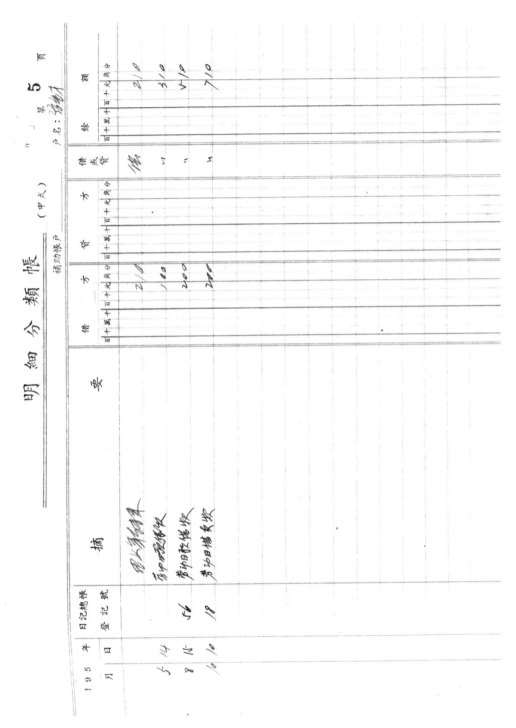

图12-7 张生才（户名）明细分类账

209

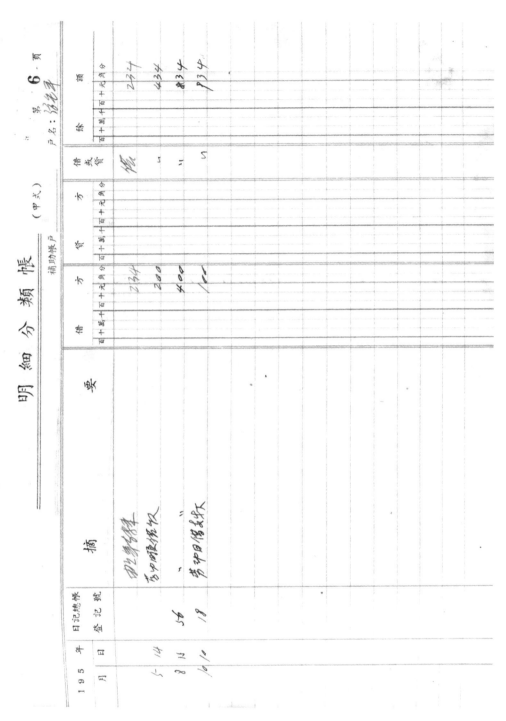

图12-8　张生平（户名）明细分类账

210

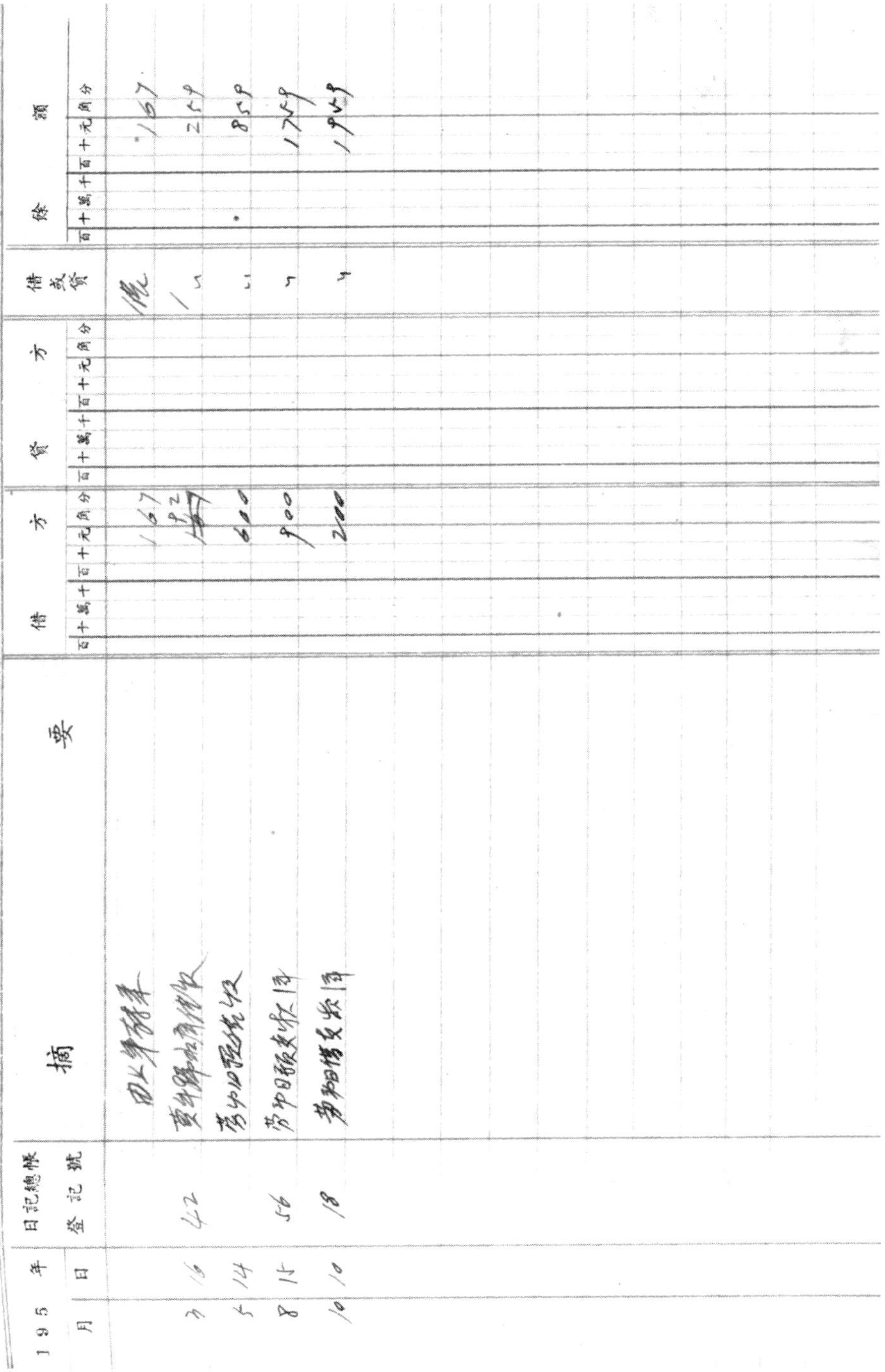

明 细 分 类 账

（甲式）

辅助帐户

第 7 页

户名：张廷贵

图12-9 张廷贵（户名）明细分类账

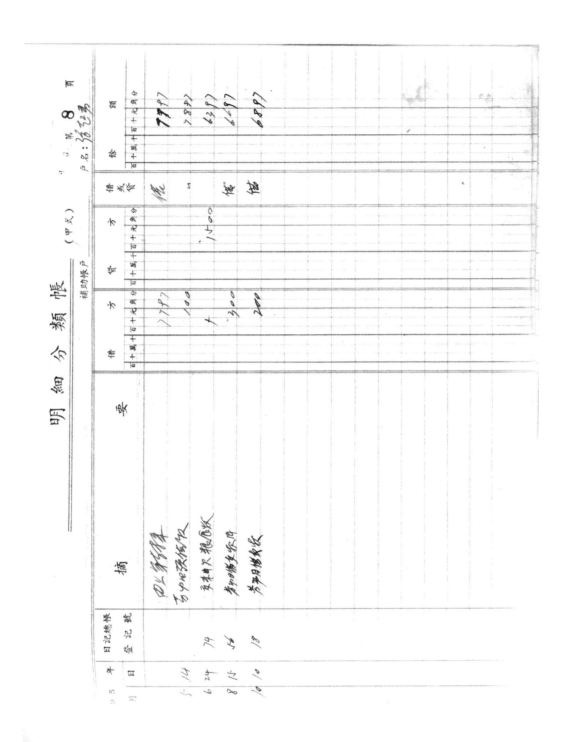

图12-10　张起秀（户名）明细分类账

212

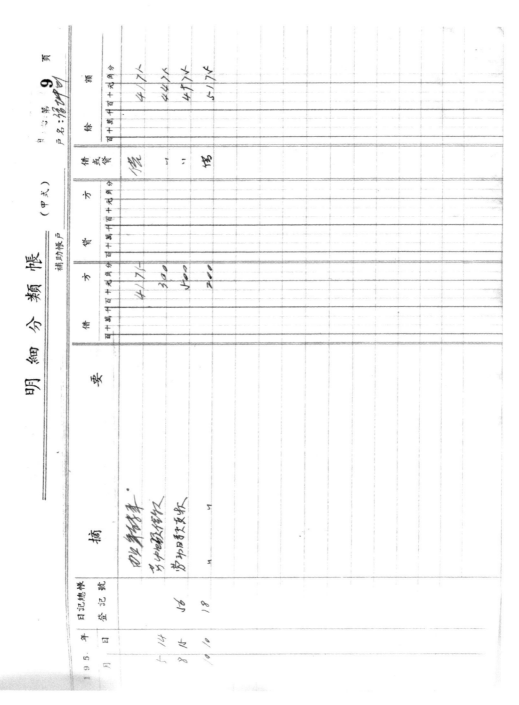

图12-11　张增则（户名）明细分类账

213

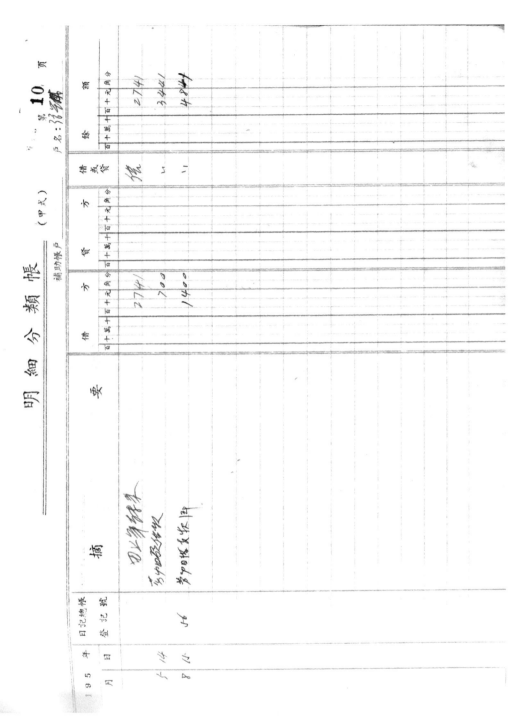

图12-12　张兴成（户名）明细分类账

214

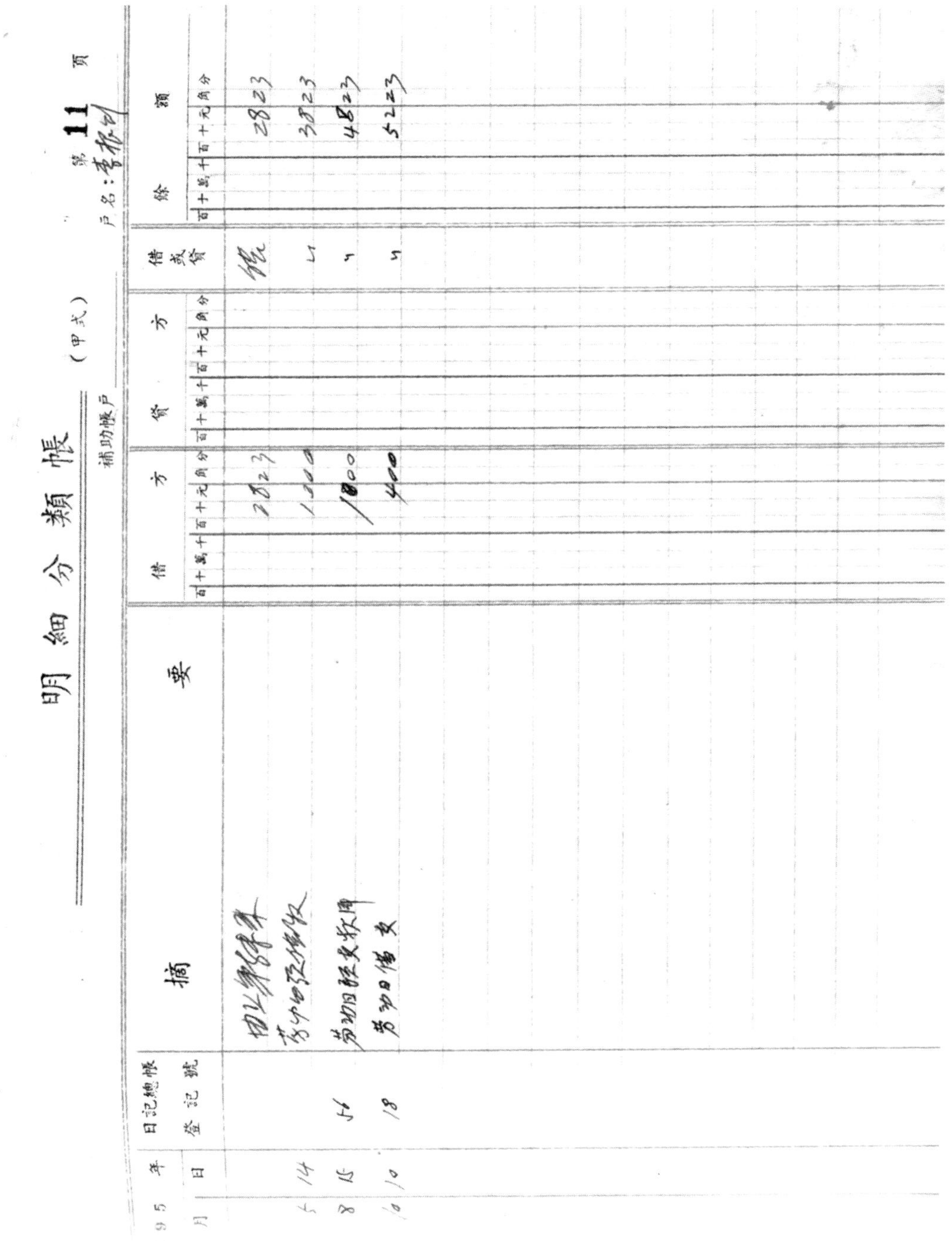

明 細 分 類 帳 （甲式）

補助帳戶

第 **11** 页

户名：李根则

年 月 日	日记总账登记号数	摘要	借 方	贷 方	借或贷	余 额
5 14			2823		借	2823
8 15	17		1500		17	3323
10 10	18		1800		5	4823
			400		5	5223

图12-13 李根则（户名）明细分类账

215

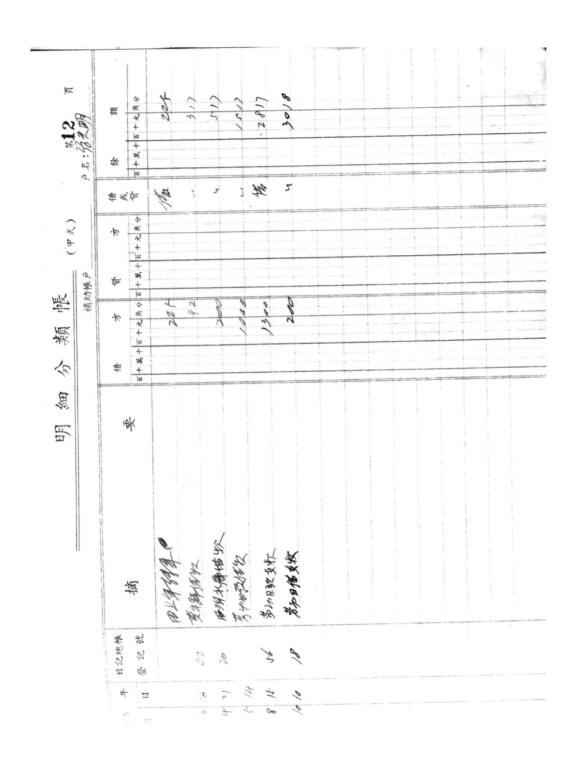

图12-14 张天明（户名）明细分类账

216

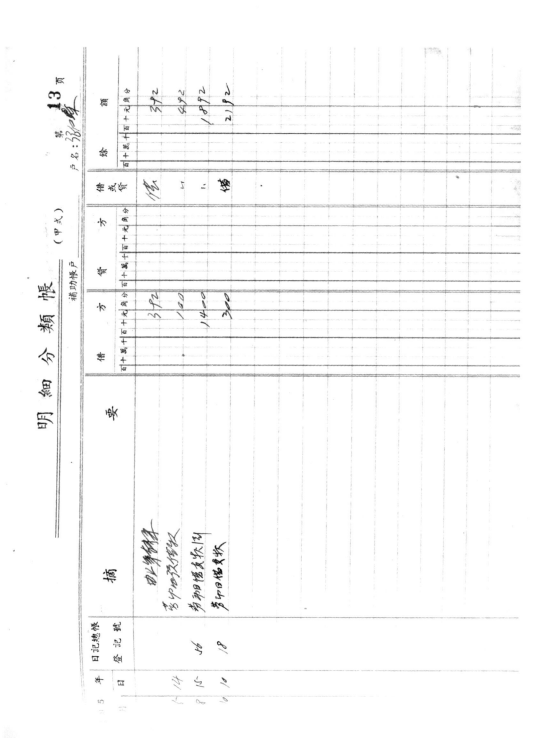

图12-15 张红景（户名）明细分类账

217

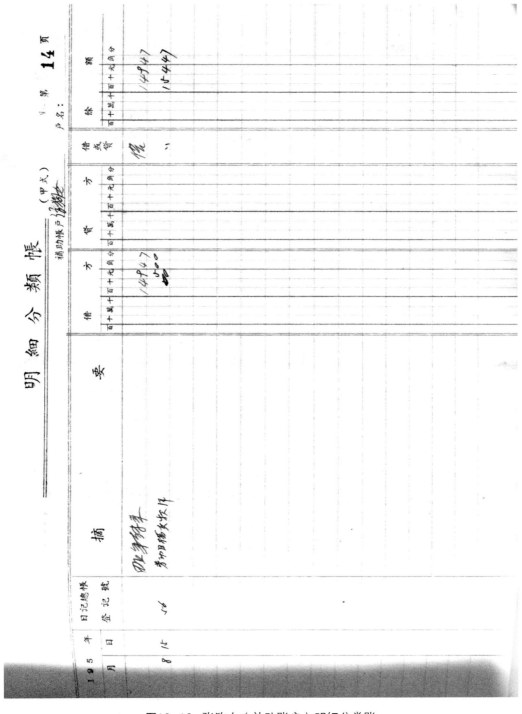

图12-16 张狗女（补助账户）明细分类账

218

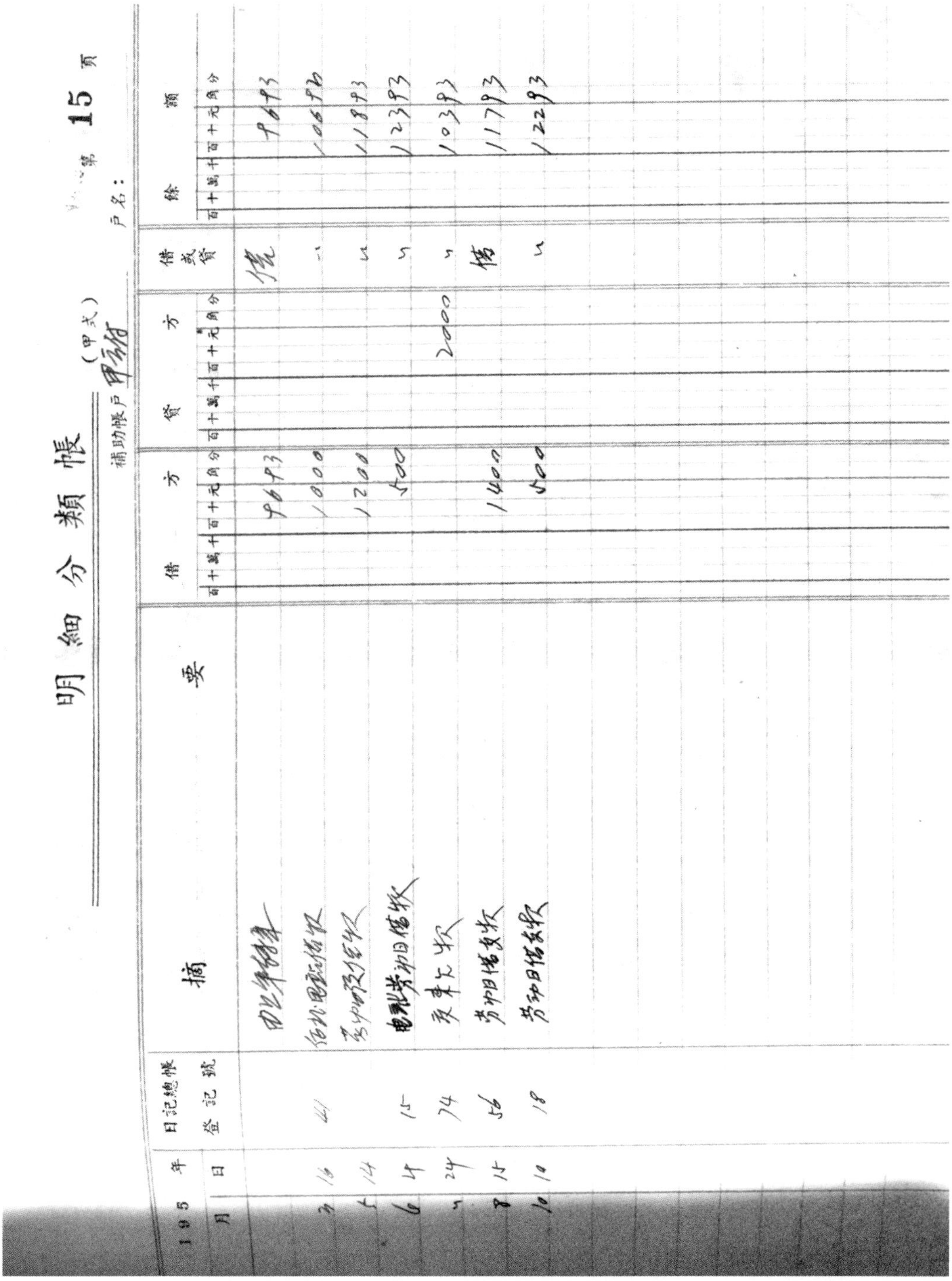

明 细 分 类 帐 (甲式)

补助账户 甲名结

户名：

195年		日记总帐	摘要	借方	贷方	借或贷	余额
月	日	登记号数		万千百十元角分	万千百十元角分		万千百十元角分
3	10		甲乙年结余	9873		借	9873
5	14	11	给他汇款结账	1000		借	10873
6	4	15	承他汇款到本户	1200		借	11873
7	24	14	电汇承他到店付	1500	2000	贷	12373
8	15	13	承他汇给本户	1400			10373
10	10	18	承他B结余结账	1500			11793
							12293

图12-17 申方付（补助账户）明细分类账

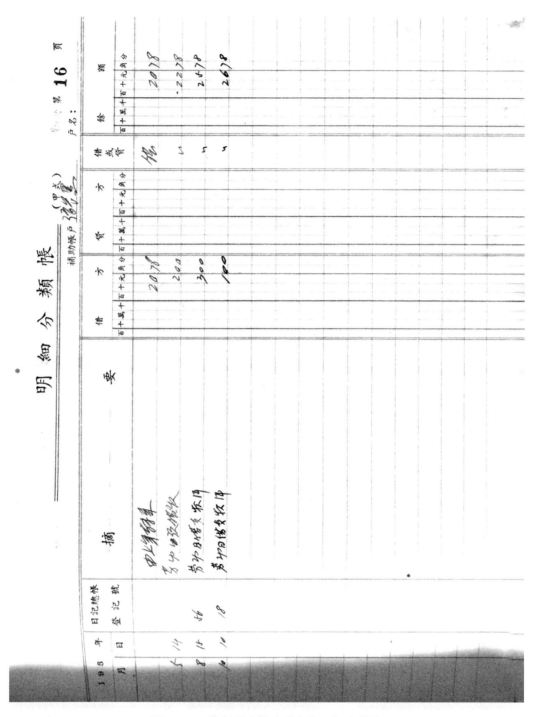

图12-18 张长黑（补助账户）明细分类账

220

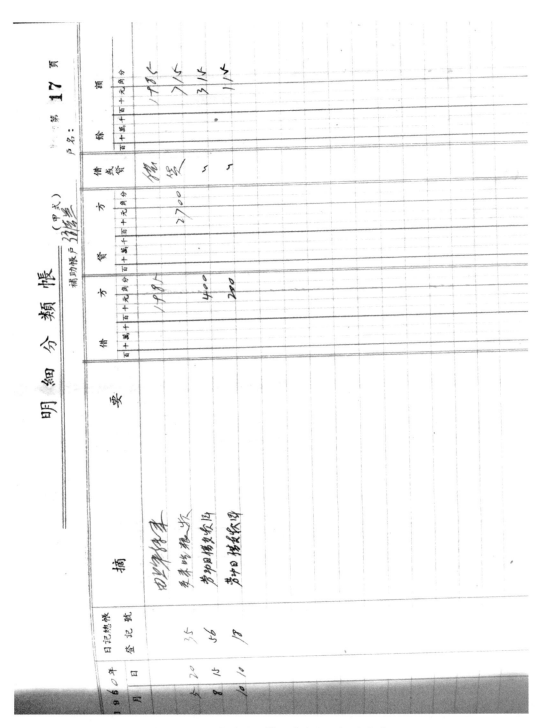

图12-19 张法兰（补助账户）明细分类账

221

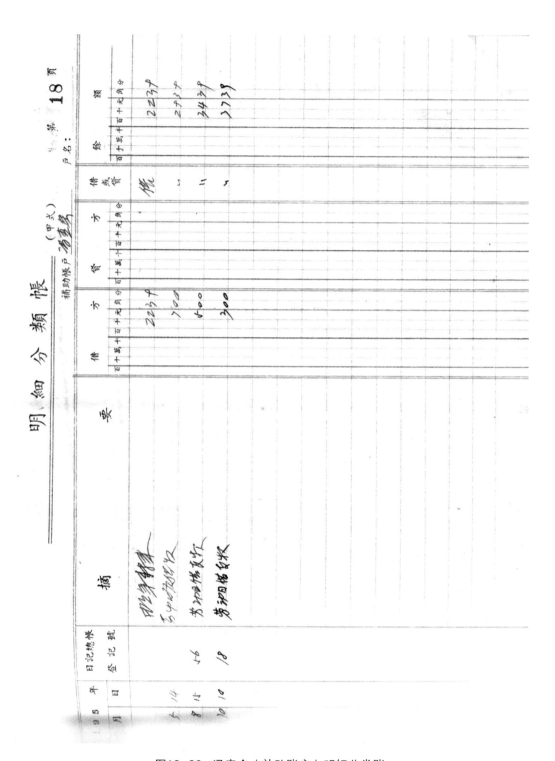

图12-20 冯青全（补助账户）明细分类账

222

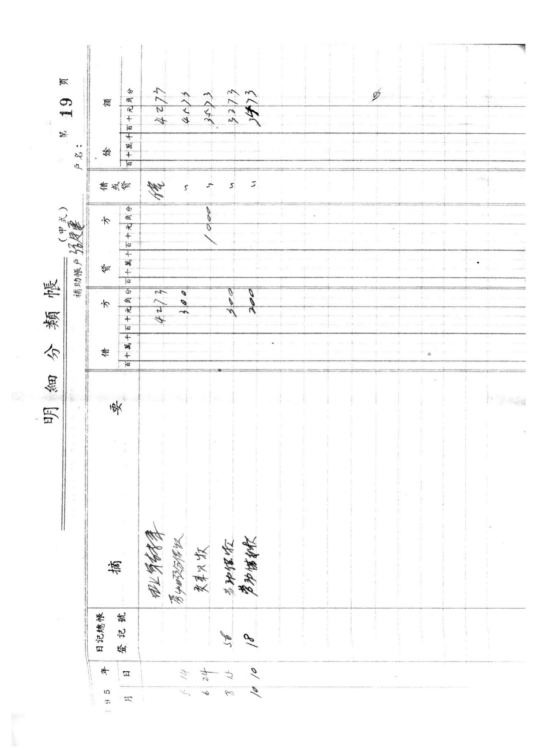

图12-21 张廷要（补助账户）明细分类账

223

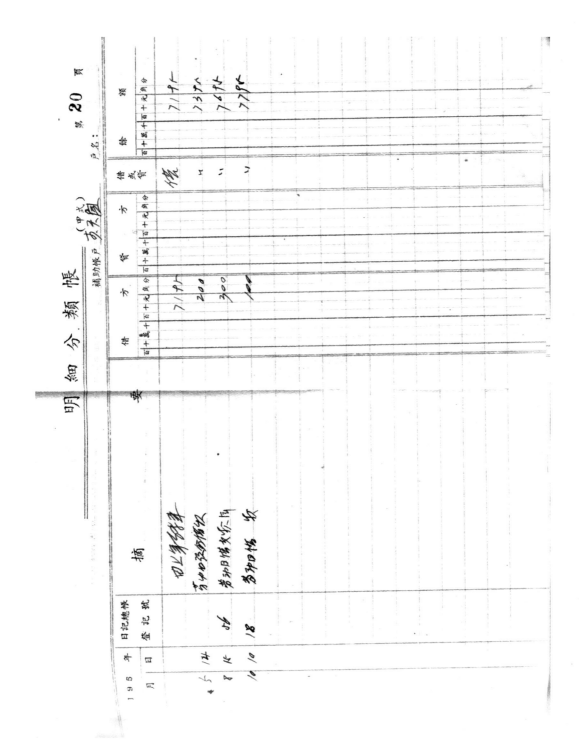

图12-22 李天员（补助账户）明细分类账

224

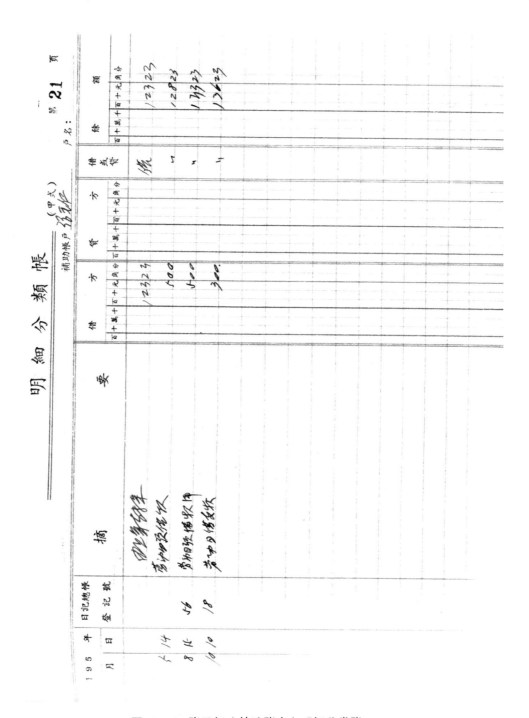

图12-23　张玉红（补助账户）明细分类账

225

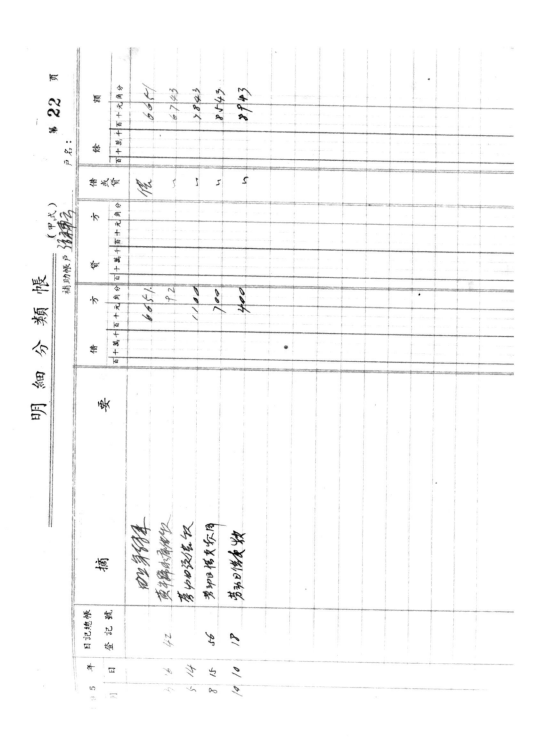

图12-24 张补云（补助账户）明细分类账

226

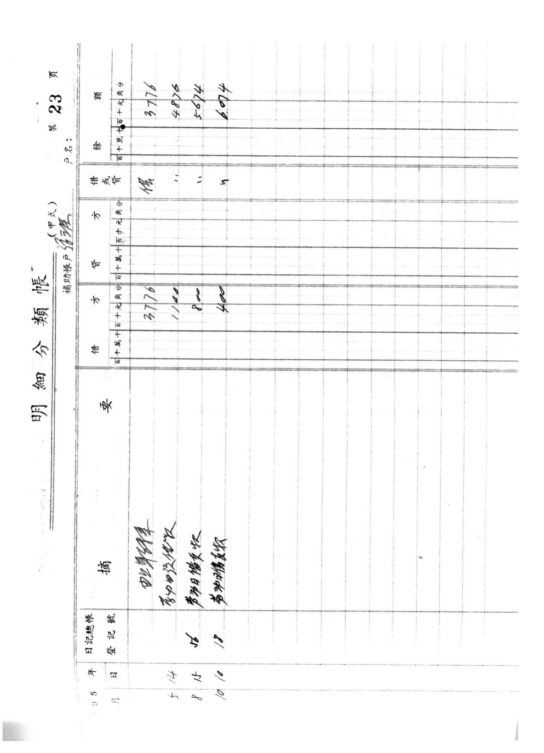

图12-25 张三全（补助账户）明细分类账

227

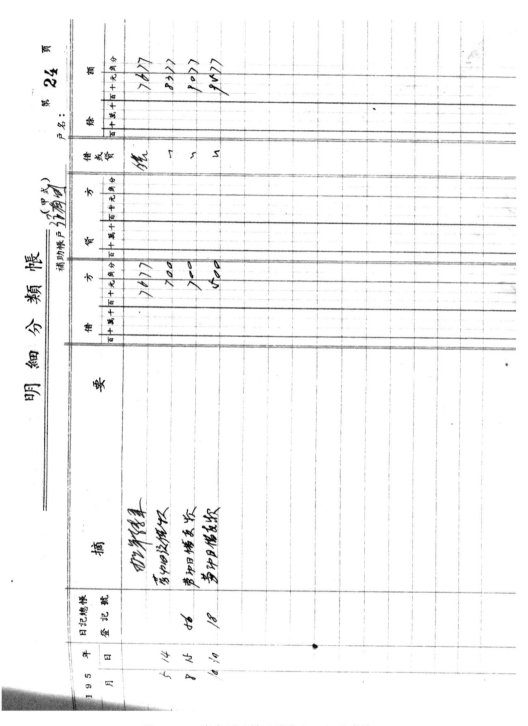

图12-26 张有则（补助账户）明细分类账

228

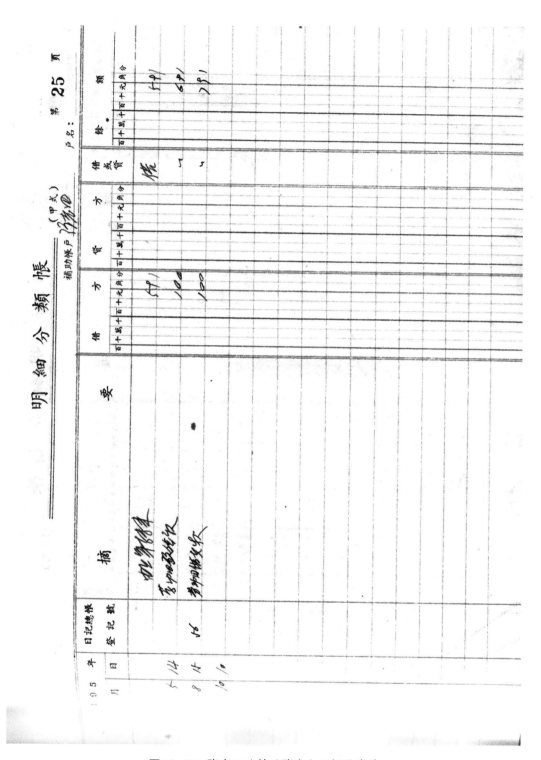

图12-27 张老四（补助账户）明细分类账

229

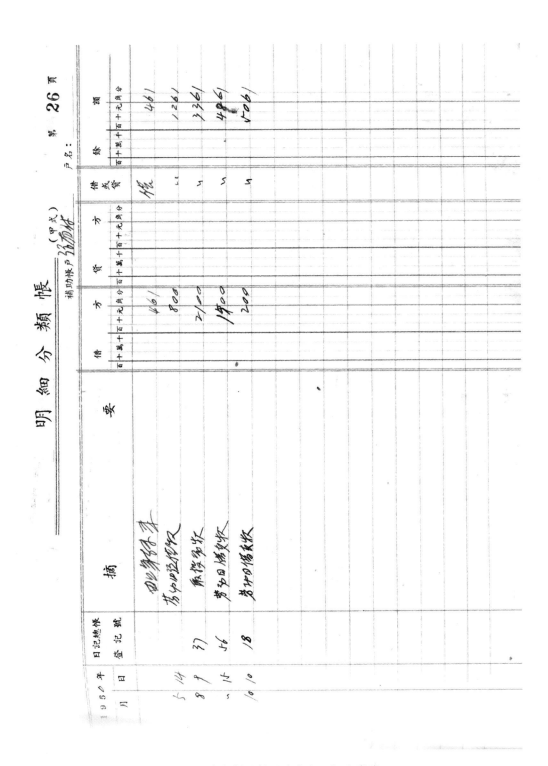

图12-28 张有付（补助账户）明细分类账

230

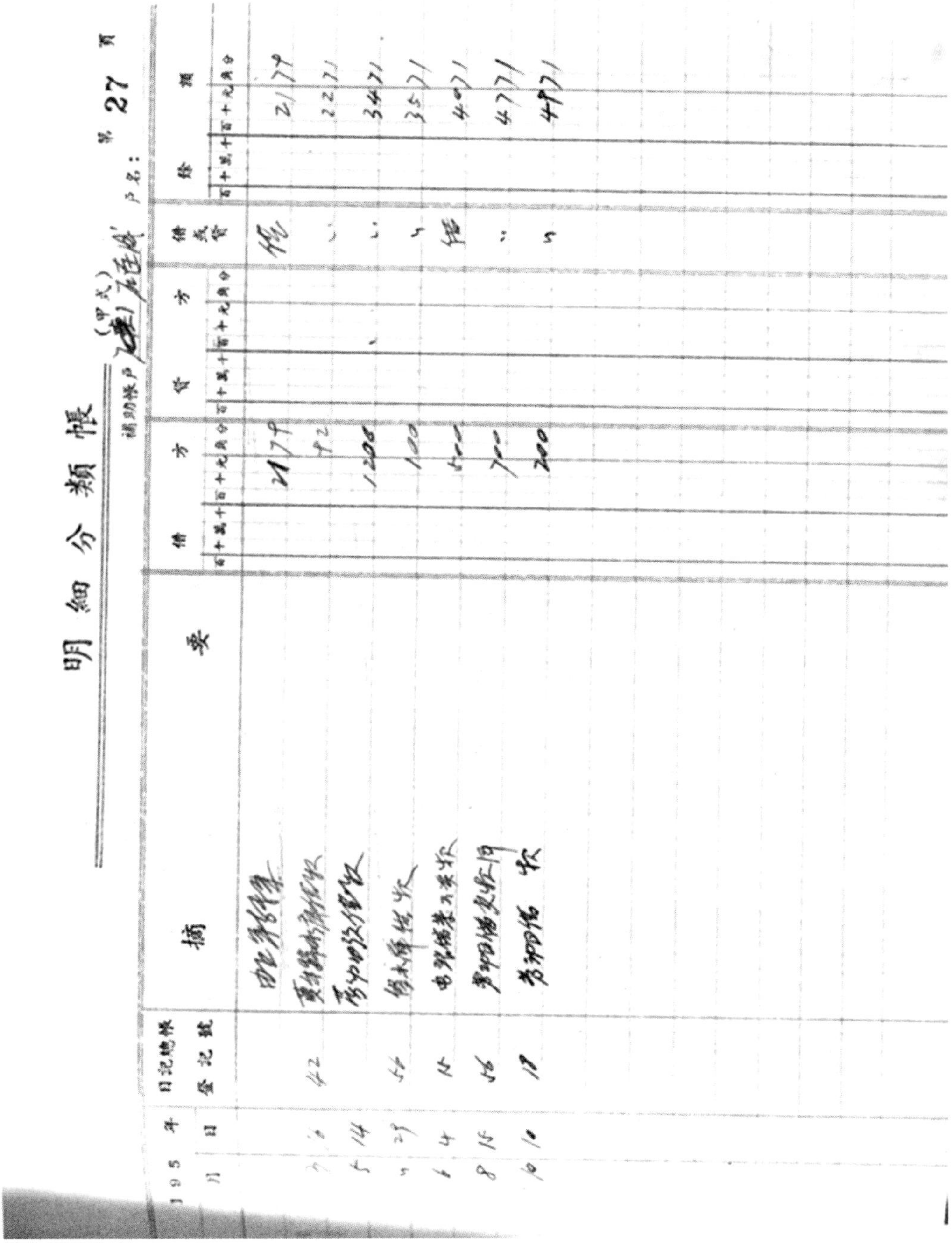

图12-29　石连成（补助账户）明细分类账

231

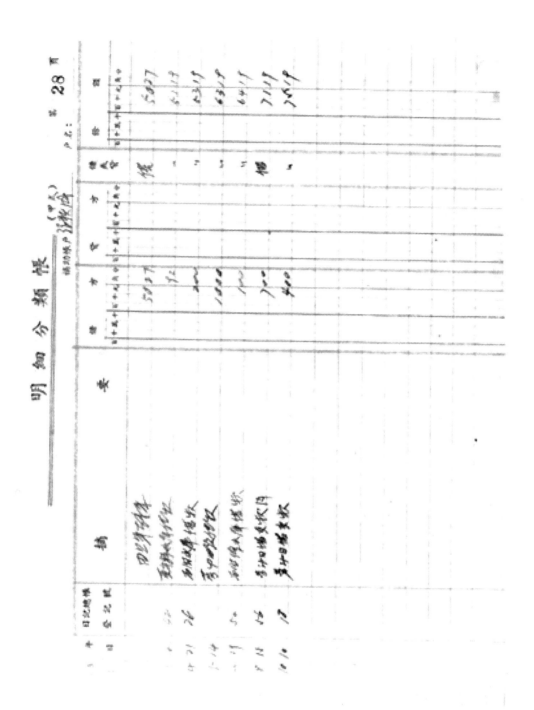

图12-30　张秋成（补助账户）明细分类账

232

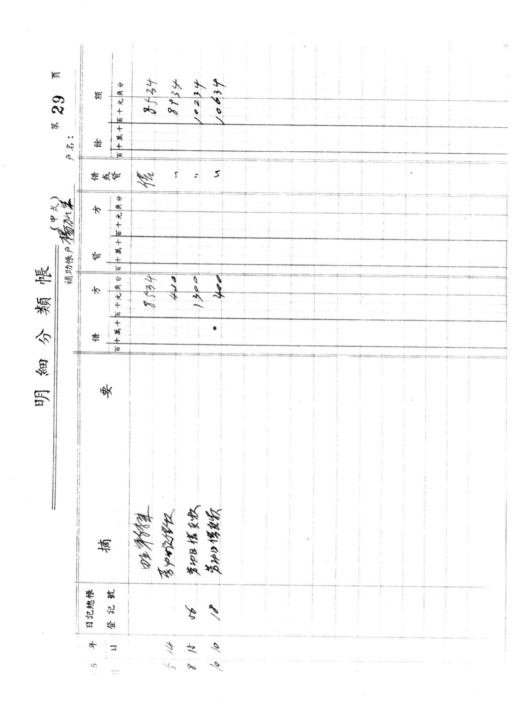

图12-31 杨加生（补助账户）明细分类账

233

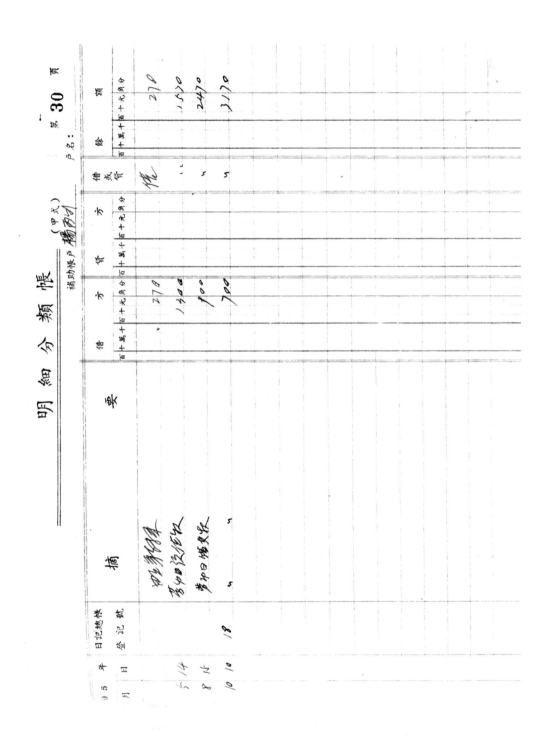

图12-32 杨丙则（补助账户）明细分类账

234

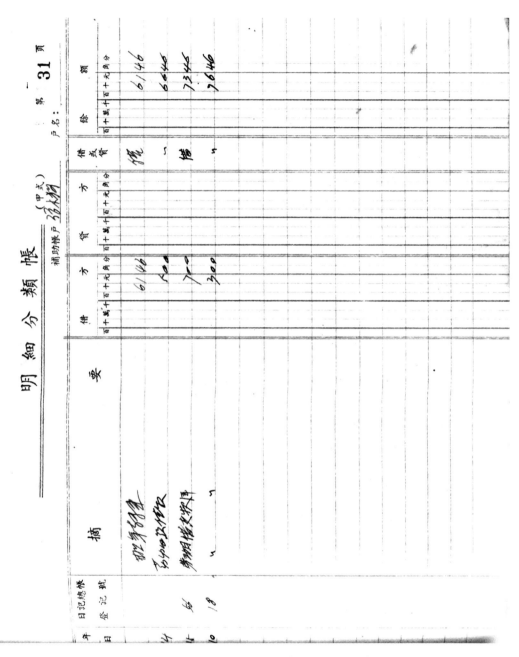

图12-33 张小狗（补助账户）明细分类账

235

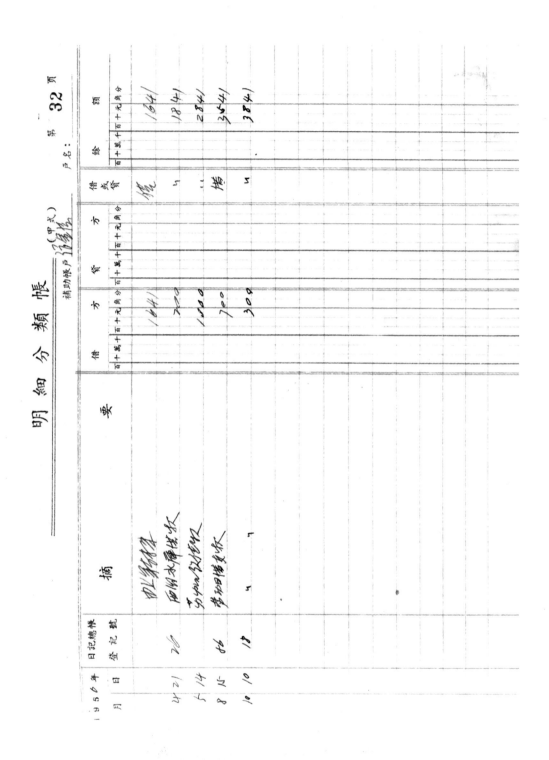

图12-34　张金清（补助账户）明细分类账

236

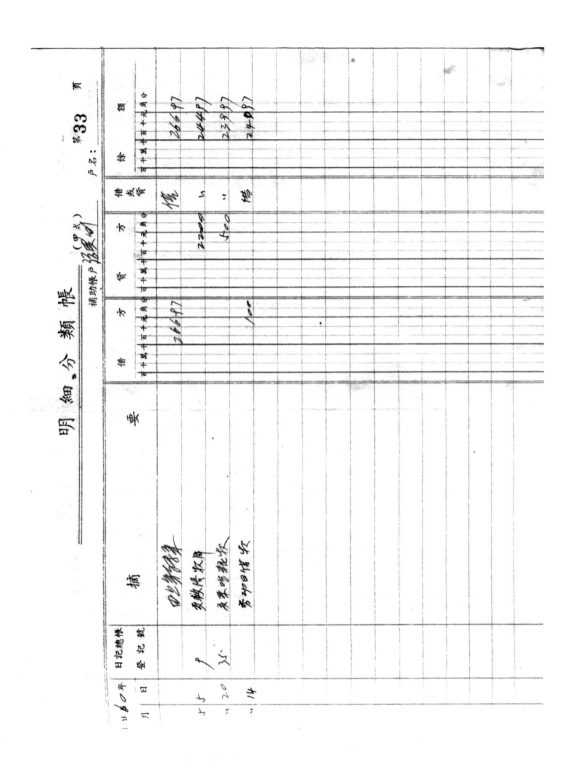

图12-35　张宝则（补助账户）明细分类账

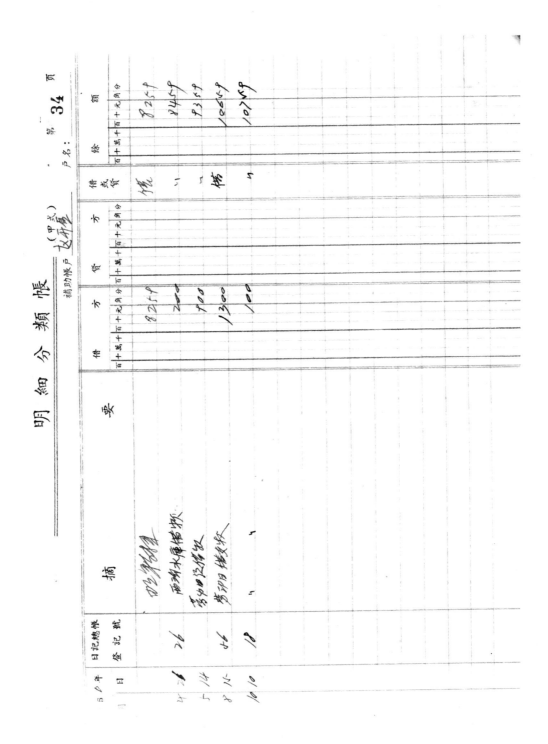

图12-36 赵开金（补助账户）明细分类账

238

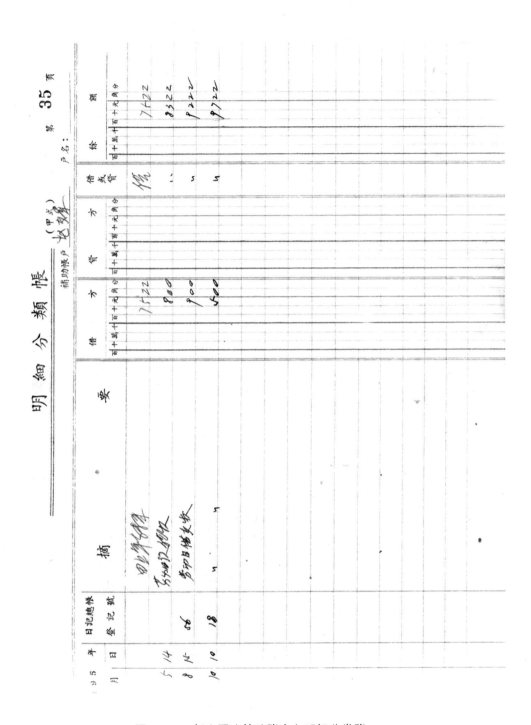

图12-37 赵支军（补助账户）明细分类账

239

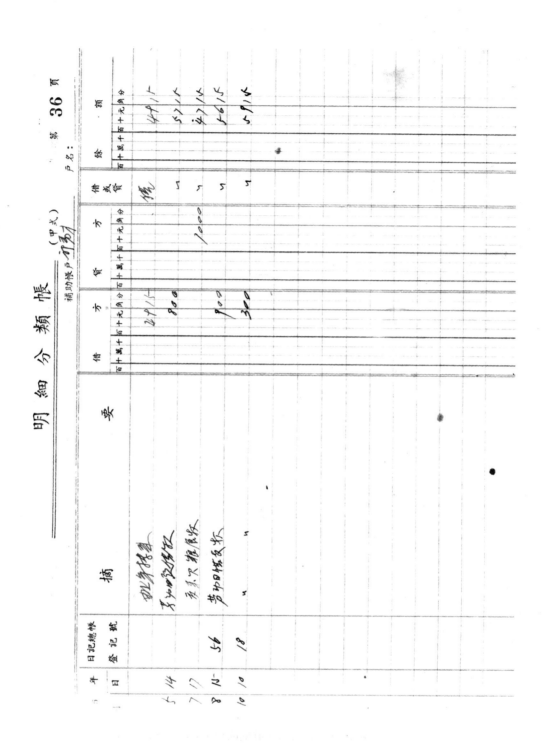

图12-38 郭秀才（补助账户）明细分类账

240

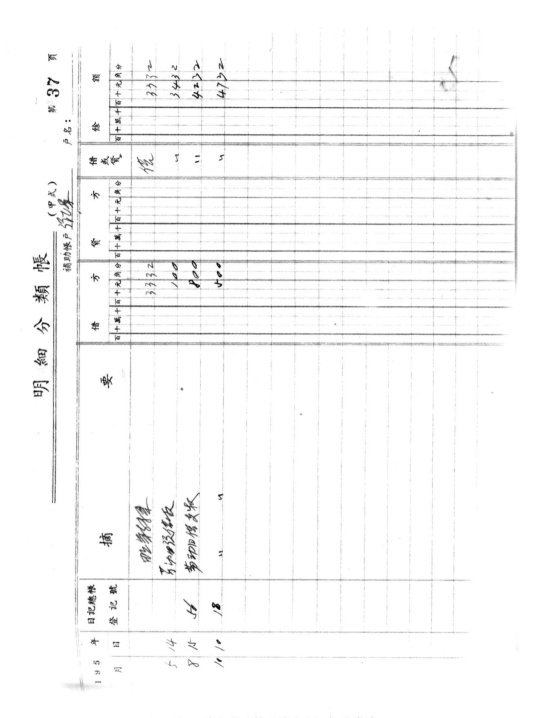

图12-39 张七景（补助账户）明细分类账

241

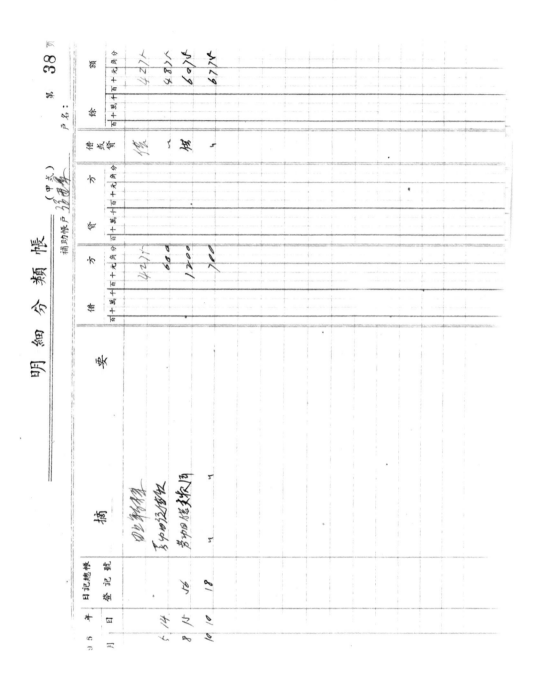

图12-40 张进景（补助账户）明细分类账

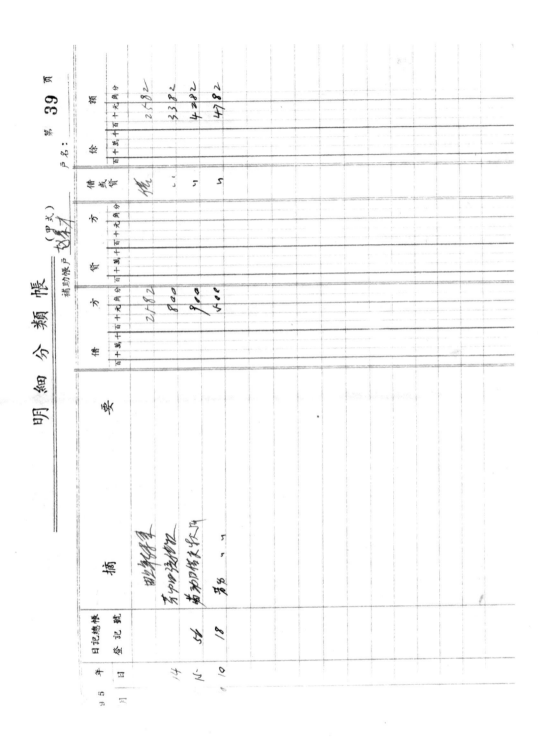

图12-41 赵景才（补助账户）明细分类账

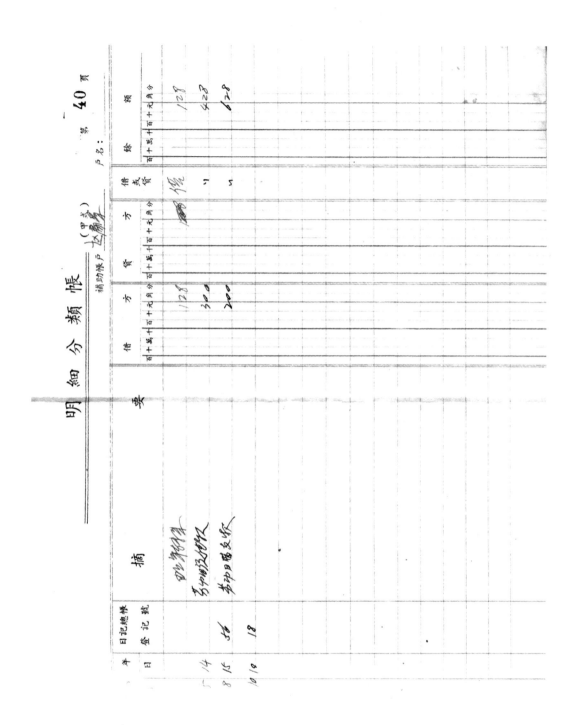

图12-42 赵扁景（补助账户）明细分类账

244

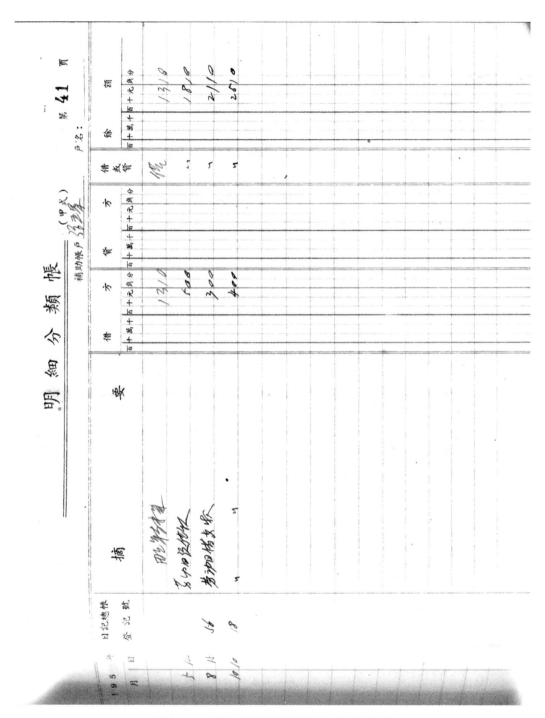

图12-43 张五景（补助账户）明细分类账

245

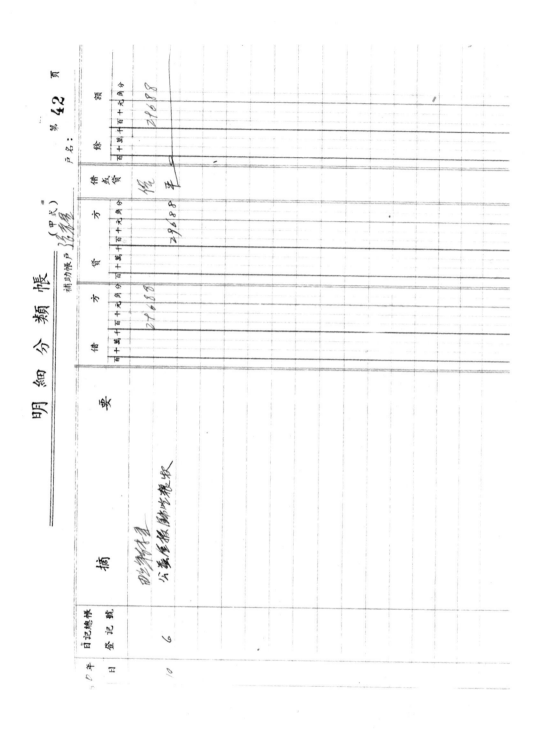

图12-44 张老金（补助账户）明细分类账

246

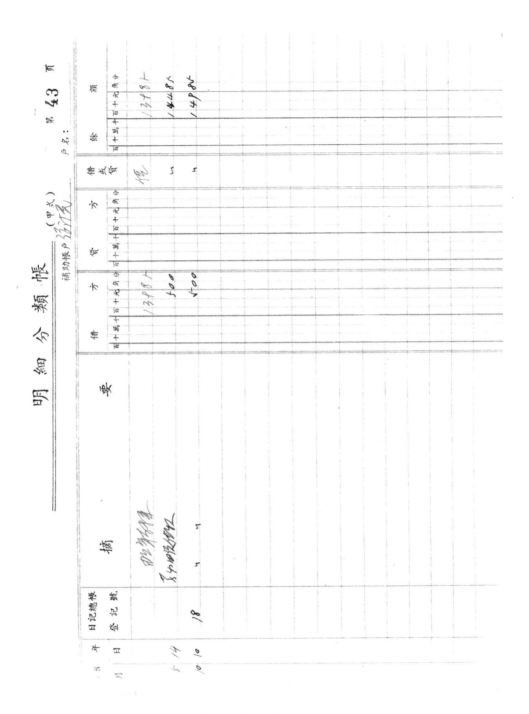

图12-45　张计虎（补助账户）明细分类账

247

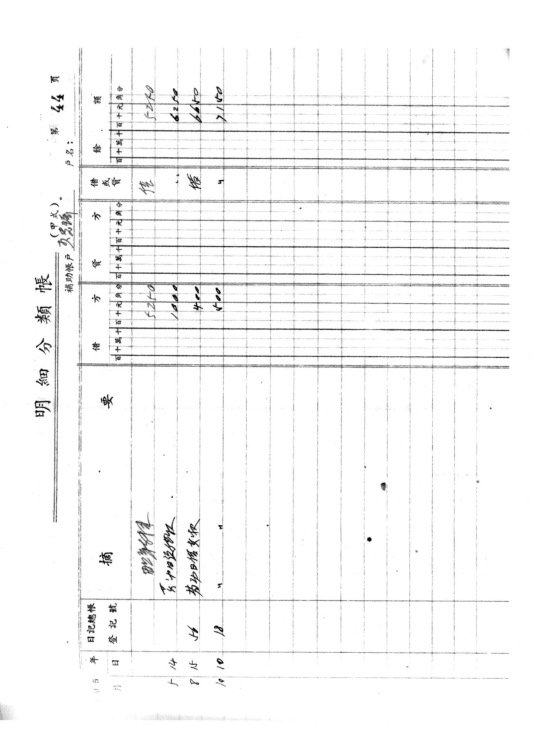

图12-46 李忠琦（补助账户）明细分类账

248

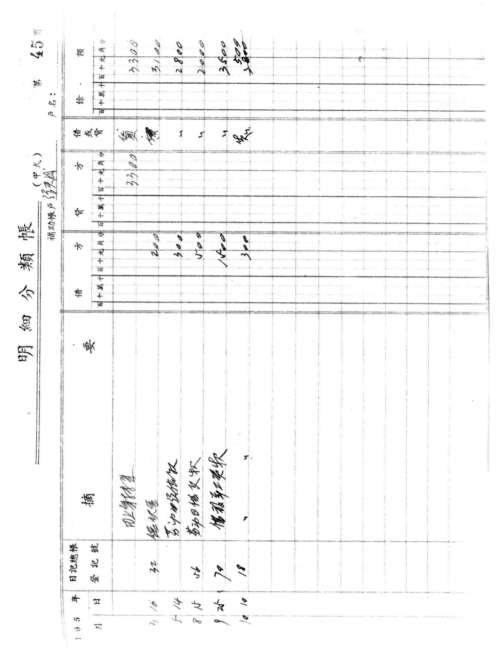

图12-47 张天成（补助账户）明细分类账

249

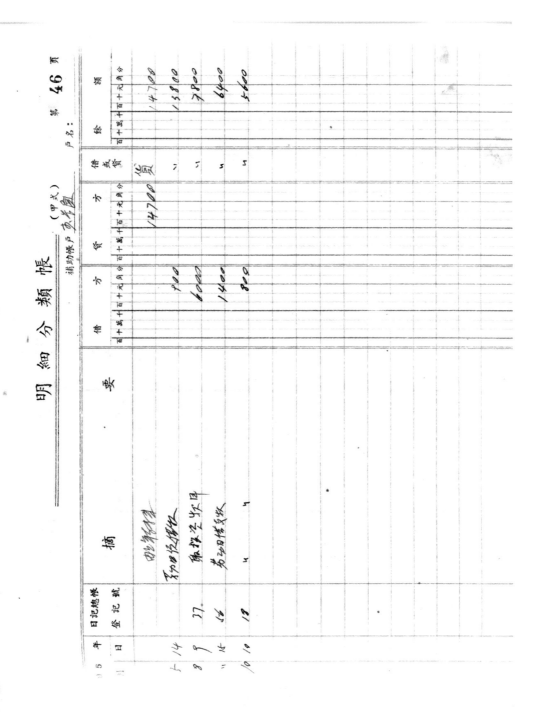

图12-48　李长员（补助账户）明细分类账

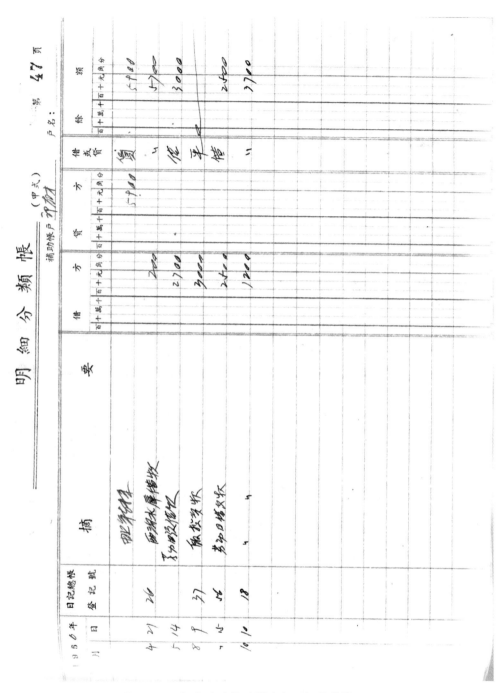

图12-49 郭有才（补助账户）明细分类账

251

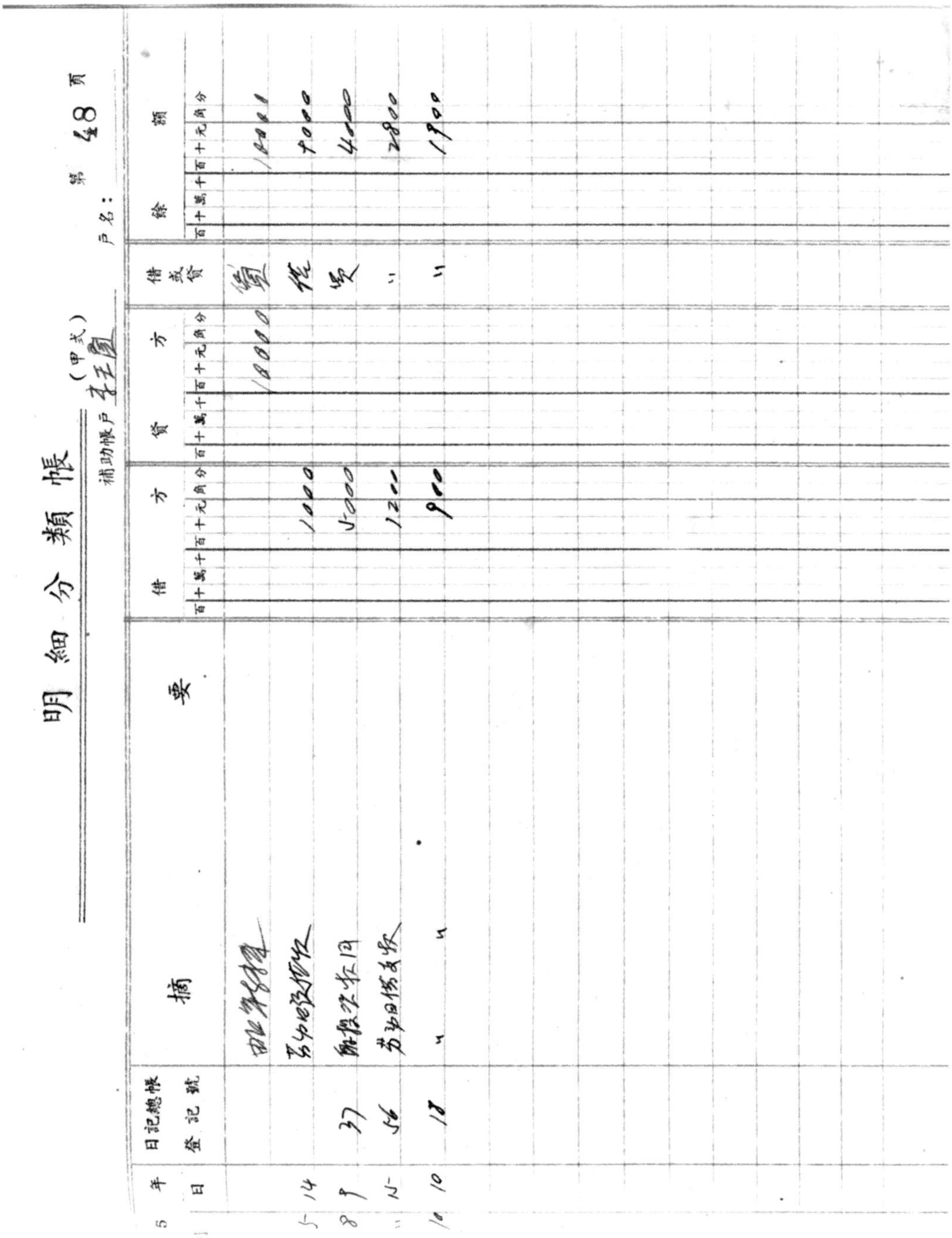

明 细 分 类 帐

（甲式）

补助帐户 李王员

第 48 页

户名：

年		日记帐 登记帐	摘 要	借 方			贷 方			借 或 贷	余 额		
月	日			百十万千百十元角分			百十万千百十元角分				百十万千百十元角分		
5	14		收生物器玩具				18000	贷		贷	18081		
8	1	37	收生放运动物	1000				底		底	7000		
11	15	15	购物立车12	5000				贷	"	贷	4000		
10	10	13	为职称奖金	1200				"		"	2800		
			"	900							1900		

图12-50 李王员（补助账户）明细分类账

252

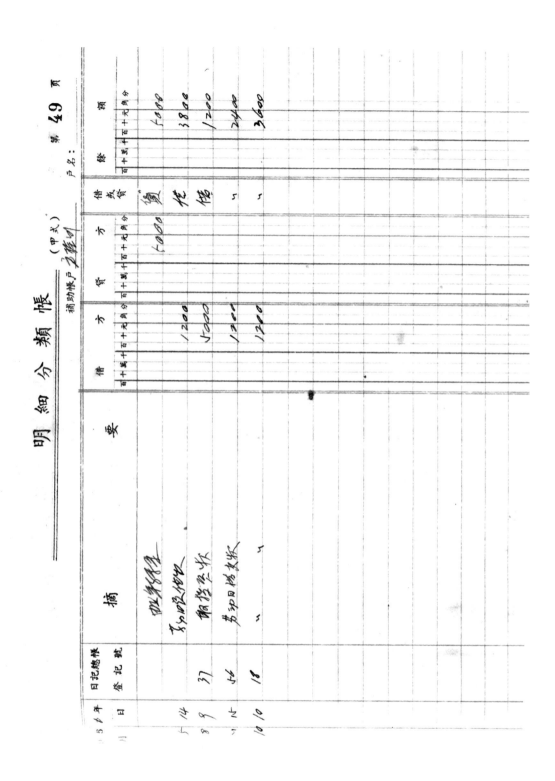

图12-51 方栓则（补助账户）明细分类账

253

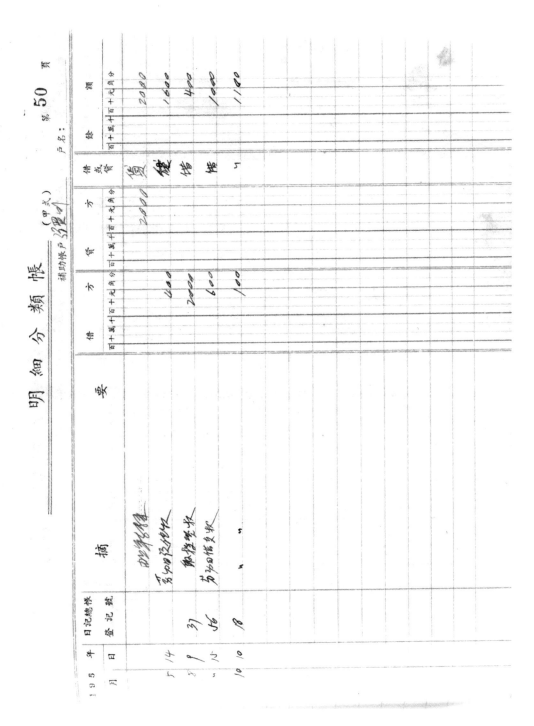

图12-52　张买则（补助账户）明细分类账

254

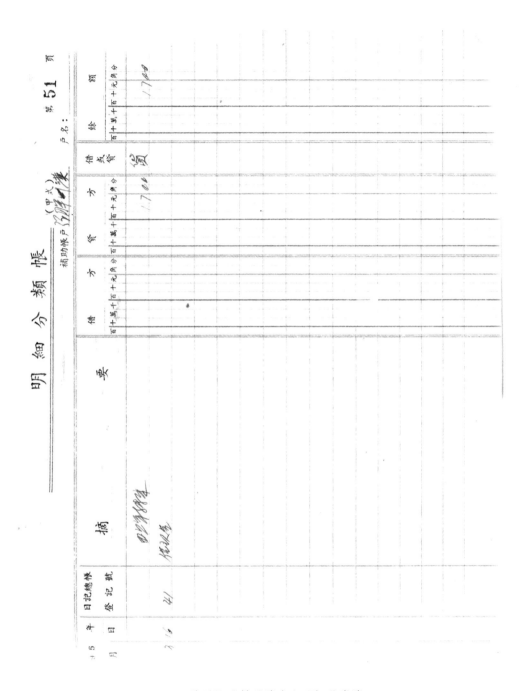

图12-53 张胖汉（补助账户）明细分类账

255

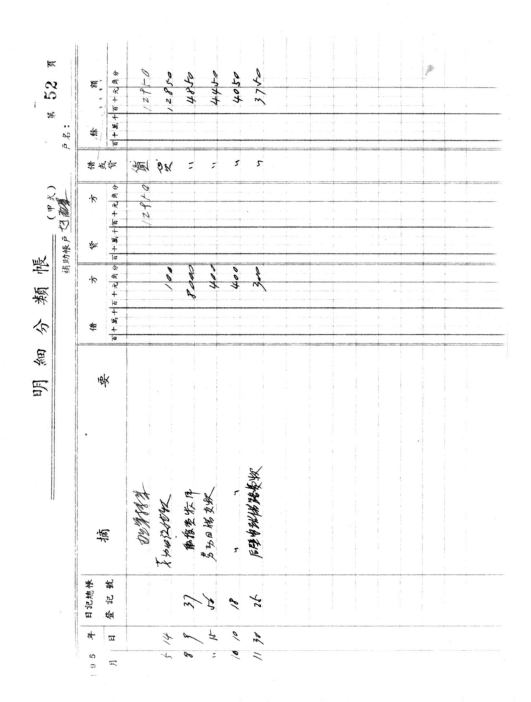

图12-54 赵酉景（补助账户）明细分类账

256

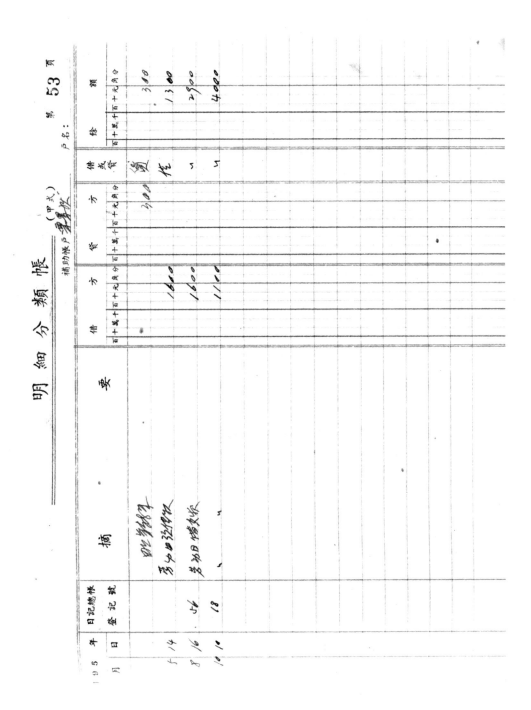

图12-55　栗景孩（补助账户）明细分类账

257

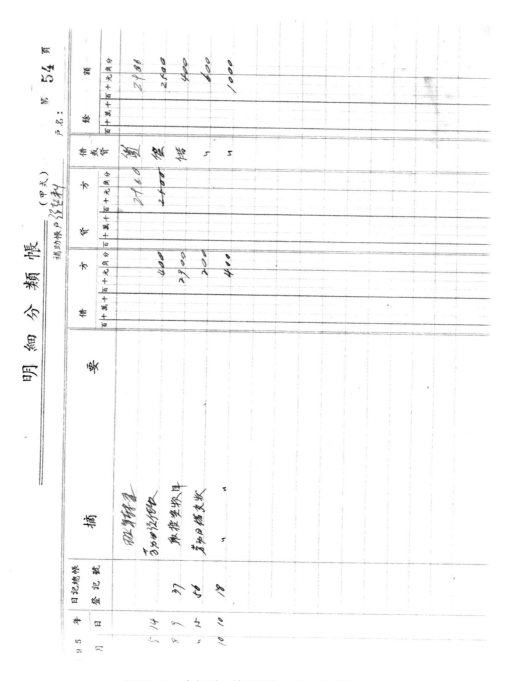

图12-56　张起科（补助账户）明细分类账

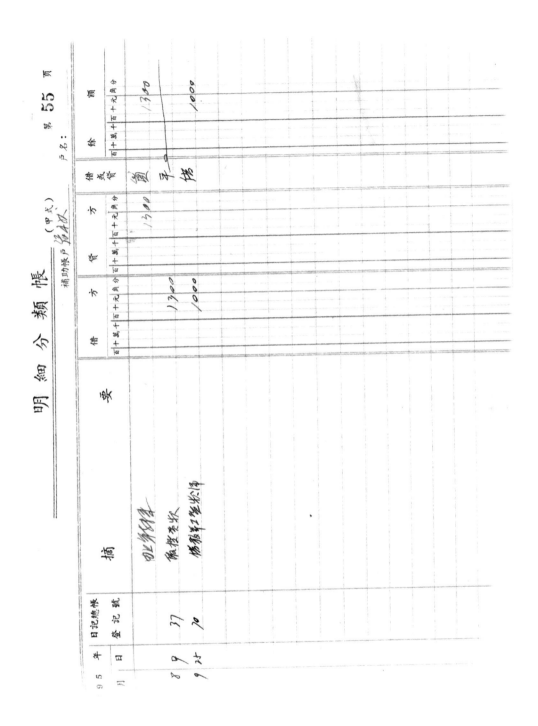

图12-57 张小孩（补助账户）明细分类账

259

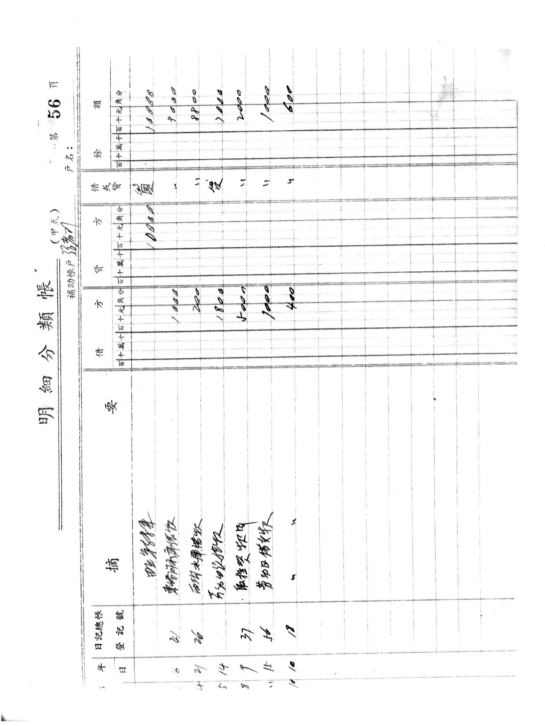

图12-58 张孝则（补助账户）明细分类账

260

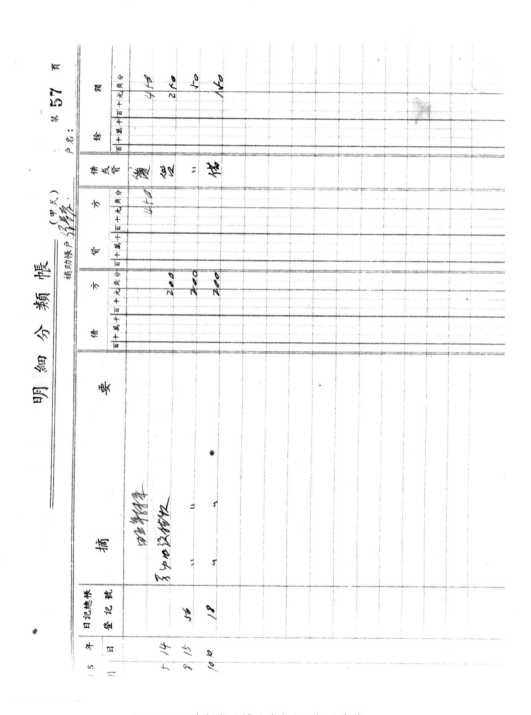

图12-59 张长孝（补助账户）明细分类账

261

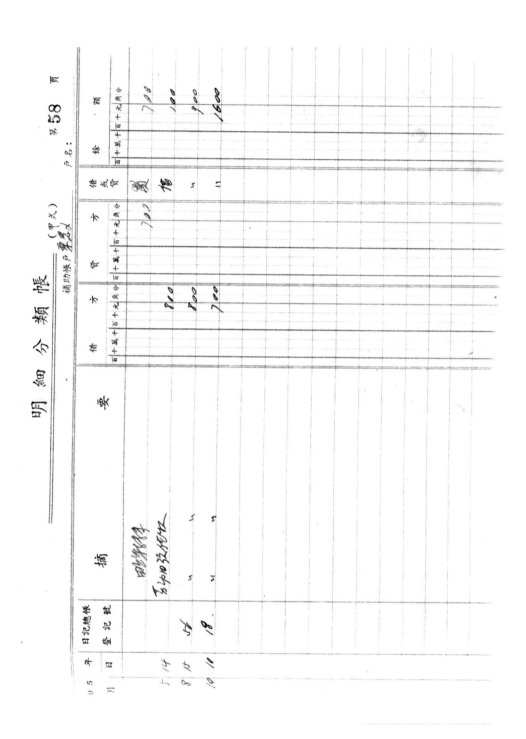

图12-60 栗忠义（补助账户）明细分类账

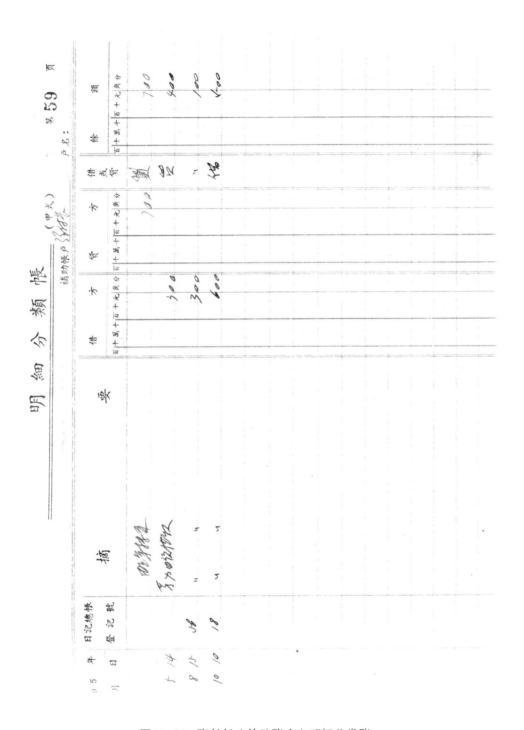

图12-61　张付长（补助账户）明细分类账

263

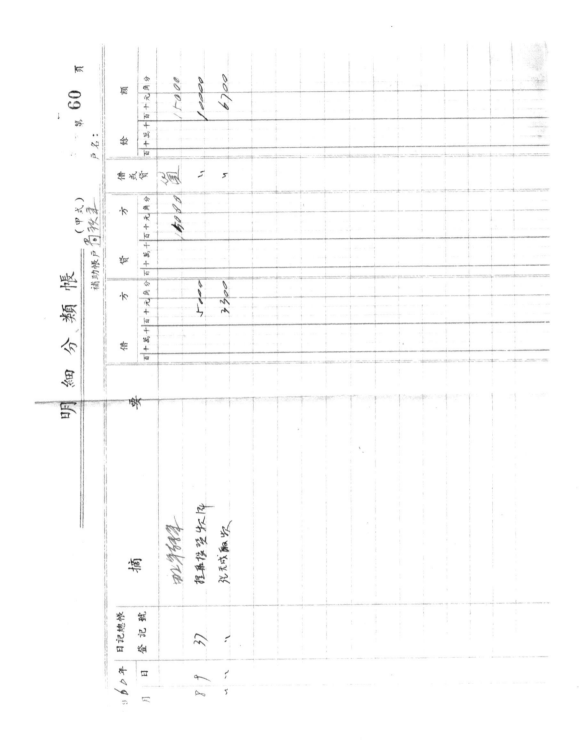

图12-62 尚秋来（补助账户）明细分类账

264

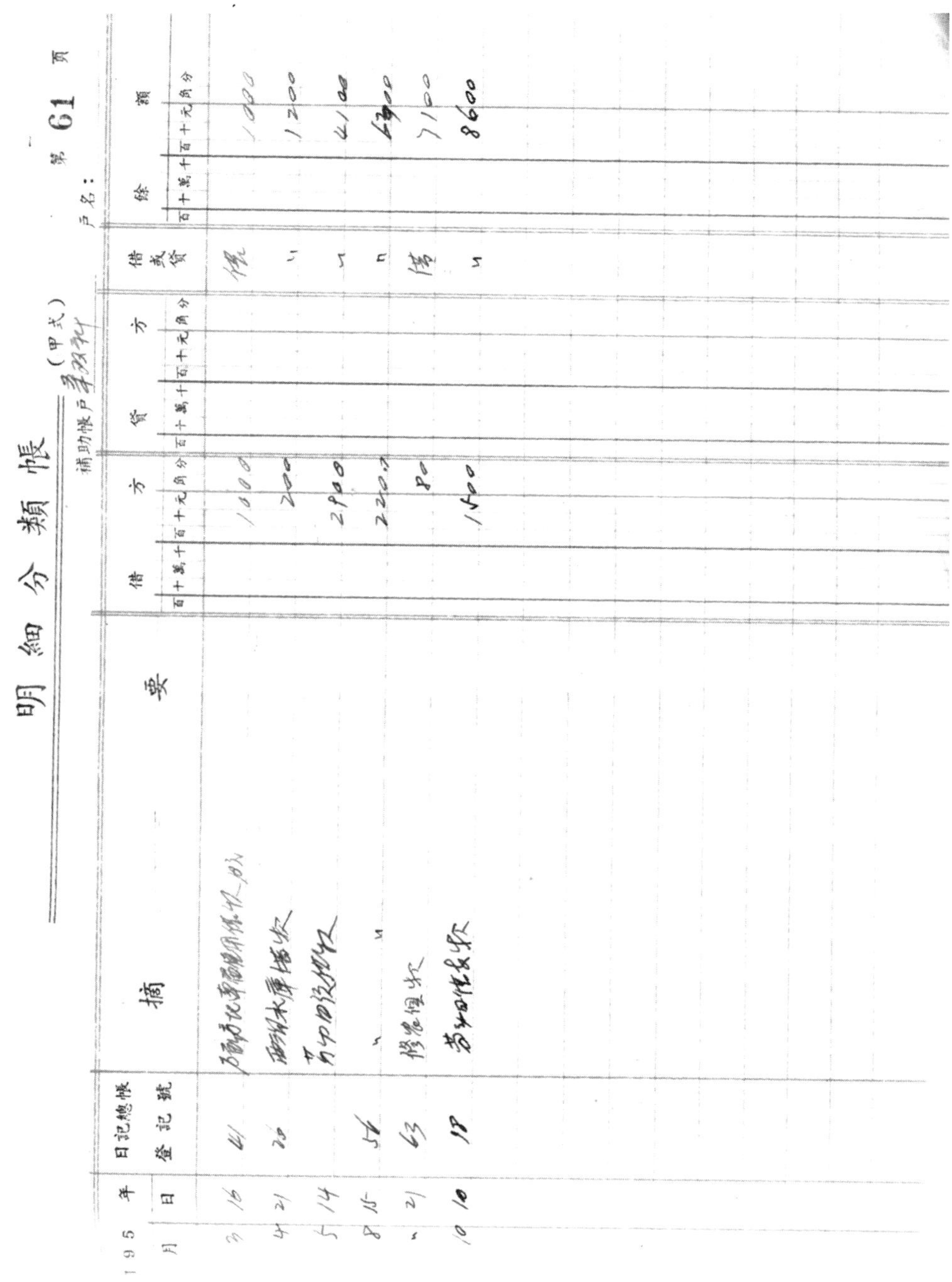

图12-63　桑双科（补助账户）明细分类账

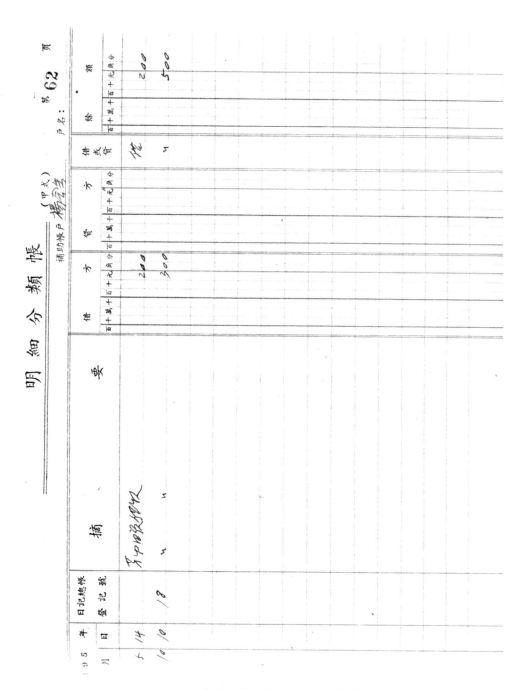

图12-64 杨会生（补助账户）明细分类账

266

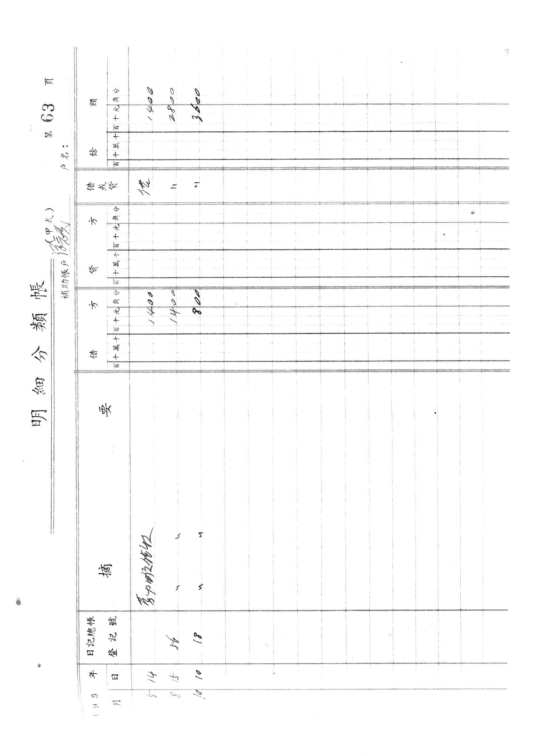

图12-65 张志虎（补助账户）明细分类账

267

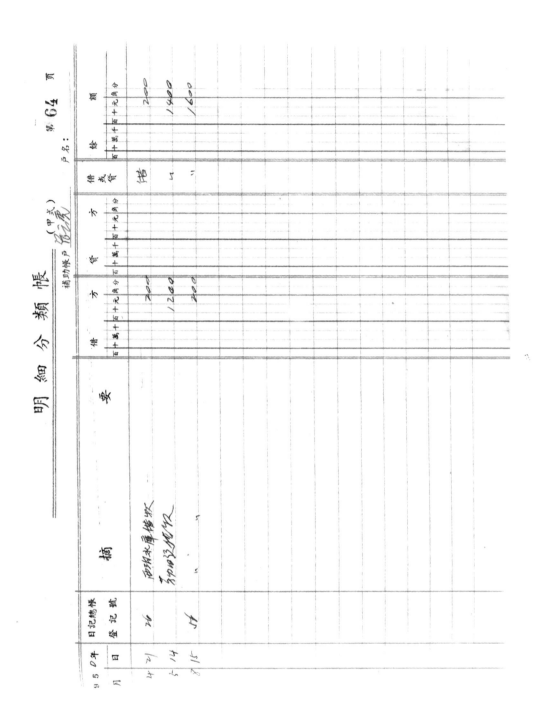

图12-66　张云虎（补助账户）明细分类账

268

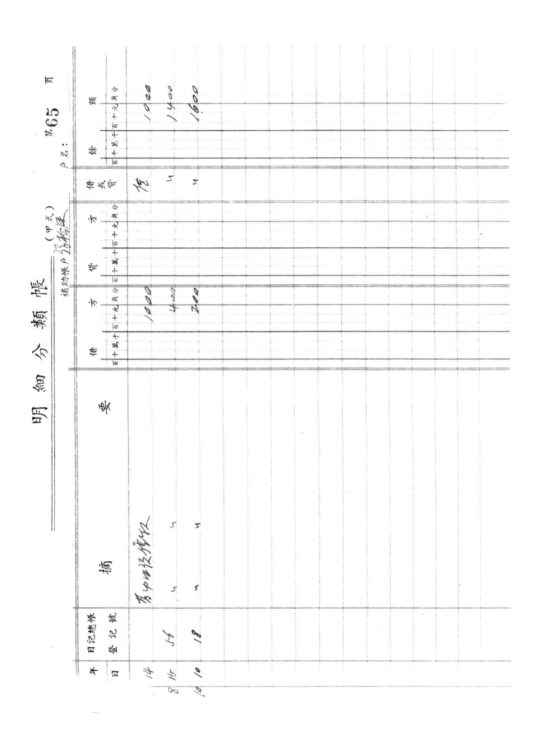

图12-67 张松廷(补助账户)明细分类账

269

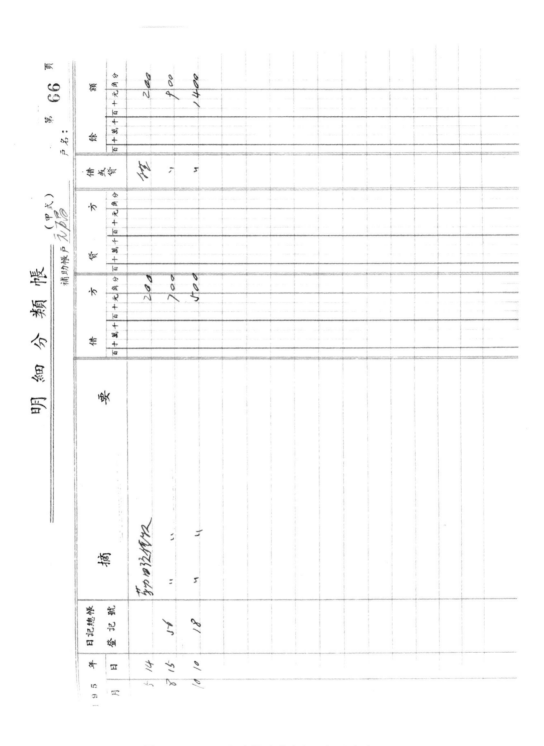

图12-68　元万昌（补助账户）明细分类账

270

十三、小队欠大队粮登记表

图13-1　小队欠大队粮食表

注：统计内容包括地蔓折数、豆子、谷子、麦子、玉子（茭）、小麦、黍子、大麦、高粱、小豆，65—69年共五年的欠粮总数。

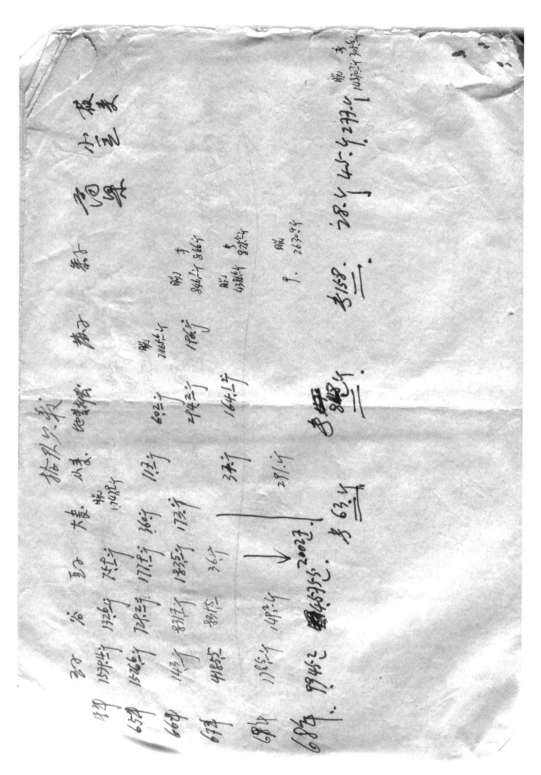

图13-2　十队欠粮表

注：统计内容包括玉子（荛）、谷、豆子、大麦、小麦、地蔓折数、麻子、黍子、高粱、小豆、莜麦，64-69年共六年的欠粮总数。

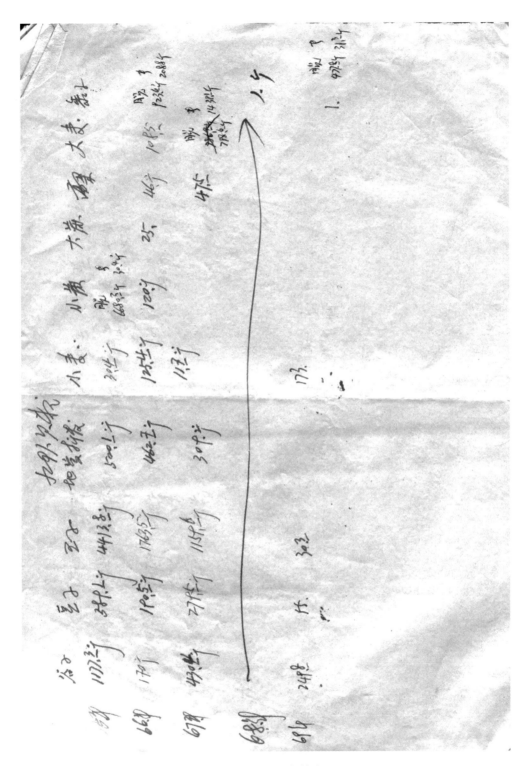

图13-3　九队欠粮表

注：统计内容包括谷子、豆子、玉子（茭）、地蔓折数、小麦、小麻、大麻、高
粱、大麦、黍子，65–69年共五年的欠粮总数。

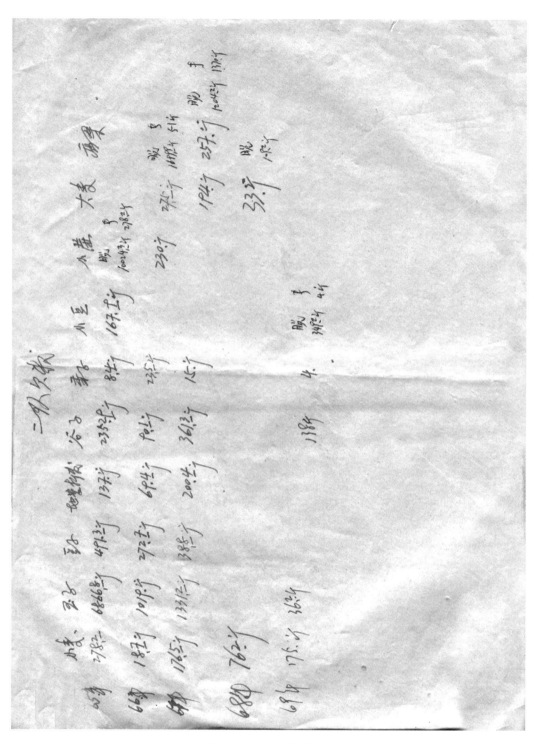

图13-4　二队欠粮表

注：统计内容包括小麦、玉子（茭）、豆子、地蔓折数、谷子、黍子、小豆、小麻、大麦、高粱，65-69年共五年的欠粮总数。

274

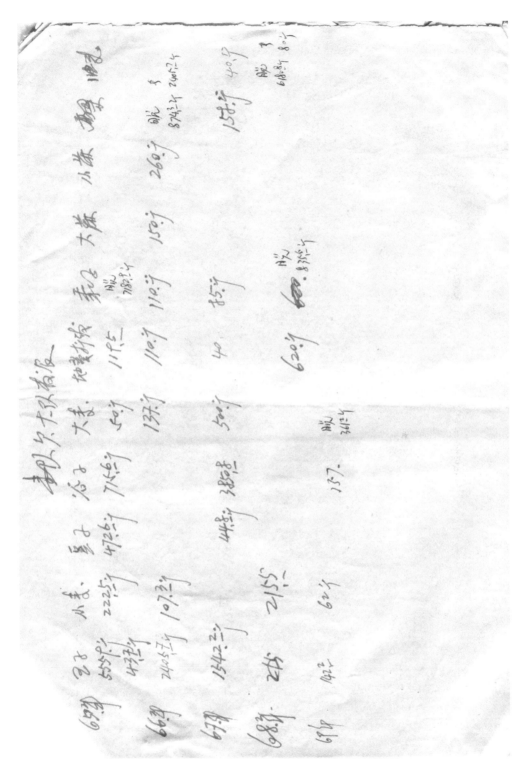

图13-5　一队欠大队粮食表

注：统计内容包括玉子（茭）、小麦、豆子、谷子、大麦、地蔓折数、黍子、大麻、小麻、高粱、油（莜）麦，65-69年共五年的欠粮总数。

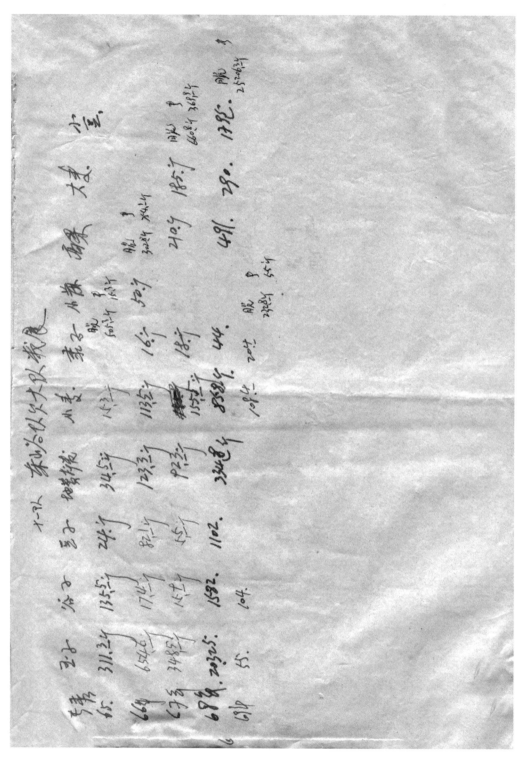

图13-6 十一队东峪队欠大队粮食表

注：统计内容包括玉子（茭）、谷子、豆子、地蔓折数、小麦、黍子、小麻、高粱、大麦、小豆，65-69年共五年的欠粮总数。

图13-7　三队欠大队粮食表

注：统计内容包括豆子、谷子、玉子（茭）、小麦、大麦、地蔓折数、黍子、高粱，65-69年共五年的欠粮总数。

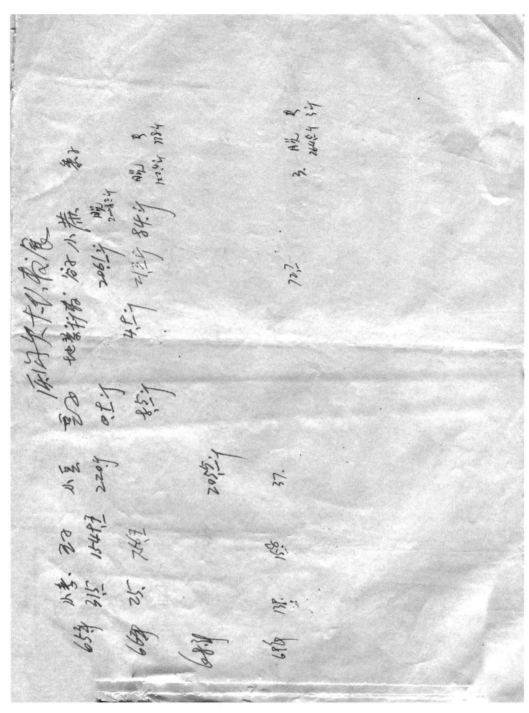

图13-8 灰（辉）沟欠大队粮食表

注：统计内容包括小麦、玉子（茭）、小豆、豆子、地蔓折数、谷子、小麻、黍
子、高粱，65、66、68、69年共四年的欠粮总数。

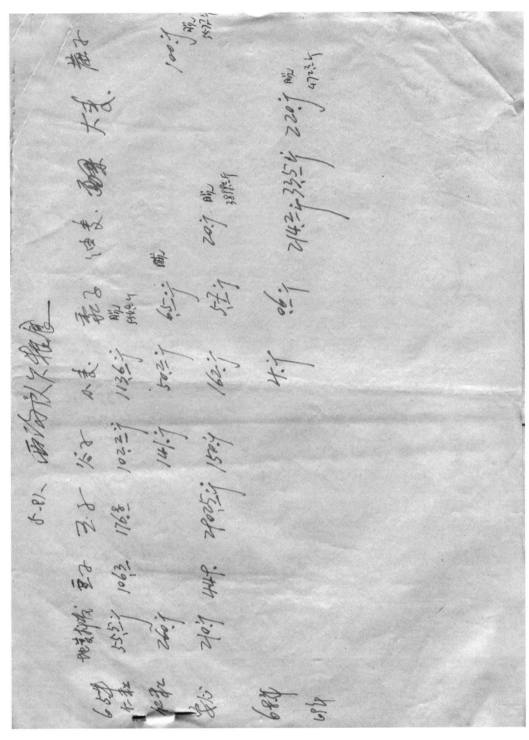

图13-9　5队西沟队欠粮食表

注：统计内容包括地蔓折数、豆子、玉子（荬）、谷子、小麦、黍子、油（莜）麦、高粱，65、68、69年共三年的欠粮总数。

279

图13-10 后背欠粮表

注：统计内容包括谷子、玉子（菱）、豆子、高粱，年代不清。

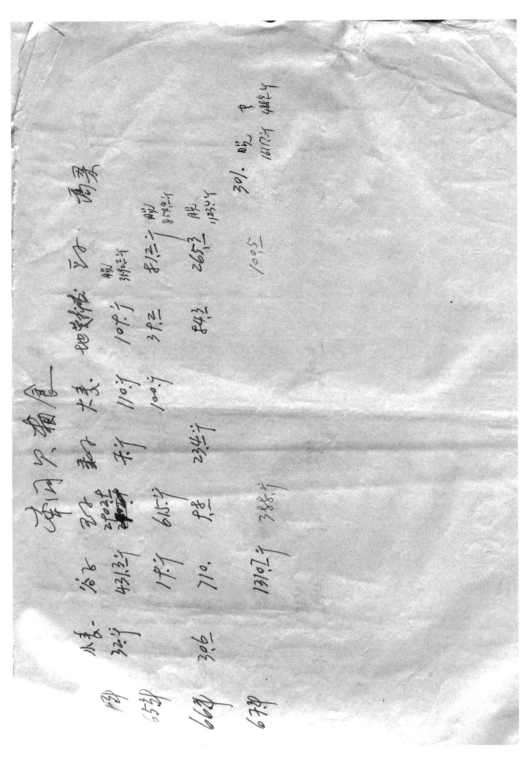

图13-11 南沟欠粮食表

注：统计内容包括小麦、谷子、玉子（茭）、黍子、大麦、地蔓折数、豆子、高粱，64—67年共四年的欠粮总数。

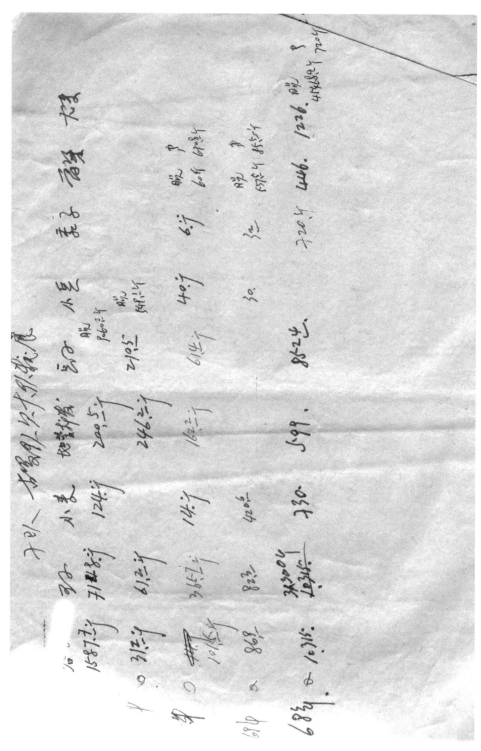

图13-12　7队古罗队欠大队粮食表

注：统计内容包括谷子、玉子（荍）、小麦、地蔓折数、豆子、小豆、黍子、高粱、大麦，65-69年共五年的欠粮总数。

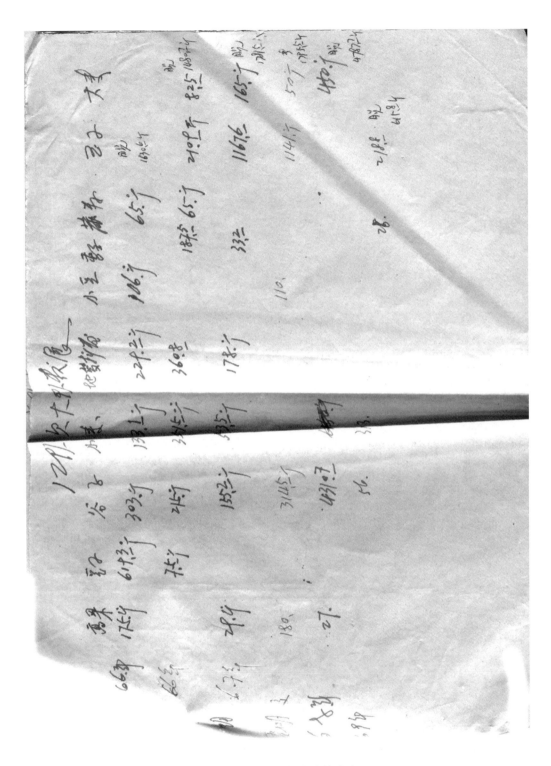

图13-13　12队欠大队粮食表

注：统计内容包括高粱、豆子、谷子、小麦、地蔓折数、小豆、黍子、麻籽、玉子（荵）、大麦，66-69年共四年的欠粮总数。

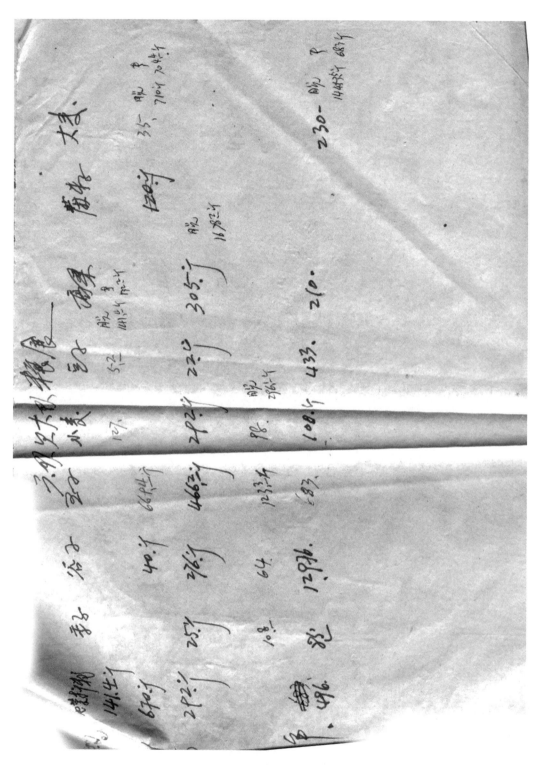

图13-14 六队欠大队粮食表

注：统计内容包括地蔓折数、黍子、谷子、玉子（茭）、小麦、豆子、高粱、麻籽、大麦，年代不清。

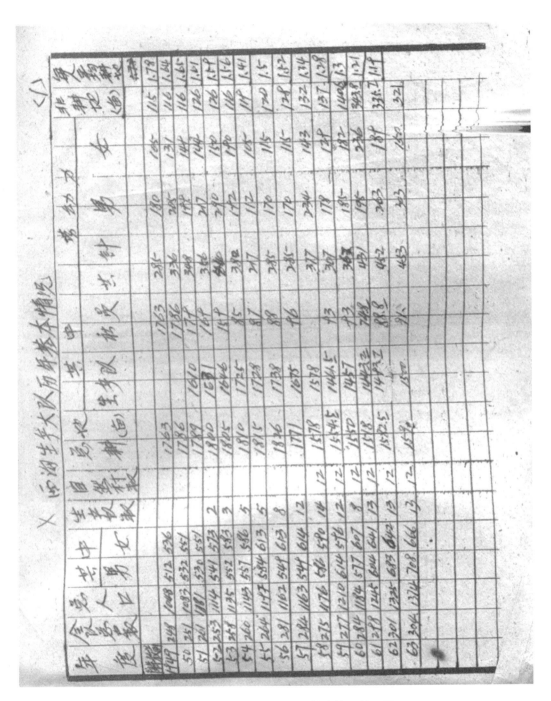

图14-1　西沟生产大队历年基本情况第一页

　　注：统计内容包括1949-1963年度的全队总户数、总人口、其中男女人数、生产队数、自然村数、总耕地（亩）、其中生产队社员及男女劳动力人数、非耕地（亩）、每人平均耕地。

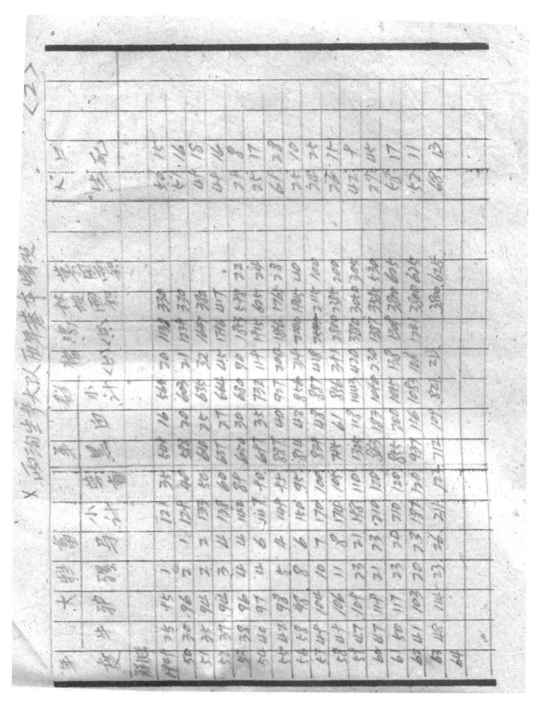

图14-2　西沟生产大队历年基本情况第二页

注：统计内容包括1949-1963年度的大牲畜（牛、驴、骡、马）、羊群（黑、白）、猪、鸡、林坡面积、菜园面积、人口生死数。

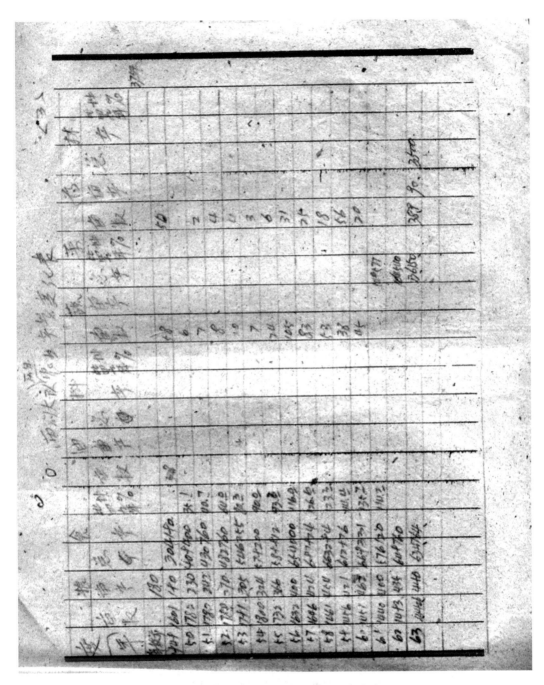

图14-3 西沟大队历年农业产量变化表

注：统计内容包括1949-1963年度的粮食、油料、蔬菜、药材总产量。

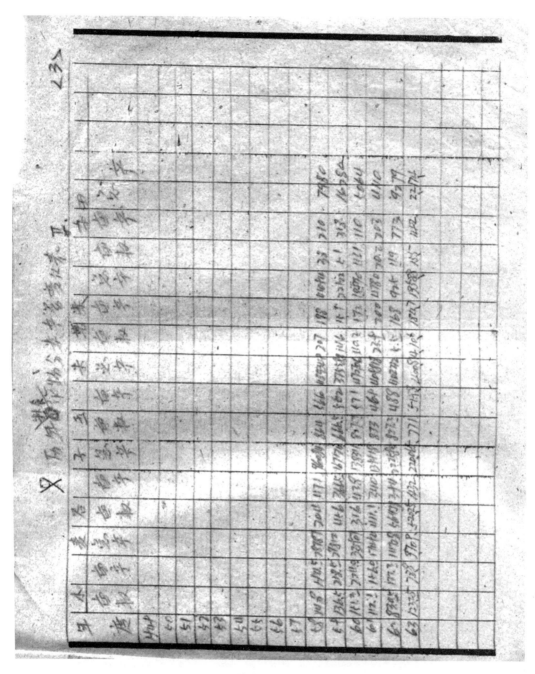

图14-4 历年粮食作物分类产量变化表

注：统计内容包括1949-1963年度（仅58-63年有数据）的小麦、谷子、玉米、薯类、杂田的亩数和亩产情况。

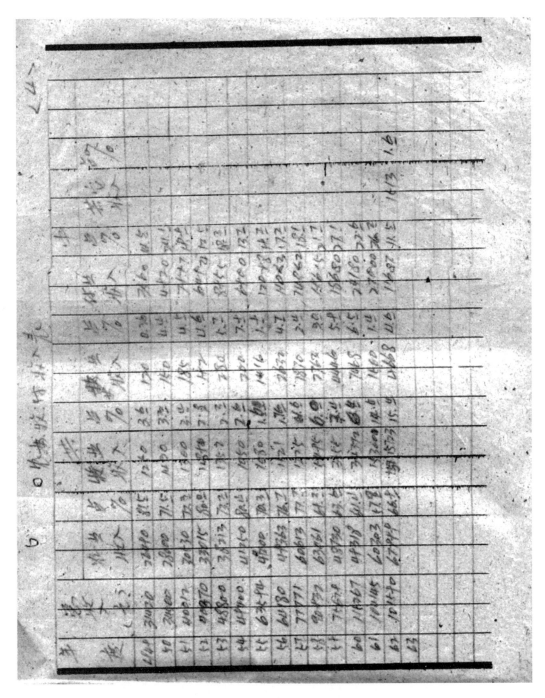

图14-5 农林牧业收入表

注：统计内容包括1949-1963年度的总收入、其中农业、牧业、林业、副业的收入及占比情况。

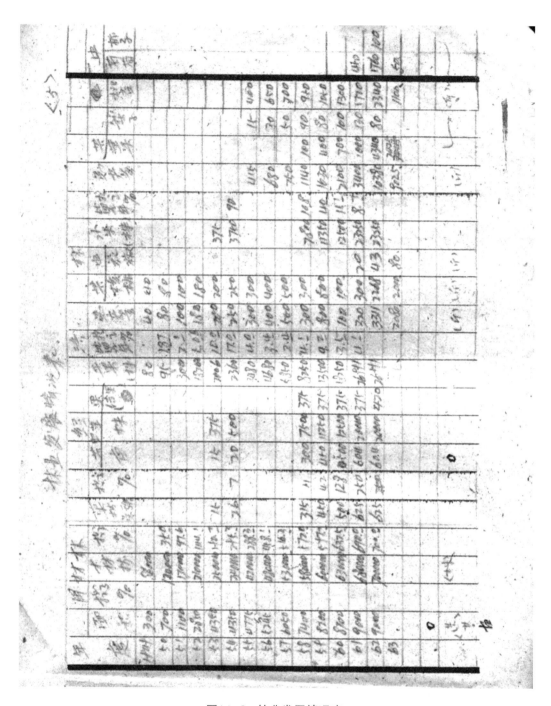

图14-6　林业发展情况表

注：统计内容包括1949-1963年度的用材林、经济林的面积及占比情况。

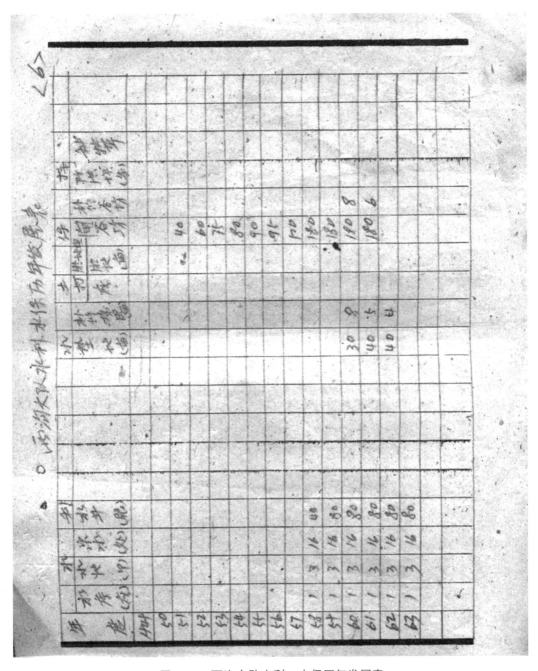

图14-7 西沟大队水利、水保历年发展表

注：统计内容包括1949—1963年度（仅58—63年有数据）的水利、水土保持情况。

291

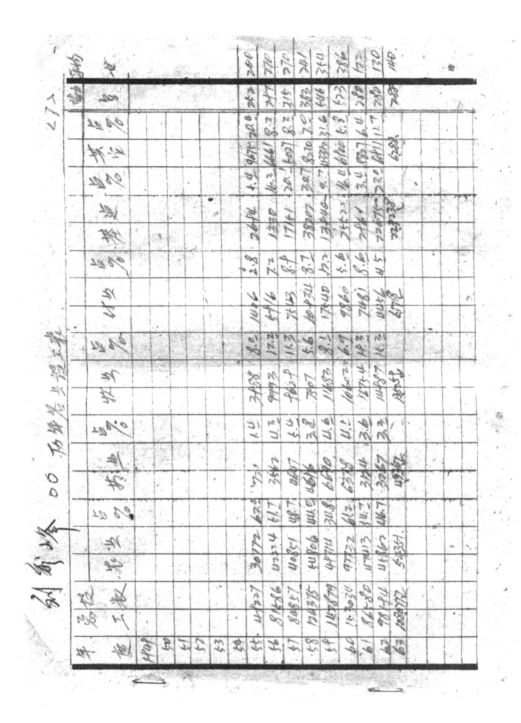

图14-8　历年各业投工表（刘秀峰）

注：统计内容包括1949-1963年度（仅55-63年有数据）的总工技数（总计工数）、农业、林业、牧业、副业、基建、其他的劳动力数及占比，以及劳力平均（男女）人数。

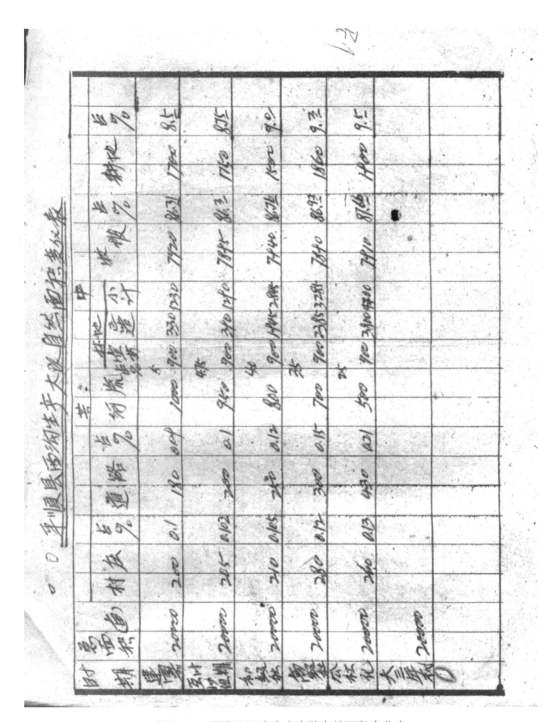

图14-9　平顺县西沟生产大队自然面积变化表

注：统计内容包括建国前、互助组时期、初级社、高级社、公社化、大三年底六个时期的总面积（亩），其中村庄、道路、河流、林地、牧坡、耕地的面积及占比情况。